广义随机线性系统非合作微分博弈及应用研究

周海英 ◎ 著

西南交通大学出版社
·成 都·

图书在版编目（CIP）数据

广义随机线性系统非合作微分博弈及应用研究 /周海英著. —成都：西南交通大学出版社，2023.11

ISBN 978-7-5643-9614-5

Ⅰ. ①广… Ⅱ. ①周… Ⅲ. ①博弈论－应用－经济－研究 Ⅳ. ①F224.32

中国国家版本馆 CIP 数据核字（2023）第 225616 号

Guangyi Suiji Xianxing Xitong Feihezuo Weifen Boyi ji Yingyong Yanjiu

广义随机线性系统非合作微分博弈及应用研究

周海英 **著**

责 任 编 辑	何明飞
封 面 设 计	墨创文化
出 版 发 行	西南交通大学出版社 （四川省成都市金牛区二环路北一段 111 号 西南交通大学创新大厦 21 楼）
营销部电话	028-87600564 028-87600533
邮 政 编 码	610031
网 址	http://www.xnjdcbs.com
印 刷	成都蜀通印务有限责任公司
成 品 尺 寸	185 mm × 240 mm
印 张	10.75
字 数	216 千
版 次	2023 年 11 月第 1 版
印 次	2023 年 11 月第 1 次
书 号	ISBN 978-7-5643-9614-5
定 价	68.00 元

前言

PREFACE

微分博弈不管是在理论还是应用方面都得到了广泛研究，并作为科学有效的决策工具，被广泛应用于国防军事、生产管理、社会生活、经济金融等领域。本书以经济管理领域中，大量存在的广义随机线性系统和离散广义随机线性 Markov 切换系统为研究对象，首先，在已有随机线性二次（Linear Quadratic，LQ）微分博弈理论的基础上，分别建立了广义随机线性系统和离散广义随机线性 Markov 切换系统的二人零和博弈、非零和博弈、主从博弈模型。在此基础上，借助随机 LQ 最优控制理论，给出并证明了相应的微分或差分 Riccati 方程存在解是系统均衡策略存在的充分条件，并给出了最优控制策略和最优值函数的表达式。其次，将广义随机线性系统和离散广义随机线性 Markov 切换系统非合作微分博弈理论应用于相应的鲁棒控制问题。将控制策略设计者视为博弈人 P_1，随机干扰视为博弈人 P_2，进而将 H_∞，H_2/H_∞ 鲁棒控制问题分别转化为两人零和博弈、非零和博弈问题，通过求解相应的鞍点均衡策略和纳什均衡策略，得到了相应的 H_∞，H_2/H_∞ 鲁棒控制策略，并给出了最优策略的表达式，通过数值算例验证结论的正确性。最后，将非合作微分博弈理论应用于动态投入产出问题，为社会经济系统中鲁棒控制问题、动态投入产出问题提供新的分析工具和应用案例。

1. 本书的主要内容

（1）广义随机线性系统中具有二次型性能指标泛函的鞍点均衡策略、纳什均衡策略。借助随机最优控制中的随机极大值原理、动态规划、Riccati 方程法等给出相应博弈问题均衡策略的存在条件和求解方法，并通过数值仿真算例检验结论的正确性。

（2）离散广义随机线性 Markov 切换系统中具有二次型性能指标泛函的鞍点均衡策略、纳什均衡策略、Stackelberg 策略。借助随机最优控制中的随机极大值原理、动态规划、Riccati 方程法等给出相应博弈问题均衡策略的存在条件和求解方法，并通过数值仿真算例检验结论的正确性。

（3）将随机非合作微分博弈理论应用于广义随机线性系统和离散广义随机线性 Markov 切换系统的鲁棒控制问题。

① 研究广义随机线性系统中具有二次型性能指标的随机 H_∞ 鲁棒控制问题和 H_2/H_∞ 混合鲁棒控制问题。借助“最小最大”设计思想，将连续广义随机线性系统的鲁棒控制问题分别转换为广义随机线性系统的零和微分博弈问题和 Nash 微分博弈问题，利用随机微分博弈理论和方法，给出了鲁棒控制策略的求解方法。

② 研究离散广义随机线性 Markov 切换系统中具有二次型性能指标的 H_∞ 鲁棒控制问题和 H_2/H_∞ 混合鲁棒控制问题。借助“最小最大”设计思想，将离散时间广义随机线性 Markov 切换系统的鲁棒控制问题分别转换为离散广义随机线性 Markov 切换系统的零和微分博弈问题和 Nash 微分博弈问题，利用随机微分博弈理论和方法，给出了鲁棒控制策略的求解方法。

（4）将随机非合作微分博弈理论应用于动态投入产出问题。基于 Leontief 提出的动态投入产出模型，考虑到环境的不确定性（存在经济风险性），分别建立了一般随机线性系统、离散随机线性 Markov 切换系统和广义随机线性系统的动态投入产出博弈模型，利用随机微分博弈理论和方法，给出相应的动态投入产出问题的最优控制策略。

2. 本书的不足之处

（1）问题研究不够深入。本书主要研究广义随机线性系统和离散广义随机线性 Markov 切换系统的非合作微分博弈理论，而对于连续广义随机线性 Markov 切换系统非合作微分博弈理论未做介绍和讨论。本书研究了随机非合作微分博弈理论在动态投入产出问题中的应用，但由于国民经济较为详细的核心数据一般性调查很难获取，本书仅通过借鉴相关文献提供的数据进行了部分仿真研究，未能利用实际调查数据进行深入分析。

（2）限于时间和精力，未能对连续广义随机线性系统的 Stackelberg 策略进行研究，以及未能对离散广义随机线性 Markov 切换系统的微分博弈问题和 H_2/H_∞ 混合鲁棒控制问题进行 Matlab 编程仿真。

3. 今后研究中应给予重视的课题

广义系统的研究在很多专家学者的共同努力下，已取得不错的成果，但仍然还有许多问题需要进一步探讨和研究，总结起来主要有以下两个方面：

（1）信息部分可观测下的广义随机线性 Markov 切换系统的微分博弈理论研究。

本书研究了一类离散时间广义随机线性 Markov 切换系统，给出了相应的鞍点均衡策略、Nash 均衡策略和 Stackelberg 策略，然而现实中，系统状态并不能完全观测到，博弈人只能通过观测到与系统状态相关的某个噪声过程来估计系统状态，因而研究不完全信息广义随机 Markov 切换系统的各种类型的均衡策略，将是一项十分有意义的工作。

（2）广义随机线性系统微分博弈的应用研究。

本书研究了广义随机线性系统和广义随机线性 Markov 切换系统微分博弈理论在鲁棒控制、动态投入产出问题中的应用，给出了相应的 H_∞ 和 H_2/H_∞ 控制策略，如何进一步丰富其应用研究，将是下一步的重要工作。

本书得到广东省基础与应用基础研究基金（项目编号：2021A1515110213），广东省重点建设学科科研能力提升项目（项目编号：2022ZDJS094）的资助。

作　者

于广州航海学院

2023 年 8 月

目录 CONTENTS

第1章 绪 论

微分博弈(Differential Games) 也称微分对策，是指博弈进行时，博弈双方的控制策略 $u(t)$和 $v(t)$的相互作用形式是通过一个状态微分方程 $\mathrm{d}x(t)=f(t, x(t), u(t), v(t))$（差分方程为 $x(t+1)=f(t, x(t), u(t), v(t))$）来描述的博弈。在博弈中，该状态方程被称为状态系统。一般认为，微分博弈论起源于20世纪40年代，卢夫斯·伊萨克（Rufus Isaacs）是公认的微分博弈理论之父。1951年11月，伊萨克发表了微分博弈理论的第一篇文献——兰德文献，其记载了由一位追捕者（pursuer）和一位逃避者（evader）所构成的“追逃”微分博弈（zero-sum differential game）问题及其解法。在该“追逃”博弈问题中，追捕者和逃避者分别最大化各自的“追捕”和“逃脱”机会，由于追捕者的“所得”即为逃避者的“所失”，或者反过来说，逃避者的“所得”即为追捕者的“所失”，因此称该“追逃”问题为一个零和微分博弈问题。伊萨克（Isaacs，1965）的经典著作《微分博弈》与贝尔曼（Bellman，1957）的《动态规划》、庞特里亚金（Pontryagin，1962）的《最优过程的数学理论》，共同奠定了确定性微分博弈理论的基石。最初，微分博弈主要是作为控制理论研究的拓展，但随着时光推移，越来越多的学者开始关注微分博弈理论。正如杨荣基、彼得罗相所述：“实质上，人生即是一轮微分博弈，连续向前的时间流逝，将人生博弈加入微分元素。在生活中，每个人在每时每刻都要对周遭纷繁复杂的环境做出判断，并做出决策，而决策之间又相互影响和排斥，彼时的决定可能早已不再适应此时的环境”。[1]时至今日，微分博弈理论已被广泛应用于众多学科领域中，早已超越了其源头的最优控制理论。如在军事领域、生物学中的种群竞争，政治上的大国博弈，社会生活中的谈判技巧等等都应用了微分博弈的理论和方法。

微分博弈理论在经济管理领域中也有重要的应用背景。2000年，剑桥大学出版了 *Differential Games in Economics and Management Science*（被誉为微分博弈研究的“圣经”）。该专著对微分博弈在经济与管理科学中众多领域里的精彩应用进行了介绍，揭示出很多在经典最优控制框架下难以圆满解释的问题，在微分博弈的理论框架下都可以得到更加系统、客观的回答。张荣教授曾这样评价：“我认为，如果分析客观存在系统的运动规律是认识世界,那么对它施加控制就是改造世界,再进一步,只要将受控对象赋予一定的‘思维’,即将某些参数视为受其他的想象的并且是合理的‘控制变量’的影响,则几乎所有动态系统的最优控制问题又都可以转化为微分对策问题,从这种意义上来说,微分对策在经济与管理科学中的应用前景是不可限量的。”[2]微分博弈对于寡头垄断模型,如类似中国电信、中国移动和中国联通这样的多寡头垄断,麦当劳和肯德基这样的双寡头垄断问题都有很好的描述。又如自然资源的提取模型、存货管理和资本积累等都是微分博弈在经济管理中的成功应用。

由于现实中的系统往往受到外界各种因素的影响,因此为更好地模拟实际,在确定性微分博弈的基础上,引入随机干扰,即状态微分方程包含随机干扰项 $w(t)$,如式(1.1)所示。

$$\dot{x}(t) = f(t, x(t), u(t), v(t), w(t)) \tag{1.1}$$

相应的离散时间形式为

$$x(t+1) = f(t, x(t), u(t), v(t), w(t))$$

此时,该微分博弈称为随机微分博弈。若博弈双方选择行为时能够遵循双方共同达成的具有约束力的协议,这样的博弈就称为合作博弈,否则为非合作博弈。本书主要研究随机非合作微分博弈。为便于表述,用 $\boldsymbol{J}_1(t, x(t), u(t), v(t))$和 $\boldsymbol{J}_2(t, x(t), u(t), v(t))$ 分别表示博弈双方各自的指标泛函。

从而随机系统(1.1)的非合作微分博弈 Nash 均衡问题是:两博弈人如何在式(1.1)的约束条件下选择自己的决策控制变量 $u(t)$和 $v(t)$,使各自的性能指标泛函 $\boldsymbol{J}_1(t, x(t), u(t), v(t))$和 $\boldsymbol{J}_2(t, x(t), u(t), v(t))$达到最优[2, 3]。特别地,当博弈的双方退化成只有一个博弈人(即单人博弈)时,则随机非合作微分博弈的 Nash 均衡问题就变成了随机系统的最优控制问题。单人随机最优控制问题是两人随机非合作微分博弈问题的特例。

广义系统又被称为奇异系统、半状态系统、微分代数系统、退化系统、约束系统等。最早的广义系统模型是由学者 Ardema 在 1962 年提出的[4]。自此以后,广义系统获得了广泛研究且成果丰富,与此同时广义系统理论也进入了一个新的发展阶段。如 Campbell 在 1980 年出版的 *Singular Systems of Differential Equations*[5],Boyarinchev 在 1988 年出版的 *Solution of Ordinary Differential*

Equation of Degenerate System[6]及 L. Dai 在 1989 年出版的 *Singular Control Systems*[7]都对当时广义系统研究方面的成果进行了较为系统的总结。特别是 L.Dai 在 *Singular Control Systems* 中较为完整地阐述了时不变线性广义系统的分析与控制理论，为进一步研究奠定了深厚的基础。在国内，1997 年张庆灵在专著《广义大系统的分散控制与鲁棒控制》中，较全面地研究和总结了广义大系统控制，推进了广义大系统控制理论与控制方法在国内的发展。[8]随着研究的深入，广义系统的研究成果几乎涵盖了各个方面，如线性与非线性，连续与离散，确定性与不确定性，无时滞与时滞，线性二次最优控制与 H_2，H_∞ 控制等方面，并在奇异摄动系统、决策系统、电子网络系统、复杂大系统等领域得到了广泛应用。同时，许多实际系统，如受限机器人[9]、纽曼模型[10]、Leontief 模型[11]、非因果系统[12]、核反应堆[13]等均被发现是典型的广义系统，可以由广义系统来描述。

连续时间广义随机线性系统的模型如式（1.2）所示。

$$\begin{cases} \boldsymbol{E}\dot{x}(t) = \boldsymbol{A}x(t)\mathrm{d}t + \boldsymbol{B}u(t)\mathrm{d}t + \mathrm{d}w(t),\ t \geqslant 0 \\ x(0) = x_0 \end{cases} \tag{1.2}$$

相应的离散时间形式为

$$\begin{cases} \boldsymbol{E}x(t+1) = \boldsymbol{A}x(t) + \boldsymbol{B}u(t) + w(t),\ t \geqslant 0 \\ x(0) = x_0 \end{cases}$$

其中，x_0 是系统的初始状态，$x(t)$是系统的状态变量，$u(t)$是控制输入，$\boldsymbol{A}$、$\boldsymbol{B}$ 分别是状态变量 $x(t)$和控制变量 $u(t)$的适维系数矩阵，$\boldsymbol{E}$ 是给定的奇异矩阵，$\mathrm{rank}(\boldsymbol{E})<n$, $w(t)$是定义在一个完备概率空间$(\Omega, F, \{F_t|t\geqslant 0\}, P)$上的一维布朗运动，表示随机项。

广义微分方程或差分方程在 20 世纪 40 年代被应用于经济系统中。我们熟知的实际中广泛存在的动态投入产出系统就是典型的广义系统。1953 年美国经济学家 Leontief 提出的连续型动态投入产出模型可以概括为式（1.3）所示方程[14]：

$$x(t) = \boldsymbol{A}x(t) + \boldsymbol{B}\dot{x}(t) + y(t) \tag{1.3}$$

其中，$x(t)$，$y(t)$分别为控制期或规划期内的生产量和最终消费量；$\boldsymbol{A}$ 是直接消耗系数矩阵，$\boldsymbol{B}$ 是投资系数矩阵，且一般为奇异矩阵。

目前，已有许多学者对模型（1.3）进行了讨论。1978 年，Sharp 和 Perkins 考虑到现实中，供给与需求的不平衡状态，在模型（1.3）的基础上提出了著名的

Sharp-Perkins 模型。而国内学者尹红婷、程兆林、闫九喜等（1994，1998）结合我国实际，在 Sharp-Perkins 模型的基础上，得到直接以投资控制作为控制决策变量的动态经济模型[15, 16]。然而上述研究较多是针对确定性系统的，由于国民经济投入产出是一个规模庞大、关系复杂、目标多样、因素众多的大系统，系统本身含有无法确定的随机因素，因此要做到较为真实地定量模拟和分析宏观经济发展，就有必要考虑随机因素。朱怀念等在连续时间线性动态投入产出系统的基础上，通过引入随机变量，对确定性动态投入产出系统进行了修正[17]，因而借鉴文献[17]的方法，引入随机变量 w 对式（1.3）进行修正，可得到如式（1.4）所示的广义随机线性动态投入产出系统。

$$x(t) = \boldsymbol{A}x(t) + \boldsymbol{B}\dot{x}(t) + y(t) + w(t) \tag{1.4}$$

系统中，$w(t)$可表示为系统本身的不确定性以及环境的影响因素等，可见，式(1.4)能更好地模拟现实实际。

切换系统的研究主要是随着混杂系统（Hybrid Systems）的研究而展开的[18-23]。实际工程、经济领域存在的大量动态系统，如生产制造、气象预报、电力、生化、保险金融系统等，在运行过程中常常受到一类随机突变因素的影响，如外界环境突变、非线性对象工作点范围的变化、大系统内部各子系统间联结方式的改变和系统部件的损坏以及人为干预等的影响，这些动态系统在这类随机事件驱动下产生响应、发生变化。这类状态通过时间-离散事件两类动态机制共同驱动而演化的系统，称为混杂系统。而当离散事件表现为离散的切换信号时，这类重要的混杂系统被称为切换系统[24]。切换系统的动态可以描述为有限个子系统或动态模型，并且各子系统之间按一个切换法则进行切换。即每一时刻系统切换到哪一个子系统由切换规则确定，同时系统状态也在相应时刻切换到相应的子系统。本书所研究的是具有 Markov 跳变参数的特殊切换系统，即系统从一个模态切换到另一个模态的切换规则并不固定，各模态间是随机切换的，但这种随机切换具有某种统计特性——各个模态（regime）之间的转移服从 Markov 跳跃过程，因此这类系统也是一类特殊的随机系统，称为随机 Markov 切换系统[也称为随机 Markov 跳变（Markov jump）系统，或称为随机 Markov 调制系统]。[24]离散时间随机线性 Markov 切换系统描述为

$$x(t+1) = [\boldsymbol{A}(r_t)x(t) + \boldsymbol{B}(r_t)u(t)] + \sigma(x(t), u(t), r_t)w(t) \tag{1.5}$$

其中，$x(t)$，$u(t)$，$w(t)$分别表示系统状态变量、控制变量和随机干扰；r_t表示切换策略（信号），$r_t \in \Xi = \{1, 2, \cdots, l\}$为一个有限状态的 Markov 链，Ξ为其状态空间，转移概率π_{ij}由式（1.6）所示：

$$\pi_{ij} = P(r_{t+1} = j | r_t = i), \forall i, j \in \Xi \tag{1.6}$$

其中，π_{ij}代表从模态i转移到模态j的转移率。矩阵$\boldsymbol{A}(r_t)$为随机过程r_t的函数，且对于每一个$r_t = i \in \Xi$，$\boldsymbol{A}(r_t)$等均为适当维数的实数矩阵。

Markov 切换系统作为特殊随机切换系统，大量存在于现实中。如环境的突变对系统行为的影响、互联子系统的突变、非线性系统操作点的突变等都可看作是多模态系统的随机切换。Markov 切换系统在经济管理领域中的理论与应用研究引起了学者们的广泛关注，得到了较为丰富的研究成果。在宏观经济周期分析方面，Hamilton（1989）用两状态四阶滞后的 Markov 模型很好地刻画了美国 1953—1984 年季度实际产出增长的非线性动态和非对称性波动情况[25]；Rene Garcia 和 Pierre Perron、Hsu 和 Kuan 用 Markov 模型分别研究了美国 1961—1986 年的真实利率和台湾的经济周期[26, 27]；王建军采用反映我国经济增长周期模式改变和状态转移机制变迁的虚拟变量，对 Markov 机制转换模型进行修正，并利用修正后的 Markov 模型拟合我国 1953—2005 年的年度实际产出增长率[28]；赵鹏中将我国沪市股市收益率的波动按“熊市”“慢牛市”“疯牛市”进行划分，针对我国股市泡沫的存在性问题运用 MSVAR 方法进行了研究，同时对于正投机泡沫存在的具体时期进行了判断和识别[29]。在金融保险领域中，许多学者通过假设期权标的风险资产中的收益率和波动率依赖某个隐含的马氏链，对 Black 和 Scholes 的几何布朗运动期权标的模型进行改进，如式（1.7）所示。

$$\dot{x}(t) = \mu(r_t)x(t)\mathrm{d}t + \sigma(r_t)x(t)\mathrm{d}w(t), \tag{1.7}$$

相应的离散时间形式为

$$x(t+1) = \mu(r_t)x(t) + \sigma(r_t)x(t)w(t) + x(t) \tag{1.8}$$

其中，r_t为一个有限状态的 Markov 链，r_t的状态可表示为经济结构的变化、政权变换，宏观消息交替以及经济周期变化等。目前，有许多学者对模型（1.7）进行了讨论，如当$l = 2$时，Guo 研究了带 Markov 调制几何布朗运动模型下的俄罗斯期权的定价问题[30]，文献[31]和[32]研究了永久美式看跌期权问题[31, 32]。

文献[33]则提出了基于 Markov 切换系统的固定资产动态变化模型。林凤玺通过分析，把 21 世纪以来现代企业的发展模式、实际生产单位拥有的各役龄的固定资产量的动态变化过程受到的外界影响因素主要归结为以下 4 个：环境因素、生产技术更新、新产品的出现、扩大再生产。[33]在此基础上，把固定资产的产生、折旧、消亡的动态变化过程作为研究对象，基于马尔科夫切换系统，建立了描述固定资产和国民生产总值的动态变化过程的 Markov 切换模型。

$$\begin{cases} x(t+1) = \boldsymbol{A}(r_t)x(t) + \boldsymbol{B}(r_t)u(t) \\ y(t) = \boldsymbol{C}(r_t)x(t) \end{cases}$$

其中，$\boldsymbol{A}(r_t)$为固定资产的留存矩阵，$\boldsymbol{B}(r_t)$为新增固定资产的形成矩阵，$x(t)$为固定资产状态向量，$u(t)$为固定资产控制输入向量，$y(t)$为国民生产总值。$\{r_t\}$是一个取值于状态空间 $\Xi = \{1, 2, 3, 4\}$的 Markov 过程，1、2、3、4 分别代表上述四种突变因素。

基于此，张成科教授在文献[34]中提出可构建多部门固定资产动态投入产出分析模型：

$$x(t) = \boldsymbol{A}(r_t)x(t) + \boldsymbol{B}(r_t)[x(t+1) - x(t)] + y(t) \tag{1.9}$$

模型（1.9）虽然考虑了现实中的四种突变因素，但经济投入产出系统庞大而复杂，系统本身含有无法确定的随机因素。因此，为更好地描述实际，在式（1.9）的基础上，考虑随机因素的影响，引入随机干扰变量 $w(t)$，可得如式（1.10）所示的模型：

$$x(t) = \boldsymbol{A}(r_t)x(t) + \boldsymbol{B}(r_t)[x(t+1) - x(t)] + y(t) + w(t) \tag{1.10}$$

可见，社会经济系统领域中的宏观经济周期分析、金融工程期权定价、投资保险红利分发以及多部门固定资产动态投入产出等实际经济系统模型，均可借助随机线性 Markov 切换系统模型来描述。

与 Markov 跳变系统相比，广义 Markov 跳变系统更适合于描述动态系统的结构特征，能更好地刻画现实中由随机突变现象引起系统跳变的情形，如工程领域和金融领域的期权定价问题，投资型保险红利分发问题等。因而，广义 Markov 跳变系统近年来得到国内外学者的广泛关注[288]，Zhang 等[289]研究了一类具有时变时滞和扰动的离散 Takagi-Sugeno 模糊奇异马尔科夫跳变系统的可达集控制问题。Su 等[290]研究了时滞广义马尔科夫跳变系统的随机容许性问题。Ding 等[291]研究了基于扰动观测器的多扰动时滞切换广义半马尔科夫跳变系统的扩展耗散抗干扰控制问题。

离散时间广义随机线性 Markov 切换系统的模型如式（1.11）所示。

$$\begin{cases} \boldsymbol{E}x(t+1)=\boldsymbol{A}(t,r_t)x(t)+\boldsymbol{B}(t,r_t)u(t)+\boldsymbol{C}(t,r_t)v(t)+\boldsymbol{A}_1(t,r_t)x(t)w(t),\ t=0,1,2,\cdots,T \\ x(0)=x_0\in\Re^n \end{cases} \tag{1.11}$$

其中，$x(t)\in\Re^n$ 是状态变量，$(x_0,\ r_0)\in\Re^n\times\Xi$ 是初始状态，$u(t)\in L_F^2(0,T;\Re^{n_u})$，$v(t)\in L_F^2(0,T;\Re^{n_v})$ 是容许控制过程。当 $r_t=i,i\in\Xi$ 时，系数矩阵 $\boldsymbol{A}(t,r_t)=\boldsymbol{A}(t,i)$，$\boldsymbol{A}_1(t,r_t)=\boldsymbol{A}_1(t,i)$，$\boldsymbol{B}(t,r_t)=\boldsymbol{B}(t,i)$，$\boldsymbol{C}(t,r_t)=\boldsymbol{C}(t,i)$。

综上所述，可以发现广义随机线性系统和广义随机线性 Markov 切换系统可以更准确地描述社会经济系统领域中的金融工程期权定价、投资保险红利分发以及多部门动态投入产出等实际经济系统模型，有广泛的实际应用背景。可见，研究广义随机线性系统和广义随机线性 Markov 切换系统的动态非合作微分博弈理论（鞍点均衡、Nash 均衡以及 Stackelberg 策略等），可为金融工程、投资保险、动态投入产出等实际社会经济系统的分析提供新理论和新方法。因此，特提出本书研究内容，希望借此完成如下科学问题的研究：

用式（1.2）描述的广义随机线性系统和用式（1.11）描述的广义随机线性 Markov 切换系统的动态非合作微分博弈理论。

确定性线性系统是对现实情况的一种理想化描述，大多情况下，随机扰动性才是真实的自然现实。确定性线性系统的非合作微分博弈理论，目前已经形成了系统的理论体系[35-39]；但在广义随机线性系统和广义随机线性 Markov 切换系统的非合作微分博弈理论方面，目前还没有系统的研究成果。可见，对这两类系统的非合作微分博弈理论进行系统研究，是博弈理论自身知识体系完善的内在需求。

鲁棒控制问题引起了自然科学和社会科学领域的普遍关注。鲁棒控制是处理系统不确定性的基本方法之一，其是针对系统的不确定性，为了保持控制系统的稳定性并满足所希望的控制性能要求而产生的新型控制。[40]鲁棒控制问题在现实中普遍存在，如现实经济系统中的扰动影响，在经济模型中用不确定性来表示，这种不确定性可能来自所描述系统的模型化误差，也可能来自外界多样性的扰动。当系统参数估计不准确，或系统参数随时间而发生变化时，如果这种扰动影响经过传导机制作用于经济系统的输出，将会影响到经济系统的控制及政策，可能导致系统的状态或输出偏离正常轨道，存在经济风险。因此，如何减少扰动的影响，确保经济系统按正常轨道运行，降低风险，从控制理论角度可将其归结为鲁棒控制问题。

非合作微分博弈理论应用于鲁棒控制设计的基本思想是[41, 42]：将控制策略设计者和随机干扰性（不确定性）视为博弈的双方，鲁棒控制问题就是控制策略设计者如何在预期到各种随机干扰（不确定性）策略情况下设计自己的策略，在实现与随机干扰性（不确定性）均衡的同时又使自己的目标最优，这样把 H_∞、H_2/H_∞ 鲁棒控制问题就分别转化成两人零和、非零和博弈问题。在此思路上，利用非合作微分博弈理论的鞍点均衡策略或 Nash 均衡策略得到相应的鲁棒控制策略。这种把博弈理论应用于研究鲁棒控制问题的思路已经在线性系统的鲁棒控制问题研究中取得了成功，如文献[43-47]分别用博弈论方法得到了 H_∞ 鲁棒控制、H_2/H_∞ 鲁棒控制器的设计策略。但据作者所知，目前把非合作微分博弈应用于研究广义随机线性系统和广义随机线性 Markov 切换系统的相关研究较少。因此通过本书的研究，可以得到广义随机线性系统和广义随机线性 Markov 切换系统鲁棒控制策略设计的新结果和新方法。

投入产出分析作为一种经济数量分析方法，广泛应用于经济分析、政策模拟、经济预测、计划制订和经济控制等方面，其研究的是经济系统中作为生产单位或消费单位的部门、行业、产品等各个部分之间表现为投入与产出的相互依存关系。为了更好地反映在不同时期经济系统中各个部分之间的联系及其数量依存关系，经济学家 Leontief 在 1953 年把最初的静态投入产出模型发展到动态投入产出模型。由于动态投入产出模型研究的是若干时期的再生产过程及各个时期再生产过程间的相互联系，更能反映经济实际，近几十年来，在信息经济、国民经济核算、人口规模、教育发展、收入分配等领域都得到了广泛的应用和研究。张金水教授在文献[48]和[232]中系统地研究了闭环动态投入产出系统的结构稳定性、动态投入产出系统消费跟踪的鲁棒生产策略以及产出跟踪的鲁棒消费策略等。姜超、张金水教授研究了考虑税收的可计算非线性动态投入产出模型及其参数设定。[49] 尹红婷、闫九喜等研究了广义动态经济系统的最优消费跟踪问题。[16]但现有研究大多是针对确定性系统的，考虑到国民经济投入产出系统本身含有无法确定的随机因素，为较为真实地模拟现实经济发展，就有必要考虑随机因素。因此，通过本书的研究可以分析在外界影响因素的干扰下，各部门的最优投资均衡策略（Nash 均衡、鞍点均衡以及 Stackelberg 策略等），尝试为经济系统中的动态投入产出分析提供新方法。

本书借鉴已有研究方法、前人研究成果，针对社会经济系统中的广义随机线性系统、离散广义随机线性 Markov 切换系统，以及鲁棒控制器设计问题、动态投入产出问题等实际问题的本质特征，构建相应的广义随机线性系统和离散广义随机线性 Markov 切换系统的非合作微分博弈模型，研究相应的动态非合作微分博弈理论中控制策略设计和实现的关键问题，尝试丰富动态非合作微分博弈理论及其在广义随机线性系统和离散广义随机线性 Markov 切换系统的鲁棒问题、动态投入产出问题中的应用。

为实现上述研究目标，本书的研究内容主要分为以下四个部分：

（1）连续时间广义随机线性系统中具有二次型性能指标泛函的鞍点均衡策略、纳什均衡策略。

具体来说，针对如下 Itô 型随机微分方程描述的广义系统

$$\begin{cases} \boldsymbol{E}\dot{x}(t)=[\boldsymbol{A}x(t)+\boldsymbol{B}_1u_1(t)+\boldsymbol{B}_2u_2(t)]\mathrm{d}t+[\boldsymbol{C}x(t)+\boldsymbol{D}_1u_1(t)+\boldsymbol{D}_2u_2(t)]\mathrm{d}w(t), t\in[0,T] \\ x(0)=x_0 \end{cases} \tag{1.12}$$

相应的性能指标泛函为式（1.14）

$$\boldsymbol{J}_\tau(u_1, u_2)=\varepsilon\left\{\int_0^T[x'(t)\boldsymbol{Q}(r_t)x(t)+u_\tau'(t)\boldsymbol{R}_{\tau\tau}(r_t)u_\tau(t)+u_\varsigma'(t)\boldsymbol{R}_{\tau\varsigma}(r_t)u_\varsigma(t)]\mathrm{d}t\right\},$$

$$\tau\neq\zeta,(\tau,\ \zeta=1,\ 2) \tag{1.13}$$

其中，实矩阵 $\boldsymbol{E}$ 是奇异的，假定 $\mathrm{rank}(\boldsymbol{E})<n$。所研究的问题就是在微分方程（1.12）的约束下求得使式（1.13）中的 $\boldsymbol{J}_\tau(u_1(t), u_2(t))$ $(\tau=1, 2)$达到最优的 $u_1(t)$和 $u_2(t)$。其中，当 $\boldsymbol{J}_1(u_1, u_2)+\boldsymbol{J}_2(u_1, u_2)=0$ 时，对应的问题就是零和博弈问题，即求解它的鞍点均衡策略；否则，对应的问题就是非零和博弈问题，即求解它的 Nash 均衡策略。在此基础上，借助随机最优控制中的随机极大值原理、动态规划、Riccati 方程法等给出相应博弈问题均衡策略的存在条件和求解方法。

（2）离散广义随机线性系统中具有二次型性能指标泛函的鞍点均衡策略、Nash 均衡策略、Stackelberg 策略。

具体来说，针对如下离散广义随机系统

$$\begin{cases} \boldsymbol{E}x(t+1)=\boldsymbol{A}x(t)+\boldsymbol{B}_1u_1(t)+\boldsymbol{B}_2u_2(t)+\boldsymbol{C}x(t)w(t), t\in[0,T] \\ x(0)=x_0 \end{cases} \tag{1.14}$$

二次型性能指标：

$$J_\tau(u_1,u_2;x_0,0)=\varepsilon\left\{\sum_{t=0}^{T}\left[x'(t)\boldsymbol{Q}(r_t)x(t)+u'_\tau(t)\boldsymbol{R}_{\tau\tau}(r_t)u_\tau(t)+u'_\varsigma(t)\boldsymbol{R}_{\tau\varsigma}(r_t)u_\varsigma(t)\right]\right\}$$

$$\tau\neq\zeta,(\tau,\ \zeta=1,\ 2) \tag{1.15}$$

其中，$x(t)\in\Re^n$ 是状态变量，$u_1(t)\in\Re^m$ 和 $u_2(t)\in\Re^l$ 是两博弈人的决策控制变量，系数矩阵 $\boldsymbol{A},\boldsymbol{B}_1,\boldsymbol{B}_2,\boldsymbol{C}$ 为具有相应维数的常数矩阵。实矩阵 $\boldsymbol{E}$ 是奇异的，假定 $\mathrm{rank}(\boldsymbol{E})<n$。所研究的问题就是在差分方程（1.14）的约束下求得使式（1.16）中的 $\boldsymbol{J}_\tau(u_1(t),\ u_2(t))$（$\tau=1,\ 2$）达到最优的 $u_1(t)$和 $u_2(t)$。其中，当 $\boldsymbol{J}_1(u_1,\ u_2)+\boldsymbol{J}_2(u_1,\ u_2)=0$ 时，对应的问题就是零和博弈问题，即求解它的鞍点均衡策略；否则，对应的问题就是非零和博弈问题，即求解它的 Nash 均衡策略、Stackelberg 策略。在此基础上，借助随机最优控制中的随机极大值原理、动态规划、Riccati 方程法等给出相应博弈问题均衡策略的存在条件和求解方法。

（3）离散时间广义随机线性 Markov 切换系统中具有二次型性能指标泛函的鞍点均衡策略、Nash 均衡策略、Stackelberg 策略。

具体来说，针对如式（1.16）所示 Itô 型随机差分方程描述的离散线性 Markov 切换系统

$$\begin{aligned}\boldsymbol{E}x(t+1)&=\boldsymbol{A}(r_t)x(t)+\boldsymbol{B}(r_t)u_1(t)+\boldsymbol{C}(r_t)u_2(t)+\\&\quad[\boldsymbol{A}_1(r_t)x(t)+\boldsymbol{B}_1(r_t)u_1(t)+\boldsymbol{C}_1(r_t)u_2(t)]w(t)\end{aligned} \tag{1.16}$$

相应的性能指标泛函为

$$J_\tau(u_1,u_2)=\varepsilon\left\{\sum_{t=0}^{T}[x'(t)\boldsymbol{Q}(r_t)x(t)+u'_\tau(t)\boldsymbol{R}_{\tau\tau}(r_t)u_\tau(t)+u'_\varsigma(t)\boldsymbol{R}_{\tau\varsigma}(r_t)u_\varsigma(t)]\middle|r_s=i\right\},$$

$$\tau\neq\zeta,\ (\tau,\ \zeta\ =1,\ 2) \tag{1.17}$$

所研究的问题就是在差分方程（1.16）的约束下求得使式（1.17）中的 $\boldsymbol{J}_\tau(u_1(t),\ u_2(t))$（$\tau=1,\ 2$）达到最优的 $u_1(t)$和 $u_2(t)$。其中，当 $\boldsymbol{J}_1(u_1,\ u_2)+\boldsymbol{J}_2(u_1,\ u_2)=0$ 时，对应的问题就是零和博弈问题，即求解它的鞍点均衡策略；否则，对应的问题就是非零和博弈问题，即求解它的 Nash 均衡策略、Stackelberg 策略。在此基础上，借助随机最优控制中的极大值原理、动态规划、Riccati 方程法等给出相应博弈问题均衡策略的存在条件和求解方法。

（4）应用与仿真研究。

① 应用非合作博弈理论研究广义随机线性系统和离散时间广义随机线性Markov切换系统的鲁棒控制问题。

a. 连续广义随机线性系统（1.12）的 H_∞ 鲁棒控制和 H_2/H_∞ 混合鲁棒控制。

b. 离散广义随机线性系统（1.14）的 H_∞ 鲁棒控制和 H_2/H_∞ 混合鲁棒控制。

c. 离散广义随机线性Markov切换系统（1.16）的 H_∞ 鲁棒控制和 H_2/H_∞ 混合鲁棒控制。

具体而言，随机非合作博弈理论应用于研究鲁棒控制问题的基本思路是[42, 43]：将控制策略设计者和随机干扰性（不确定性）视为博弈的双方，$u(t)$和 $v(t)$分别为博弈双方的控制策略；鲁棒控制问题就是控制策略设计者如何在预期到各种随机干扰（不确定性）策略情况下设计自己的策略，在实现与随机干扰性（不确定性）均衡的同时又使自己的目标最优，这样把 H_∞、H_2/H_∞ 鲁棒控制问题就分别转化成了一个两人零和、非零和博弈问题。在此思路上，利用非合作微分博弈理论的鞍点均衡策略或Nash均衡策略得到相应的鲁棒控制策略。

② 应用随机非合作博弈理论研究动态投入产出问题，分别用上述的广义随机线性系统的相关结论来研究相应的动态投入产出问题，并通过仿真计算、数值算例来检视相关结果。具体来说，在投入者与市场随机扰动之间构建一个两人零和随机微分博弈模型，博弈的一方是投入者，另一方是“虚拟”的博弈对手，即市场随机扰动，投入者选择最优投入策略使自己的收益函数最大化，而另一方市场随机扰动则选择一个最大化的随机干扰“环境”使投入者的收益函数极小化，从而通过求解此微分博弈问题的均衡策略，就能得到相应动态投入产出问题的最优策略。

本书采用广义随机线性系统和广义随机线性Markov切换系统LQ问题的极大值原理、动态规划方法进行研究。同时，结合Riccati方程法对系统的动态性能指标进行配方处理运算，得到相应系统的非合作微分博弈问题各种类型策略。

本书研究思路如下：首先，研究连续时间和离散广义随机线性系统的LQ型非合作博弈理论；其次，研究离散广义随机线性Markov切换系统的LQ型非合作微分博弈理论；再次，把所得的非合作微分博弈理论应用于广义随机线性系统和离散广义随机线性Markov切换系统的鲁棒控制问题；最后，把所得非合作博弈理论应用于动态投入产出问题。研究技术路线、框架结构如图1.1、图1.2所示。

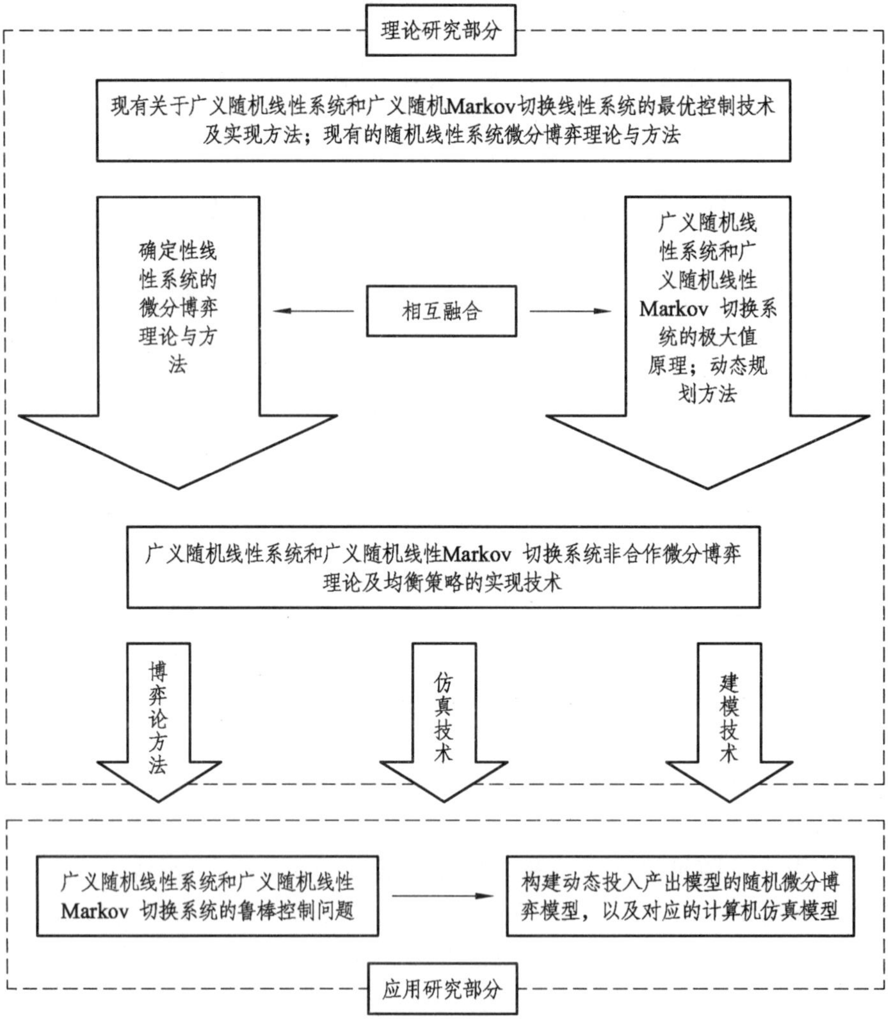
理论研究部分
现有关于广义随机线性系统和广义随机Markov切换线性系统的最优控制技术及实现方法；现有的随机线性系统微分博弈理论与方法
确定性线性系统的微分博弈理论与方法
相互融合
广义随机线性系统和广义随机线性Markov 切换系统的极大值原理；动态规划方法
广义随机线性系统和广义随机线性Markov 切换系统非合作微分博弈理论及均衡策略的实现技术
博弈论方法
仿真技术
建模技术
广义随机线性系统和广义随机线性Markov 切换系统的鲁棒控制问题
构建动态投入产出模型的随机微分博弈模型，以及对应的计算机仿真模型
应用研究部分

图 1.1　研究技术路线图

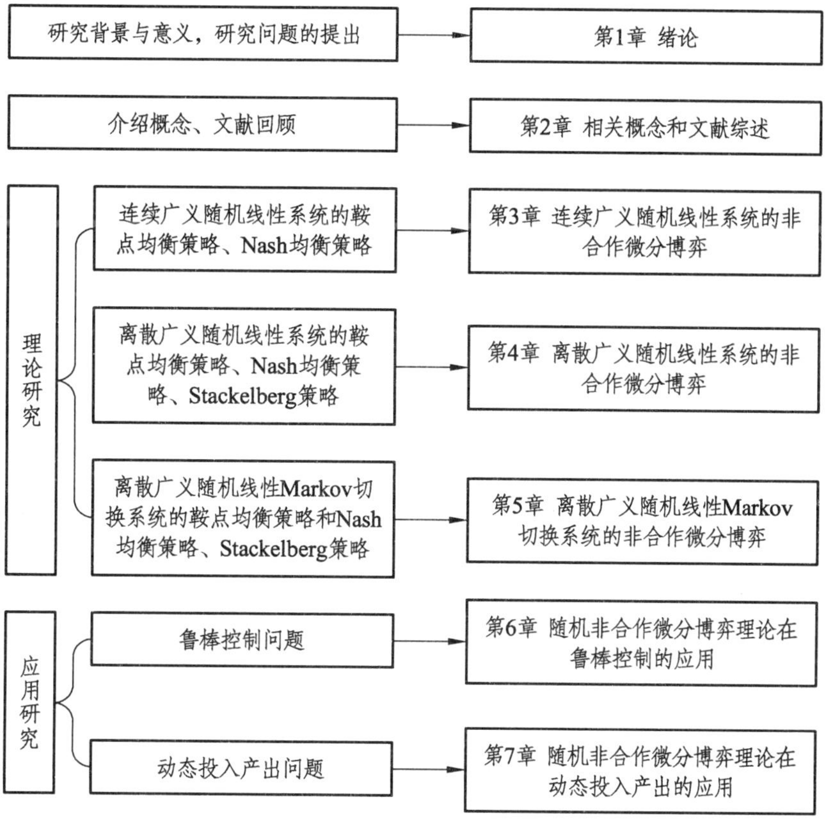

图 1.2　本书框架结构

本书共分三大部分：一是绪论；二是文献综述；三是研究主体。具体章节内容安排如下：

第 1 章　绪论。介绍本书的选题背景及意义；研究目标、内容、研究方法和技术路线；本书的创新之处。

第 2 章　相关概念和文献综述。阐述 Markov 切换系统、广义系统、非合作微分博弈的概念，对相关理论进行梳理；对过往文献进行详尽的搜集和系统的整理、总结，并做简要评述。

第 3 章　连续广义随机线性系统的非合作微分博弈。利用最大值原理得到相应的均衡策略，并给出数值算例检验求解方法的有效性。

第 4 章　离散广义随机线性系统的非合作微分博弈。利用最大值原理得到了相应的均衡策略。

第 5 章　离散广义随机 Markov 切换系统的非合作微分博弈。利用最大值原理得到相应的均衡策略及最优解的显式表达式。

第 6 章　随机非合作微分博弈理论在线性鲁棒控制的应用。分别研究广义随机线性系统和离散广义随机线性 Markov 切换系统的 H_∞ 和 H_2/H_∞ 的鲁棒控制策略，通过将随机性（或不确定性）干扰视为博弈的另一方，分别将 H_∞ 和 H_2/H_∞ 鲁棒控制问题转化为相应的零和博弈问题、非零和博弈问题，从而通过求解鞍点均衡策略、Nash 均衡策略而得到相应的 H_∞ 和 H_2/H_∞ 的鲁棒控制策略。

第 7 章　随机非合作微分博弈理论在动态投入产出问题上的应用。首先本章基于 Leontief 提出的动态投入产出模型，分别建立了一般随机线性系统和广义随机线性系统动态投入产出分析博弈模型，并利用随机微分博弈理论得到了相应的最优策略设计；其次针对固定资产的形成具有随机切换的特点，建立了随机 Markov 切换系统固定资产投入产出博弈模型，同样的，利用随机微分博弈理论得出了相应的最优策略设计。具体来说就是考虑环境的不确定性（存在经济风险性），研究如何在"最差情况"下制定控制策略的问题（H_∞ 鲁棒控制问题），把动态投入产出系统抽象为一个鞍点均衡博弈模型，运用鞍点均衡策略设计出求解动态投入产出问题的新方法，为宏观经济决策提供依据。

第 2 章　相关概念和文献综述

在博弈理论的研究方面，已有相当丰富的成果。本书所讨论的，主要是状态方程为微分方程，性能指标函数为二次型的动态非合作微分博弈理论，主要包括零和博弈的鞍点均衡理论、非零和博弈的 Nash 均衡理论、Stackelberg 博弈理论以及激励策略理论。近几十年来，微分博弈理论引起了众多学者的广泛关注，不管是在确定性系统还是在随机系统的非合作微分博弈理论研究方面，都有许多重大的成就。在此过程中，学者们更是将微分博弈理论从最初的集中于对控制理论的研究，逐渐拓展到现在较为完备的理论体系分支；从仅局限于军事领域的研究，延伸到现在广泛涵盖经济学、管理学、社会学及生物学等众多领域的研究。因而在进入正式研究前，十分有必要对相关的概念和文献进行梳理。诚如我国学者班允浩所说："对既往文献的回顾与整理，不单单是对研究成果的汇总和归纳，更多的是对前辈学者的尊重和敬仰。"[50]

2.1　相关概念

2.1.1　微分博弈

一般认为"博弈论"一词最早的出处源于三国后期，吴主孙和命文臣韦昭著书《博弈论》。"博弈"一词的字面意思为下棋对弈，而作为一门独立学科的博弈论，其内涵自然要丰富得多。关于博弈论，张维迎是这样定义的："博弈论，英文为 game theory，是研究行为直接相互作用的决策主体，如何进行决策以及决策均衡问题的理论。"[51]而在博弈论中，微分博弈是一个最复杂而又非常有价值的分支。

微分博弈与静态博弈都是博弈论的重要组成部分，相对于静态博弈来讲，它是处理双方或多方连续动态对抗冲突、竞争或合作的数学工具。卢夫斯 · 伊萨克（Rufus Isaacs）是微分博弈理论之父。伊萨克于 1951 年 11 月发表了微分博弈论的第一篇文献——兰德文献，接着，伊萨克在 1965 年完成了《微分博弈》这部经典之作。自此,《微分博弈》与贝尔曼(Bellman,1957)的《动态规划》(*Dynamic Programming*)和庞特里亚金(Pontryagin,1962)等的《最优过程的数学理论》(*The Mathematical Theory of Optimal Processes*)为确定性微分博弈奠定了良好的理论基础。[1]在其后的几十年里,微分博弈引起了学者们的研究兴趣,并在其他学科上得到了广泛的应用,特别是在经济学及管理科学上。

一般来说,在一个两人微分博弈中,每位参与者 $i(i=1,2)$的目标函数(支付函数)可以表示为[3]:

$$\boldsymbol{J}_i(u_1(t),\cdots,u_n(t);t_0,x_0)=\int_{t_0}^{T}g^i(t,x(t),u_1(t),\cdots,u_n(t))\mathrm{d}t+\boldsymbol{Q}^i(x(T)) \quad (2.1)$$

相应的离散时间形式为

$$\boldsymbol{J}_i(u_1(t),\cdots,u_n(t);t_0,x_0)=\sum_{k=t_0}^{T}g^i(t,x(t),u_1(t),\cdots,u_n(t))+\boldsymbol{Q}^i(x(T))$$

其中,$g^i(\cdot)\geqslant 0$,$\boldsymbol{Q}^i(\cdot)\geqslant 0$。

而目标函数的取值则是受到一个动态系统(dynamics)的影响和约束:

$$\begin{cases}\dot{x}(t)=f(t,x(t),u_1(t),\cdots,u_n(t)),\ t\in[t_0,T]\\ x(t_0)=x_0\end{cases} \quad (2.2)$$

相应的离散时间形式为

$$\begin{cases}x(t+1)=f(t,x(t),u_1(t),\cdots,u_n(t))+x(t),t\in[t_0,T]\\ x(t_0)=x_0\end{cases}$$

其中,$x(t)$为状态变量,且 $x(t)\in X\subset\Re^n$,X 称为状态空间,状态变量的变化可通过改变控制变量来实现,而在静态博弈中,这些变量是不存在的。在经济活动实际中,状态变量可以是企业的资本、现金流量、资产总值、库存商品量、工程建设进度、就业比率等,其具体是什么取决于所模拟的实际问题。由于状态方程(动态系统)决定了状态变量的变化过程,因此,在很多情况下我们称动态系统为状态动态。一般地,我们把 $u_i(t)\in U_i$ 表示为博弈参与人 i 的控制,这类控制变量相当于静态博弈中的策略,由于在动态博弈中所表示的意义有所差别,故而名称不同,这类控制所表示的是随机事件而进展的策略路径。在现实实际中,借贷比率、股东持股量、商品价格、商品生产量、税率和利率等因素都可以看作是控制。

$t \in [t_0, T]$表示博弈的时间点或时刻，t_0是开始时间，T是结束时间，（$T - t_0$）表示博弈的持续时间（duration）。

根据状态方程，状态变量$x(t)$的变化情况由（2.3）式所示函数决定：

$$f(t, x(t), u_1(t), \cdots, u_n(t)) \quad (2.3)$$

从式（2.3）可见，函数的变化取决于当前的时间 t、状态 $x(t)$和博弈参与人在时间点 t 的控制，即 $u_1(t)$和 $u_2(t)$。在这里，我们用 $g^i[t, x(t), u_1(t), u_2(t)]$、$\boldsymbol{Q}^i(x(T))$分别表示博弈参与人 i 的瞬时支付和终端支付。在很多社会经济活动中，如证券投资、产品研发等，从开始到结束的过程中会有一些中断的回报，如利息。另外，在博弈完成的时候，又都会有额外的回报，如股票投资的分红、制成品带来的利润。在支付函数中，$g^i(t, x(t), u_1(t)\ u_2(t))$表示这些中断回报,而 $\boldsymbol{Q}^i(x(T)$则是表示额外回报。此外，函数 $f(t, x(t), u_1(t), \cdots, u_n(t))$、$\boldsymbol{Q}^i(x(T))$以及 $g^i(t, x(t), u_1(t)\ u_2(t))$都是可微函数。

本书考虑的是两人非合作微分博弈，即博弈人为两位。对于每位博弈参与者$i(i = 1,2)$，我们定义η^i为一个集合值函数（set-valued function）[1]：

$$\eta^i(t) = \left\{x(\tau), t_0 \leqslant \tau \leqslant \varepsilon_t^i\right\}, t_0 \leqslant \varepsilon_t^i \leqslant t \quad (2.4)$$

式中，ε_t^i对于时间是非递减的。集合值函数$\eta^i(t)$包含了区间$[t_0, \varepsilon_t^i]$内的状态，该状态决定了博弈参与人$i(i = 1,2)$在时点$t \in [t_0, T]$所能获得的和所能回忆的状态资讯（state information）。即$\eta^i(t)$所描述的是博弈参与人的资讯结构（information structure），而向量$(\eta^1(t), \eta^2(t), \cdots, \eta^n(t))$则表示着整个博弈的资讯结构。

对于博弈参与人$i(i = 1,2)$，柱集（cylinder sets）（$x \in S_0, x(t) \in B$）都在S_0内产生一个西格玛领域（sigma-field）$N_t^i(0 \leqslant t \leqslant \varepsilon_t)$，其中，$B$是$S_0$内的波尔集（Borel set）。

西格玛领域$N_t^i(t \geqslant t_0)$表示博弈参与人的资讯领域（information filed）。另外，带有特性$u_i(t) = v_i(t,x)$的映射$v_i : [t_0, T] \times S_0 \to U^i$的预设类别（pre-specified class）Γ^i是N_t^i——可测量的（i.e.并适应于N_t^i）。U^i是博弈参与人$i(i = 1,2)$的策略空间，而其中每个元素v_i都是博弈参与人$i(i = 1,2)$的可允许的（permissible）策略[1]。

定义 2.1[50],[1]：令$\varphi_{-i}^*(t) = (\varphi_1^*(t), \cdots, \varphi_{i-1}^*(t), \varphi_{i+1}^*(t), \cdots, \varphi_n^*(t))$表示由博弈人$i \in \mathbf{N}$以外的所有博弈人的最优策略所组成的向量。如果对于所有的$u_i \in U_i$, $i \in \mathbf{N}$，以下不等式都成立，那么策略组合$(\varphi_1^*(t), \cdots, \varphi_n^*(t))$构成了一个$n$人非合作微分博

弈的纳什均衡解，其中

$$\int_{t_0}^{T} g^i(t, x^*(t), \varphi_i^*(t), \varphi_{-i}^*(t))\mathrm{d}t + Q^i(x^*(T)) \geqslant \int_{t_0}^{T} g^i(t, x^{[i]}(t), \varphi_i(t),$$

$$\varphi_{-i}^*(t))\mathrm{d}t + Q^i(x^{[i]}(T)),\ i = 1, 2, \cdots, n,$$

而在时间$[t_0, T]$内

$$\dot{x}^*(t) = f(t, x^*(t), \varphi_1^*(t), \cdots, \varphi_n^*(t)),\ x^*(t_0) = x_0$$

$$\dot{x}^{[i]}(t) = f(t, x^{[i]}(t), \varphi_i(t), \varphi_{-i}^*(t)),\ x^i(t_0) = x_0,\ i = 1, 2, \cdots, n$$

相应的离散时间形式为

$$\sum_{t=t_0}^{T-1} g^i(t, x^*(t), \varphi_i^*(t), \varphi_{-i}^*(t)) + Q^i(x^*(T)) \geqslant \sum_{t=t_0}^{T-1} g^i(t, x^{[i]}(t), \varphi_i(t), \varphi_{-i}^*(t)) +$$

$$Q^i(x^{[i]}(T)),\ i = 1, 2, \cdots, n,$$

而在时间$[t_0, T]$内

$$x^*(t+1) = f(t, x^*(t), \varphi_1^*(t), \cdots, \varphi_n^*(t)),\ x^*(t_0) = x_0$$

$$x^{[i]}(t+1) = f(t, x^{[i]}(t), \varphi_i(t), \varphi_{-i}^*(t)),\ x^i(t_0) = x_0,\ i = 1, 2, \cdots, n$$

从定义 2.1 可知，当所有的博弈人都采用各自的最优策略时，任何一位博弈人不可能通过独自偏离其最优策略而获得益处，这时的策略组合：$(\varphi_1^*(t), \cdots, \varphi_n^*(t))$就称为一个纳什均衡。换言之，在纳什均衡的情况下，假如博弈人$i \in \mathbf{N}$选择偏离纳什均衡，独自采用非纳什均衡最优策略，那么，博弈的状态会变为$x^{[i]}(t)$，而在策略组合$(\varphi_1^*(t), \cdots, \varphi_{i-1}^*(t), \varphi_i(t), \varphi_{i+1}^*(t), \cdots, \varphi_n^*(t))$下，博弈人$i$的支付会低于纳什均衡状态时的支付，故此，理性的博弈人不会选择独自偏离纳什均衡[1]。

2.1.2 微分博弈基本技术

微分博弈均衡解的求解过程，其本质上是博弈的所有参与者各自动态最优化的过程，因而，动态最优化的基本技术原则上也适用于微分博弈。特别是当所有博弈人均采用非合作纳什均衡策略时，所有博弈人都固定了各自的策略，那么每一个博弈人面临的就是一个单人单目标的最优控制问题。从而，判断给定的策略是否构成纳什均衡策略，就需要使用动态最优化技术。下面以连续时间系统为例，介绍求解微分博弈最常用的两个动态最优化技术——动态规划和最优控制，由于离散时间系统类似，此处不再赘述。

下面考虑如式（2.5）所示的最优化问题。

$$\begin{cases} J=\min\limits_{u}\left\{\int_{t_0}^{T} g(t,x(t),u(t))\mathrm{d}t+Q(x(T))\right\} \\ \text{s.t}\quad \dot{x}(t)=f(t,x(t),u(t)),x(t_0)=x_0. \end{cases} \tag{2.5}$$

其中，$x(t)\in X\subset \Re^n$ 为状态变量，$u(t)\in U$ 为控制变量。且函数 $f(t, x(t), u(t))$、$g(t, x(t), u(t))$和 $Q(\cdot)$都是可微的。

一般地，可以使用动态规划和最优控制技术求解上述单人博弈问题。

1. 动态规划技术

动态规划作为最优化理论中的重要方法之一，是在 20 世纪 50 年代中期由美国数学家理查德·贝尔曼（Richard Bellman）提出的。最初，动态规划主要是用于多级决策过程最优化问题中，后来在动态系统的最优控制问题方面得到推广应用，并成为解决最优控制问题的重要方法之一。

Bellman 最优性原理：在系统（2.5）中，若其最优控制策略为 $u^*[t_0, T]$，那么 $u^*[t_0, T]$后面的一部分 $u^*[t_1, T]$ $(t_1>t_0)$仍是最优控制策略，且相应的初始状态是在区间$[t_0, t_1]$上用最优控制策略 $u^*[t_0, t_1]$，由系统状态方程 $\dot{x}(t)=f(t, x(t), u(t))$和初态 $x(t_0)=x_0$ 所得到的 $x(t_1)$。

Bellman 最优性原理是动态规划的理论基础，根据最优性原理，可得 Bellman 动态规划（Bellman's Dynamic Programming）定理。

定理 2.1[193]（Bellman 动态规划原理）：一个控制集 $u^*(t)=\varphi^*(t, x)$构成最优化问题（2.5）的一个最优解，若存在定义在$[t_0, T]\times \mathbf{R}^m\to\mathbf{R}$ 上的连续可微的函数 $V(t, x)$，满足如下 Bellman 方程：

$$\begin{aligned} -V_t(t, x) &= \min_{u}\{g(t, x, u)+V_x(t, x)f(t, x, u)\} \\ &= g(t, x, \varphi^*(t, x)), \\ V(T, x) &= Q(x(T)) \end{aligned} \tag{2.6}$$

其中，$V(t, x)$为价值函数，表示时间点 $t\in[t_0, T]$后的所有瞬时收益之和的现值。

2. 最优控制技术

最优控制的极大值原理（最大值原理）（Maximum Principle），也称为极小值原理（最小值原理）（Minimum Principle），是在 1958 年由苏联数学家庞特里亚金（Pontryagin）提出并加以证明的。极大值原理（最大值原理）把经典变分学推进到现代变分学，为现代控制理论的发展奠定了基础，是现代控制理论的重要基石。下面结合最优化问题（2.5）理解极大值原理（最大值原理）的内容，其给出了最优控制策略存在的必要条件。

定理 2.2[193]**（Pontryagin 极大值原理）**：一个控制集 $u^*(t)=\zeta(t, x_0)$是控制问题（2.5）的最优解，且$\{x^*(t),\ t_0\leqslant t\leqslant T\}$为相应的状态轨迹。若存在协态函数：$\lambda(t)$: $[t_0, T]\rightarrow \mathbf{R}^n$，使得下列关系得以满足：

$$\dot{x}^*(t)=\frac{\partial H}{\partial \lambda}=f[t, x^*(t),\ u^*(t)],\ x^*(t_0)=x_0$$

$$\dot{\lambda}(t)=-\frac{\partial}{\partial x}H[t,\ \lambda(t),\ x^*(t),\ u^*(t)],$$

$$\lambda(T)=\frac{\partial}{\partial x}Q(x^*(T)),$$

$$H(t,\ \lambda(t),\ x(t),\ u(t))\triangleq g[t,\ x(t),\ u(t)]+\lambda'(t)f[t,\ x(t),\ u(t)],$$

$$\zeta^*(t,\ x_0)=u^*(t)=\arg\min_u H(t,\ \lambda(t),\ x^*(t),\ u(t)).$$

2.1.3 广义线性系统

现代控制理论与方法在控制工程系统中的应用越来越广泛，越来越深入，近年来更是渗透到电子网络、航空航天、机器人开发与应用、生物医疗和经济管理等学科领域，伴随而来的是，一类较正常系统更具有广泛形式的系统出现了，即广义系统。[50]自 1970 年 Rosenbrok 在电子网络研究中首先提出了广义系统的问题后，Luenberger 从经济系统研究中发现了基于广义系统的动态投入产出模型。此后，在短短的几年时间里，国内外控制工程专家多次采用广义系统模型来解决实际工程中的问题，为广义系统的研究提供了广泛的应用背景和空间。

广义系统又被称为奇异系统、半状态系统、微分代数系统、退化系统、约束系统等。由于广义系统能比较精确地描述工程领域和社会经济领域中实际存在的一类系统，如工程系统、社会系统、网络分析、生物系统、时间序列分析等，具有广泛的应用前景。因此，近几十年来，广义系统的理论和应用已引起人们的高度重视,相应的研究也得到了广泛的关注。广义线性系统的数学模型如式（2.7）所示。

$$\begin{cases} \boldsymbol{E}\dot{x}(t) = \boldsymbol{A}x(t)\mathrm{d}t + \boldsymbol{B}u(t)\mathrm{d}t,\ t \geqslant 0 \\ x(0) = x_0 \end{cases} \tag{2.7}$$

其中，x_0是系统的初始状态，$x(t)$是系统的状态变量，$u(t)$是控制输入，$\boldsymbol{A}$、$\boldsymbol{B}$分别是状态变量 $x(t)$和控制变量 $u(t)$的系数矩阵，$\boldsymbol{E}$ 是给定的奇异矩阵，$\mathrm{rank}(\boldsymbol{E})<n$，一般系统（2.7）要达到稳定时，要求系统正则、稳定、无脉冲。

2.1.4　广义线性 Markov 切换系统

在现实实际工程中，存在着大量的动力学系统，如电力工程、生产制造、天气预报和金融工程等系统，这类系统会因随机突变现象的影响而产生跳跃变化，比如系统元件状态改变(失效或修复)、外界条件突然变化、子系统互联结构改变、环境因素等的突变等使得系统在各个不同阶段产生随机的波动。研究者们通过大量的研究，发现这种随机变化规律通常遵循 Markov 过程[52]，即系统既包含连续的状态，又包含离散的状态。一般地，具有此种特征的系统就是所谓“混杂系统”（Hybrid System）[53]中的一种，这类系统被称为随机跳变系统或随机切换系统，简称跳变或切换系统（Markovian Jump Linear Systems，MJLSs）。

线性 Markov 切换系统的系统矩阵在一系列离散时刻进行随机切换，而在切换之间系统仍保持为线性，每一个线性子系统模型对应于一个系统模态（System Mode)，且模态之间按 Markov 过程的变化规律进行切换。由于模态切换具有随机性质，因而线性 Markov 切换系统也被认为是一种特殊的随机系统模型。线性 Markov 切换系统是线性系统模型的推广，和一般线性系统具有众多相似的性质，是当前国际上研究最为广泛的跳变模型。

与 Markov 跳变系统相比，广义 Markov 跳变系统更适合于描述动态系统的结构特征，能更好地刻画现实中由随机突变现象引起系统跳变的情形，如工程领域和金融领域的期权定价问题，投资型保险红利分发问题等。因而，广义 Markov 跳变系统近年来得到了国内外学者的广泛关注。离散时间广义线性 Markov 切换系统数学模型如下：

在给定的完备概率空间$(\Omega, F, \{F\}_{t\geqslant 0}, \rho)$上，其上定义了一个自然滤子$\{F\}_{t\geqslant 0}$，

$\varepsilon(\cdot)$表示对应概率测度的数学期望。在概率空间上，$w(t)$是满足$\varepsilon(w(t))=0$和$\varepsilon(w(t)w(s))=\delta_{ts}$的实随机变量。$r_t$是一个取值于状态空间$\Xi=\{1,2,\cdots,l\}$的 Markov 过程，且$\{r_t\}$和$\{w(t)\}$相互独立。Markov 过程的转移概率如下：

$$\pi_{ij}=P(r_{t+1}=j|r_t=i),\forall i,j\in\Xi \tag{2.8}$$

其中，$\pi_{ij}\geqslant 0$，$\sum_{j=1}^{l}\pi_{ij}=1$。

考虑式（2.9）所示广义离散 Markov 跳变系统：

$$\begin{cases}\boldsymbol{E}x(t+1)=\boldsymbol{A}(r_t)x(t)+\boldsymbol{B}(r_t)u(t)\\ y(t)=\boldsymbol{C}(r_t)x(t)\end{cases} \tag{2.9}$$

其中，$x(t)$、$u(t)$和$y(t)$分别表示系统状态变量、控制变量和量测输出向量；$\boldsymbol{E}$是给定的广义矩阵，$\operatorname{rank}(\boldsymbol{E})\leqslant n$, $\{r_t,\ t\geqslant 0\}$是一个 Markov 过程，表示系统切换模态（信号），其转移概率如式（2.8）所示。对应每一个模态$r_k\in\Xi$，系统矩阵$\boldsymbol{A}(r_t)$、$\boldsymbol{B}(r_t)$、$\boldsymbol{C}(r_t)$均为适当维数的常数矩阵。

2.2 国内外研究现状

2.2.1 随机线性 Markov 切换系统理论研究

作为数学分析的算例，Krasovskii，Lidskii 和 Florentin 首次提出了随机线性 Markov 切换系统的具体模型[52, 53]。切换系统在社会工程和经济领域有着广泛应用背景，自产生后引起了众多学者的研究兴趣，相关的研究成果较为丰富，在有限的篇幅内无法一一叙述，而与本书研究密切相关的主要是广义随机线性 Markov 切换系统的稳定性、最优控制问题以及鲁棒控制问题。

随机线性 Markov 切换系统的稳定性方面：文献[54-60]研究了随机切换系统的稳定性分析和镇定控制器设计方面的问题。毛学荣（Mao Xuerong）在其 2006 年的专著中系统地给出了各类随机切换系统的渐近稳定性结果[61]，毛学荣、Huang 和 Deng 研究了带 Markov 跳跃的奇异线性随机系统和非线性随机混杂系统的可稳定性问题[62,63]。Ungureanu 和 Zhang 等研究了离散时间 Markov 切换系统的稳定性、可观测和可检测性[64,65]。

随机线性 Markov 切换系统的最优控制方面：Sworder（1969）针对带 Markov 跳的混合线性系统的最优控制问题，首次采用随机最大值原理对该问题进行了研究，并得到了其存在唯一线性二次（LQ）最优控制的充分条件[66]。而 Wonham（1971）和 Rishal（1975）分别采用随机极小值原理和动态规划原理研究了线性切换系统的控制问题[67, 68]。Fragoso 和 Costa 把分离原理应用于连续时间 Markov 切换系统 LQ 问题[69]。Dragan 和 Morozan（2004）给出了带多噪声的连续时间随机线性 Markov 切换系统的 LQ 最优控制策略[70]。Costa 研究了带多噪声的离散时间随机线性 Markov 切换系统的线性二次最优控制问题[71]。Costa 研究了离散时间线性 Markov 切换系统的均值方差最优控制问题[72]。国内学者孙振东系统地研究了切换系统的控制和优化问题[73]；武玉强研究了 Markov 切换系统的控制问题和不确定切换系统的机动跟踪问题[74, 75]；胡国诗等、蔡文新等研究了连续时间和离散时间随机 Markov 切换系统的线性二次最优控制问题[76, 77]；文献[78]研究了 Markov 跳变系统的耗散控制，提出了一种新颖的事件触发策略。文献[79]结合鲁棒自适应滑模控制，研究了具有部分未知转移概率的 Markov 跳变系统的稳定性问题。

综上可见，关于随机 Markov 切换系统线性二次最优控制问题方面的研究成果较为丰富，这为研究广义随机线性 Markov 切换系统 LQ 非合作微分博弈理论提供了肥沃的土壤。

在离散时间随机线性 Markov 切换系统的鲁棒控制方面，Hespanha（1998）针对切换系统的 H_∞ 控制问题进行了研究[80]。Xu 和 Chen（2005）研究了不确定离散随机 Markov 切换双线性系统，得到了相应的 H_∞ 鲁棒控制策略[81]；Liu 等（2006）对于带 Markov 跳变参数、带饱和执行器的离散不确定线性系统进行了研究，得到了相应的鲁棒控制策略[82]；Li 等给出了带跳变参数的线性 Markov 切换系统输出反馈 H_∞ 控制的充要条件[83]；Kang 等研究了一类时滞线性 Markov 跳变系统的输出反馈 H_∞ 控制问题[84]；Huang 等给出了随机线性 Markov 跳变系统的混合 H_2/H_∞ 控制结果[85]；Zhang 等研究了转移概率部分已知的离散时间线性 Markov 跳变系统的 H_∞ 控制问题[86]；Ma 等给出了时变离散 Markov 切换系统的 H_2/H_∞ 鲁棒控制策略[87]。Hou 等研究了有限时间情形下，离散时间带多噪声的随机 Markov 切换系统的 H_2/H_∞ 混合鲁棒控制设计及策略求解问题[88]；以上学者较多的是用凸优化法、微分几何法、Riccati 方程法和 Lyapunov 法（LMI 法）进行研究的。而本书尝试应用非合作微分博弈理论系统的研究离散时间随机线性 Markov 切换系统的 H_∞ 和 H_2/H_∞ 鲁棒控制设计及策略求解问题。把博弈理论应用于研究各种性能鲁棒控制器的工作首先是由 Doroto 等人于 20 世纪 60 年代提出的[89]，其基本思想是将相应的鲁棒控制问题转化为鞍点均衡问题或 Nash 均衡问题，然后利用线性系统博弈理论进行分析和求解。Basar 和 Limebeer 等人的研究是这方面的代表性工作[90-93]。最近，张成科团队利用博弈论方法分别研究了双线性系统、连续时间随机 Markov 切换系统、随机双线性系统和奇异摄动双线性系统的 H_∞ 和 H_2/H_∞ 鲁棒控制问题[94-96,199]，本书将非合作微分博弈理论应用于研究离散广义随机线性 Markov 切换系统的各种性能鲁棒控制，可丰富相关研究。

2.2.2 广义系统理论研究

自从广义系统模型建立以来，到 20 世纪 80 年代，广义系统引起了越来越多的控制理论研究者的广泛关注，并就此进入了新的发展阶段。如文献[22-24]均较系统地总结了广义系统方面的研究成果。特别是 L. Dai（1989）在 *Singular control systems* 中针对广义时不变线性系统，较为完整的阐述了广义系统分析与控制理论，为广义系统的进一步研究打下了深厚的基础[7]。国内学者张庆灵在 1997 年出版了个人专著《广义大系统的分散控制与鲁棒控制》，较全面地研究和总结了广义大系统的控制方面的问题，推进了广义大系统控制理论与控制方法在国内的发展[8]。在此基础上，学者们对广义系统开展了广泛研究，涉及各个方面。如 J. Y. Ishihara 等（2002）用 Lyapunov 理论研究了广义系统的稳定性[97]、Zhu L. J 等（2002）[98]研究了广义系统的线性二次最优控制问题。Xu. S（2003）研究了广义系统的 H_∞ 鲁棒控制问题[99]、Zhang. L（2003）研究了广义系统的混合 H_2/H_∞ 鲁棒控制问题[100]。2003 年及 2004 年中张庆灵联合杨冬梅及姚波分别编著了《不确定广义系统的分析与综合》及《广义系统》两部著作[101,102]。徐胜元（2006）在 *Robust Control and Filtering of Singular Systems* 中对广义系统滤波和鲁棒控制方面的研究成果进行了总结[103]。鲁仁全等（2008）在其著作《奇异系统的鲁棒控制理论》中，对奇异系统的鲁棒稳定、鲁棒可镇定条件进行了系统地研究，较全面地阐述了基于 LMI 技术的广义系统稳定性分析和控制器综合方法[104]。Zhang（2011）对广义系统的脉冲方面的问题进行了研究[105]。Musthofa 等（2015）利用博弈论方法研究了广义系统的鲁棒控制问题[106]。可见，广义系统的控制理论与控制方法已趋向成熟，相对而言，关于广义随机线性系统的控制理论与控制方法方面的研究还有待丰富。Mahmoud 研究了随机时滞广义系统的鲁棒控制问题[107]；Huang 等（2011）研究了带 Markov 跳变参数的广义随机线性系统的稳定性问题[108]；Xing 等人[109]利用 Takagi-Sugeno 模糊控制方法对一种具有非线性随机奇异系统进行控制性能分析。在此基础上，设计模糊状态反馈控制器，保证了闭环系统的随机容许性和严格耗散性。Yan Z 等（2014）研究了伊腾型随机广义系统的稳定性问题[110]。Zhang Q 等（2013）利用配方法研究了广义随机线性系统的稳定性及线性二次最优控制问题[111]。Xing 等人[112]将方法推广到对时变时滞非线性随机奇异系统的时滞相关耗散滤波问题上，并构造出一个合适的模型。Jiao 等人[113]研究一类具有泊松切换的随机奇异系统的均方可容许性问题。提出具有 Poisson 切换的线性广义系统的容许性判据。Nassim[114]针对线性离散时间系统，提出了一种新的集员观测器设计方法。假设实际过程受到未知但有界的干扰。使用了后验计算的协方差矩阵，从而可以提高估计误差界的计算精度。

Wang 等[126]研究了同时具有稳定子系统和不稳定子系统的切换广义随机线性系统的稳定性。Mu 等[127]研究了具有半马尔科夫切换的广义随机系统的稳定性问题。Chavez-Fuentes 等[128]研究离散时间广义马尔科夫切换系统的线性二次最优控制问题。Zhang 等[129]研究具有输出量化的离散时滞奇异马尔科夫跳变系统的事件触发 H_∞ 容许和控制器问题。基于事件触发通信机制和量化控制策略，首先建立了具有网络诱导延迟的奇异网络系统模型，并给出了保证奇异随机网络系统随机 H_∞ 可容许的充分条件。此外，根据变量分离和矩阵分解技术，针对奇异网络模型的随机 H_∞ 可容许性，设计了输出量化控制器和事件触发矩阵。Han 等[130]研究了一类离散时间马尔科夫跳奇异系统的随机稳定性问题。给出了一种含时坐标变换，在该变换下可以得到原马尔科夫跳跃奇异系统的等价形式。Su 等[131]研究了时滞广义马尔科夫跳变系统的随机容许性问题。构造了一个新的非对称 Lyapunov-Krasovskii 泛函（LKF），给出了确保随机可容许性的新的充分条件。

2.2.3　非合作微分博弈理论研究

微分博弈（Differential Games），又称为微分对策，是指博弈进行时，博弈双方的控制策略 $u(t)$ 和 $v(t)$ 的相互作用形式是用 $\dot{x}(t)=f(x(t),u(t),v(t))$ 来描述的博弈，相应的，该状态微分方程则称为微分博弈的状态系统。

第二次世界大战期间，美国兰德（Rand）公司针对能自由决策行动的对抗双方的追逃问题开展了研究，其中伊萨克（R.Isaacs）博士作为该研究的领头人，于1965 年整理出版了世界上第一部微分博弈专著《微分对策》，自此，微分博弈正式诞生，并在很短的时间内引起了世界各地学者们的广泛关注和研究热情。美国数学家 A.Friedman，在此 6 年后用离散近似序列法创建了微分博弈值与鞍点存在性理论，该理论成为促进微分博弈发展的坚实数学理论基石。尽管对于微分博弈的研究并不算早，但由于其在现实中的广泛应用背景，现在已经发展成为分析双方或多方对抗、冲突与竞争的有效工具，并逐渐形成了一个内容丰富的学科[66]。微分博弈最初是用来研究二人追逃问题和两车型定性问题，后来扩展到研究两人零和、多人合作、多人非合作等问题。20 世纪 80 年代中后期以来，斯坦伯格（Stackelberg）或主从（leader-follower）微分博弈成为该研究领域新的热点，特别是激励主从微分博弈，其作为博弈理论、数理经济、管理科学和系统工程等相关学科领域中，难度比较大的重要课题而被大量研究。而随着理论方面的深入研究，20 世纪 70 年代末期，微分博弈在应用方面的研究也硕果累累，特别是在管理科学和经济学等领域，取得了可观的成果。如今，微分博弈作为一种科学、有效的决策工具，已经广泛应用于生产管理、经济、社会生活等领域的各个方面，成为现代管理重要的技术和方法。

Isaacs[115], Friedman[116], Leitmann[117], Krasovskii 与 Subbotin[118], 以及 Barsar 与 Olsder[119]等学者们在微分博弈理论发展的过程中做出了极其重要的贡献。针对确定系统和随机系统，Engwerda（1998，2000，2003，2006，2007）针对由微分博弈而衍生出的 Riccati 方程及对应均衡解的解法等问题，给出了比较系统的数学处理技巧及数值求解算法[120-124]。Bernhard（2013）对两人零和线性二次微分博弈的均衡策略进行了系统地研究[125]。Ksendal（2014）研究了倒向随机微分博弈[132]。Nisio（2015）系统地研究了随机微分博弈[133]。Kieu（2013）、Rumyantsev（2014）研究了不完全信息下的微分博弈均衡策略[134,135]。Xu 和 Mizukami 等对广义线性系统进行了系统地研究，给出了的鞍点均衡、Nash 均衡、Stackelberg 博弈理论和激励（Incentive）策略理论[136-141]。Engwerda（2009，2012）分别研究了开环和反馈广义线性系统微分博弈问题，给出了相应的纳什均衡策略[142, 143]。Musthota（2013）对广义线性系统的微分博弈问题进行了研究，给出了鞍点均衡策略[144]。Lin 等[145]探讨了无限时间上具有非齐次项的线性二次型均方系统的随机微分对策，利用帕累托效率的等价描述，在拉格朗日乘子集的假设下，给出了帕累托解存在的必要条件。

Zhang 等[146]研究了转移概率部分未知的随机马尔科夫跳跃系统的非零和微分对策问题。Lin 等[147]研究有限时间内均方型随机微分对策帕累托最优解存在的充分必要条件。Sun 等[148]研究有限时间零和 Stackelberg 随机线性二次微分博弈问题。在弱条件下，先求解前向随机 LQ 最优控制问题（SLQ 问题），再求解后向 SLQ 问题，得到 Stackelberg 均衡显式解。Wang 等[149]考虑非零和正则奇异系统的随机微分对策问题，其中两个博弈参与者可获得的信息是不对称的部分信息。Goldys 等[150]研究了奇异随机摄动系统的线性二次零和微分对策。Liu 等[151]研究了具有马尔科夫跳跃的随机奇异系统的 Nash 微分对策，基于广义 Itô 公式，研究了相应的线性二次型最优控制问题，利用广义耦合 Riccati 代数方程，证明了 Nash 策略的存在性。Dianetti 等[152]考虑一类具有奇异控制的非合作 N 人非零和随机微分对策问题。Li 等[153]基于不确定理论，考虑了多因素不确定连续时间广义系统的最优控制和零和微分对策问题。Wang[154]研究一类有一个领导者和两个追随者的线性二次随机 Stackelberg 博弈，利用极大值原理和验证定理，将开环 Stackelberg 解表示为状态及其均值的反馈形式。

在微分博弈应用方面，早期的研究中，Mehlmann [155]、Petit[156]、Clemhout 和 Wan [157]，Sethi 和 Thompson[158]、Feichtinger 和 Hartl[159]等针对微分博弈理论及其在经济系统中的应用方法或应用案例等进行了较为详细的介绍。2000 年，Dockner 等人在《微分博弈在经济中的应用》中系统地总结了微分博弈理论应用于经济管理领域中的众多重要研究成果[160]，该专著也被称为微分博弈研究的“圣经”。Erickson（2002）系统地介绍了 Lanchester、Vidale-Wolfe 等广告竞争微分博弈模型[161]；Engwerda（2005）研究了 LQ 型微分博弈理论及其在经济、管理科学中的应用 [162]；Colombo 等对产业内贸易的动态古诺寡头微分博弈问题进行了研究[163]；Leong 等针对实际中的资本积累中的不确定性问题，建立了相应的随机微分博弈模型[164]；Bertuzzi 等探讨了横向产品差异化和广告竞争的寡头微分博弈问题[165]；Jorgense 等研究了基于 Leitmann-Schmitendorf 模型的广告微分博弈问题[166]。Taksar 等通过建立随机微分博弈模型，给出采用再保险机制的两家保险公司的均衡策略[167]。Yuan 等[168]将再保险公司视为博弈的领导者，决策最优的再保险费率，而保险人视为博弈的追随者，选择最优的比例再保险购买，建立二者的微分博弈模型，在时间一致均值-方差准则下，通过求解再保险契约，得到了鲁棒再保险契约。Gary 和 Erickson 构建了企业营销和运营决策间战略依存关系的非合作微分博弈模型，得到模型的反馈 Nash 均衡策略[169]。Long 和 Zeeuw 把微分博弈用于研究环境经济和资源利用问题[170,171]。Yin 等[172]研究了外部环境不确定下，协同创新系统中优势企业与劣势企业低碳技术共享的随机微分博弈。Zu 等[173]考虑了一个由制造商和供应商组成的两级供应链，在三种渐进式环境监管情况下，使用 Stackelberg 微分博弈，探讨供应链碳减排策略。Wang 等[174]在碳交易政策下，考虑消费者的低碳偏好，采用微分博弈模型，研究了三种情况下两个供应链成员的减排决策问题。Wei 等[175]应用微分博弈方法，建立政府与供应链博弈模型，探讨政府与企业的双边互动机制，以提高企业的碳减排和政府的监管水平。Mu 等[176]基于协同微分对策的二次无限时间多人系统的协同控制问题及其在电力系统中的应用。Wang 等[177]研究了保险公司的最优投资和股利支付问题。保险公司决策股利支付政策并将盈余投资到金融市场以控制风险。在存在不确定性的情况下，将保险公司的最优控制问题转化为保险公司与市场之间的零和、前后向博弈问题。

相对国外而言，我国在微分博弈理论的研究方面起步较晚（始于 20 世纪 80 年代初），最初主要是学习和借鉴国外微分博弈理论成果，其中比较有代表性的是张嗣瀛院士（1987）的专著《微分对策》[178]和李登峰的专著《微分对策及其应用》[179]，这两本书主要是分析微分对策在军事、控制问题上的应用，而在经济与管理科学中的应用极少涉及。雍炯敏教授对于具有转换与脉冲策略的两人零和微分对策等方面的问题进行了研究，并得到了很有影响的研究成果[180]；张成科等研究了线性系统 LQ 型非合作微分博弈的数值求解算法[181, 182]；王光臣研究了线性二次非零和随机微分对策问题（部分可观测信息）[183]；吴臻、于志勇研究了带随机跳变的线性二次非零和随机微分对策问题及带跳变的倒向随机微分方程的微分对策问题[184, 185]；娄延俊研究了后倒向线性二次型随机非零和微分对策问题[186]，高晓秋等研究了随机双线性系统的非合作微分博弈理论[95]；宾宁等研究了奇异摄动系统的非合作微分博弈理论[96]；蔡文新等研究了基于马尔科夫跳跃系统的微分对策制导律[187]，朱怀念等系统地研究了连续时间线性 Markov 切换系统的非合作微分博弈问题[188]。候婷从博弈论视角研究了带乘性噪声的离散时间马尔科夫跳跃系统的控制设计问题[189]。孙惠英等研究了控制权矩阵为正定情形下的离散时间随机 Markov 切换系统的非零和博弈问题[190]，唐万生、李光泉研究了广义系统的非零和微分对策问题[191]；唐万生、许艳丽等研究了广义系统的两人零和博弈问题，利用动态规划方法给出了鞍点均衡策略存在的条件[192]；张成科、王行愚教授研究了线性二次型广义系统的多随从闭环 Stackelberg 策略[39]；此外，还有山东大学的李娟、重庆大学的张荣、中南大学的年晓红、东北大学的宋崇辉、复旦大学的许亚善以及中科院自动化所的魏庆来等都有不少关于微分对策方面的研究成果，并且部分成果发表在较有影响的期刊上[193]。曹铭等研究了连续时间随机广义马尔科夫切换系统的 N 人 Nash 博弈[194]。张成科等系统研究了 Markov 切换系统的随机非合作微分博弈及其在金融保险中的应用[195]。

随着研究的不断深入，微分博弈理论得到迅速发展，其在现实中的应用也得到了广泛研究，其中以经济管理领域的应用最为突出。

（1）投资组合方面：刘海龙、郑立辉假设证券价格存在有界不确定性，建立了证券投资决策的微分博弈模型，并给出了基于最差情况的最优证券投资决策策略[196]；万树平建立了 Cox-Ingersoll-Ross 随机利率下的关于两个投资者的投资组成效用微分博弈模型[197]；刘海龙、吴冲锋研究了基于最差情况的最优投资和投资策略[198]；朱怀念等基于连续时间 Markov 切换系统研究了在最差情况下的投资组合问题[193]。杨璐等[199]研究了带泊松跳的线性 Markov 切换系统的随机微分博弈问题，并应用于金融市场中的投资组合的最优化问题，假设风险资产的价格服从带 Markov 切换参数的跳扩散过程，两个投资者在相互竞争的情形下进行非零和随机微分投资博弈，得到了最优投资组合策略的解。杨鹏[200]在通货膨胀影响下，研究了具有再保险和投资的随机微分博弈。肖赟[201]研究了随机金融市场环境下保险公司最优投资与再保险策略研究。杨璐等[202]研究了 Heston 随机波动率模型下带负债的投资组合博弈。

（2）价格策略方面：黄小原建立了市场价格多买方的非合作微分博弈模型，推导了 Nash 平衡开环最优解，并应用于国家苹果基地苹果价格的制定过程[203]；陈正义、赖明勇将寡头电信企业之间的价格竞争博弈刻画为微分博弈模型进行探讨[204]；刘晓峰等用博弈理论研究了具有网络外部性的双寡头市场的动态定价策略[205]。

（3）广告竞争以及供应链方面：傅强等研究了纵向合作广告的微分对策模型、不确定需求下供应链合作广告与订货策略的博弈模型[206, 207]。胡本勇等用博弈理论分析了基于广告—研发的供应链合作问题[208]。熊中楷基于微分对策研究了多寡头品牌和大类广告策略[209]。张智勇等基于微分博弈研究了双渠道广告合作协调策略研究[210]。熊新生等研究了供应链中耐用品的广告投入和零售价策略[211]。

王婷婷、王道平[221]研究了政府补贴下供应链合作减排与低碳宣传的动态协调策略。张雪梅等[222]研究了考虑政府规制和供应链协调的再制造微分博弈模型。赵黎明等[223]基于微分博弈研究了政企救灾合作策略。除此之外，微分博弈理论还应用在保险公司投资与再保险[193,212]、最优投资与消费[213-215]、渔业资源配置[216, 217]、碳排放管理[218-220]、环境污染治理[224-227]等经济管理领域中。由于篇幅的限制，本书不再详细介绍。

而与本书相关的是在动态投入产出方面的应用。投入产出是把经济系统中各个部门、行业、产品等视为生产单位或消费单位，研究各个部分之间表现为投入与产出的相互依存关系。由于现实的需要，投入产出模型由最初的静态投入产出模型发展到动态投入产出模型，并在信息经济、收入分配、国民经济核算等领域都进行了广泛的应用，得到了学者们的广泛研究。郭保平等基于消费跟踪控制理论与价格系统双重复合跟踪控制理论，提出了动态投入产出系统供需微分博弈理论，用于研究经济动态增长中价格与投资的共同决定问题[228]。刘惠敏用零和微分博弈理论，分别研究了宏观经济系统、古典经济增长模型、Leontief 动态投入产出模型的 H_∞ 控制[229]。尹红婷、闫九喜、陈奕琳等研究了奇异动态经济系统的最优跟踪和最优消费跟踪问题[15, 16]。宾宁等用微分博弈理论研究了基于奇异摄动系统和奇异摄动 Markov 切换系统的动态投入产出问题[96]。袁万里用博弈方法研究了基于双线性奇异系统的投入产出问题[230]。朱怀念用鞍点均衡策略研究了基于连续时间一般随机系统的动态投入产出问题[17]。周海英等[231]基于 W Leontief 提出的动态投入产出模型,讨论了考虑随机因素的离散时间下的最优策略设计问题。

综合以上学者的研究成果，我们发现有以下特征：

1. 广义随机线性系统的非合作微分博弈理论研究

纵观文献研究，确定性线性广义系统的控制理论与控制方法方面研究已较为成熟，相应的 LQ 型微分博弈理论已有比较丰富的研究成果，其非合作微分博弈理论研究已形成较为系统的理论体系；如张成科教授带领的课题组针对广义双线性系统、广义摄动双线性系统的动态非合作博弈理论进行了研究，给出了相应的鞍点均衡策略、Nash 均衡策略和 Stackelberg 策略，并成功地将博弈论方法应用于相应的鲁棒控制问题。而据作者文献调研可知，广义随机线性系统控制理论与控制方法的研究还不充分，关于广义随机线性系统的非合作微分博弈理论的研究更是很少见报。基于此，本书在文献 [111]的基础上，用配方法研究广义随机线性系统的非合作微分博弈理论，充实和丰富当前研究。

2. 广义随机线性 Markov 切换系统的非合作微分博弈理论研究

随机线性 Markov 切换系统的 LQ 最优控制问题和确定型线性 Markov 切换系统的非合作博弈问题已经有比较丰富的研究成果，这为研究离散时间随机线性 Markov 切换系统 LQ 非合作微分博弈理论提供了肥沃的土壤。而在随机线性 Markov 切换系统的非合作微分博弈问题方面，张成科教授领导的课题组针对连续时间随机线性 Markov 切换系统的动态非合作微分博弈理论进行了研究，给出了连续时间随机线性 Markov 切换系统的鞍点均衡策略、Nash 均衡策略并成功地将博弈论方法应用于相应的鲁棒控制问题中。而在离散时间随机线性 Markov 切换系统的微分博弈理论研究方面，孙惠英等仅研究了控制权矩阵为正定情形的非零和微分博弈问题，而在零和微分博弈问题、Stackelberg 微分博弈问题及其在相应鲁棒控制中的应用研究较少，即目前文献还没有系统地关于离散时间随机线性 Markov 切换系统的动态非合作微分博弈理论及其在鲁棒控制问题的应用研究，相关研究有待进一步完善和丰富。

3. 广义随机线性系统和广义随机线性 Markov 切换系统的鲁棒控制研究

鲁棒控制是处理不确定性的基本方法之一。近来，学者们对线性系统的鲁棒控制问题的研究兴趣浓厚，范围广阔，包括了定常系统、时变系统、连续系统、离散系统、采样系统、时滞系统、互联系统、正常线性系统和广义线性系统等。而比较常用的方法主要是频域设计方法、Hilbert 空间设计法、Lyapunov 直接设计（含线性矩阵不等式（LMI）法）和博弈论方法等。据了解，目前国内外用线性矩阵不等式方法、频域设计方法等研究一般线性系统的结果已经比较丰富，而采用微分博弈方法研究离散时间广义随机线性 Markov 切换系统鲁棒控制问题的相关研究还有待进一步拓展。而广义随机线性系统的鲁棒控制问题的研究还处于起步阶段，因而用博弈论方法研究广义随机线性系统的各种性能鲁棒控制策略将有助于丰富当前研究。

4. 动态投入产出分析方面的研究

回顾微分博弈理论在应用领域的发展，早期的应用主要是航空、航海和军事等非经济管理领域，随后扩展到经济和管理科学中，并获得广泛关注，应用范围广阔，几乎涵盖经济管理的方方面面，如宏微观经济学、产业组织、垄断竞争、生产与运作管理、资源和环境经济学、劳动经济、营销与管理、金融投资、创新与研发等。但在众多文献研究中，把微分博弈应用于研究动态投入产出的相关研究工作则相对较少。虽然刘惠敏研究了存在不确定性因素干扰时的 Leontief 动态投入产出的博弈模型。刘晓平、张成科、尹红婷、闫九喜等学者研究了广义系统和广义双线性系统的多部门动态投入产出问题，但这些学者研究动态投入产出微分博弈问题时，较多的是将研究范围限于确定型系统。而随机特性、系统随机切换特性将更能刻画真实的经济系统，纵观文献研究，受随机广义线性状态方程和随机 Markov 切换系统状态方程作为约束的动态投入产出问题研究目前还较少，而根据上述介绍，随机 Markov 切换系统和广义随机线性系统可以更准确地描述多部门动态投入产出问题。因此结合广义随机线性系统和广义随机 Markov 切换线性系统的非合作微分博弈理论的研究成果，对相应的动态投入产出问题进行探索性研究，可为动态投入产出问题的分析提供新方法。

2.3 本章小结

本章简要阐述了本书的理论基础，具体包括微分博弈的基础理论、随机线性 Markov 切换系统的基本模型和基本概念、广义线性系统的基本模型和基本概念，旨在奠定本研究的理论基础。接下来，将对广义随机线性系统和离散时间广义随机线性 Markov 切换系统的非合作微分博弈理论进行详细探讨。

第3章 连续广义随机线性系统的非合作微分博弈

广义系统在经济管理领域有着广泛的应用背景，得到了广泛研究[22-25]。我们熟知的经济系统中广泛存在的动态投入产出系统就是典型的广义系统。如 1953 年美国经济学家 Leontief 提出的动态投入产出模型就是广义系统。目前，已有许多学者对 Leontief 提出的动态投入产出模型进行了讨论。1978 年，Sharp 和 Perkins 考虑到现实中供给与需求的不平衡状态，在 Leontief 动态投入产出模型的基础上，提出了著名的 Sharp-Perkins 模型，而国内学者闫九喜、程兆林、尹红婷等（1994，1998）结合我国实际，在 Sharp-Perkins 模型的基础上，得到直接以投资控制作为控制决策变量的动态经济模型[15, 16]。张金水在《广义系统经济控制论》中详细介绍了广义系统在社会经济中的应用。翟丁等在文献[233]中讨论了广义系统的经济控制问题。

然而，众所周知的是，在许多现实系统中往往存在不可忽视的噪声[234-238]，因此，近年来，广义随机线性系统也逐渐获得众多学者们的关注，并取得一些研究成果。在稳定性方面的研究有：Huang 等（2011）研究了带 Markov 跳变参数的广义随机线性系统的稳定性问题[62]，Yan Z 等（2014）研究了伊腾型广义随机线性系统的稳定性问题[110]。在广义随机线性二次最优控制问题方面的研究有：文献[239]把神经网络法应用于广义随机系统不定线性二次控制问题中，得到了相应的 Riccati 微分方程；文献[240]用遗传编程法研究随机线性广义 Takagi-Sugeno 模糊时滞系统的 LQ 问题。张庆灵等（2014）研究了广义随机线性系统的稳定性，并利用配方法得到了广义随机系统线性二次最优控制的 Riccati 方程[111]。

另外，微分博弈作为经济系统分析中的一种重要方法，也获得了众多学者的关注。Bernhard 和 Chavez-Fuentes 等对广义线性系统的非合作微分博弈理论进行了系统地研究，给出了鞍点均衡、Nash 均衡、Stackelberg 博弈理论和激励（Incentive）策略理论[125-130]。Engwerda（2009，2012）分别研究了开环和反馈广义线性系统微分博弈问题，给出了相应的纳什均衡策略[142, 143]。Muhammad（2013）研究了广义线性系统的非零和博弈问题，给出了鞍点均衡策略[144]。张成科等（2002）研究了广义线性二次型微分鞍点对策的小波逼近解法[181]。宾宁等（2012）研究了广义摄动双线性系统的非合作微分博弈理论及在社会经济系统中的应用[96]。袁万里研究了广义双线性系统的非合作微分博弈理论及在动态投入产出系统中的应用[230]。可见，关于确定性线性广义系统的微分博弈理论的研究较为成熟。

本章基于前人研究成果，研究有限时间和无限时间情形连续广义随机线性系统的非合作微分博弈理论，得到了有限时间和无限时间情形广义随机线性系统的鞍点均衡策略和 Nash 均衡策略。

3.1 预备知识

给定一个带滤子的概率空间$(\Omega, F, \{F_t|t\geqslant 0\}, P)$和一个范数记为$\|\cdot\|_{\mathcal{H}}$的 Hilbert 空间$\mathcal{H}$，定义如下 Hilbert 空间：

$L_F^2(0,T;\mathcal{H}):=\{\phi(\cdot,\cdot):[0,T]\times\Omega\to\mathcal{H}\}\phi(\cdot,\cdot)$是$F_t$-自适应过程，满足

$$\varepsilon\int_0^T\|\phi(t,\omega)\|^2\,\mathrm{d}t<\infty$$

其上的范数记为

$$\|\phi(\cdot)\|_{\mathcal{F},2}=\left(\varepsilon\int_0^T\|\phi(t,\omega)\|_{\mathcal{H}}^2\,\mathrm{d}t\right)^{\frac{1}{2}}$$

在给定的完备概率空间$(\Omega, F, \{F_t|t\geqslant 0\}, P)$上，考虑以下广义随机线性系统：

$$\begin{cases}\boldsymbol{E}\dot{x}(t)=\boldsymbol{A}x(t)\mathrm{d}t+\boldsymbol{C}x(t)\mathrm{d}w(t),\ t\geqslant 0\\ x(0)=x_0\end{cases}\tag{3.1}$$

其中，$x_0\in\Re^n$是系统的初始状态，$\boldsymbol{A}$，$\boldsymbol{C}$是状态变量$x(t)$的系数矩阵，$\boldsymbol{E}$是给定的奇异矩阵，$\mathrm{rank}(\boldsymbol{E})<n$，$w(t)$是零均值的一维标准 Wiener 过程，表示系统噪声。

假设 3.1 [111] 存在非奇异对称矩阵$\boldsymbol{P}$和$\boldsymbol{Q}$使得系统（3.1）满足如下关系：

$$PEQ=\begin{bmatrix} Ir & 0 \\ 0 & 0 \end{bmatrix},\quad PAQ=\begin{bmatrix} A_1 & B_1 \\ 0 & D_1 \end{bmatrix},\quad PCQ=\begin{bmatrix} C_1 & 0 \\ 0 & I_{n-r} \end{bmatrix}$$

其中，A_1、B_1、C_1、D_1 都为适当维数的矩阵。因此，我们可以得到如下引理。

引理 3.1[111] 在假设 3.1 成立的条件下，系统（3.1）有唯一解。

定义 3.1[111]

（1）如果 $\det(sE-A)$不恒为 0，则系统（3.1）是正则的。

（2）如果 $\deg(\det(sE-A))=\mathrm{rank}(E)$，则系统（3.1）是无脉冲的。

（3）如果 $\lim\limits_{t\to\infty}\varepsilon\|x(t)\|^2=0$，则（3.1）是均方稳定的。

（4）如果系统（3.1）是正则的、无脉冲的且均方稳定的，则系统（3.1）是均方容许的。

定理 3.1[111] 系统（3.1）是均方容许的充分条件是存在一个矩阵 G，使得式（3.2）成立：

$$\begin{aligned} &E'G=G'E\geqslant 0 \\ &A'G+G'A+C'E'GC<0 \end{aligned} \tag{3.2}$$

证明过程见参考文献[111]。

3.2 连续广义随机线性系统的零和微分博弈

3.2.1 有限时间情形

1. 问题描述

设$(\Omega,\ F,\ \{F_t|t\geqslant 0\},\ P)$是一个给定的完备概率空间，其上定义了一维标准 Wiener 过程$\{w(t)\}_{t\geqslant 0}$，考虑如下广义随机线性系统：

$$\begin{cases} E\dot{x}(t)=[Ax(t)+B_1u_1(t)+B_2u_2(t)]\mathrm{d}t+Cx(t)\mathrm{d}w(t),\ t\in[0,T] \\ x(0)=x_0 \end{cases} \tag{3.3}$$

其中，$x(t)\in\Re^n$是状态变量，$u_1(t)\in S^m$和$u_2(t)\in S^l$是两博弈人的决策控制变量，$u_1(\cdot)$和$u_2(\cdot)$是两个容许控制过程，其容许策略空间分别记为 U_1 和 U_2，即 $u_1\in U_1$，$u_2\in U_2$。系数矩阵 A、B_1、B_2、C 为具有相应维数的常数矩阵。实矩阵 E 是奇异的，假定 $\mathrm{rank}(E)<n$。

二次型性能指标：

$$J(u_1,u_2;x_0,0)=\varepsilon\left\{\frac{1}{2}\int_0^T[x'(t)\boldsymbol{Q}x(t)+u_1'(t)\boldsymbol{R}_1u_1(t)+u_2'(t)\boldsymbol{R}_2u_2(t)]\mathrm{d}t+\frac{1}{2}x'(T)\boldsymbol{H}x(T)\right\} \quad (3.4)$$

其中，$\boldsymbol{Q}$、$\boldsymbol{H}$、$\boldsymbol{R}_1$、$\boldsymbol{R}_2$ 都是适当维数的常数矩阵，且 $\boldsymbol{R}_1>0\in S^n$、$\boldsymbol{R}_2<0\in S^n$，$\boldsymbol{Q}$、$\boldsymbol{H}\in S_+^n$。

本章中，我们将讨论限定在两博弈人的控制策略均为线性状态反馈情形，即 $u_1(t)=\boldsymbol{K}_1(t)x(t)$，$u_2(t)=\boldsymbol{K}_2(t)x(t)$，其中 $\boldsymbol{K}_\tau(\tau=1,2)$是适维常数矩阵。$u_1(t)$和$u_2(t)$分别属于系统的策略空间 U_1 和 U_2。

有限时间广义随机线性系统零和微分博弈问题的定义如定义 3.2 所示。

定义 3.2 给定式（3.3）描述的广义随机线性系统，如果可行控制 $(u_1^*(t),u_2^*(t))\in U_1\times U_2$，使下式成立

$$\boldsymbol{J}(u_1^*,u_2;x_0,0)\leqslant \boldsymbol{J}(u_1^*,u_2^*;x_0,0)\leqslant \boldsymbol{J}(u_1,u_2^*;x_0,0),\ \forall(u_1,u_2)\in U_1\times U_2$$

那么称 $(u_1^*(t),u_2^*(t))$ 为微分博弈问题（3.3）和（3.4）的鞍点均衡策略。

也就是说，两个博弈人，博弈人 1 选择控制策略 u_1^* 来最小化性能指标 $\boldsymbol{J}$，而博弈人 2 选择控制策略 u_2^* 使得性能指标 $\boldsymbol{J}$ 最大化。

2. 主要结论

定理 3.2 考虑系统（3.3）和（3.4），若式（3.5）所示的 Riccati 微分方程对于所有的 $(u_1(t),u_2(t))\in U_1\times U_2$，存在解 $\boldsymbol{P}(t)\in \boldsymbol{C}(0,T;S^n)$：

$$\begin{cases}\boldsymbol{E}'\dot{\boldsymbol{P}}(t)\boldsymbol{E}+\boldsymbol{E}'\boldsymbol{P}(t)\boldsymbol{A}+\boldsymbol{A}'\boldsymbol{P}(t)\boldsymbol{E}+\boldsymbol{C}'\boldsymbol{E}'\boldsymbol{P}(t)\boldsymbol{E}\boldsymbol{C}+\\ \boldsymbol{K}_1'(t)\boldsymbol{B}_1'\boldsymbol{P}(t)\boldsymbol{E}+\boldsymbol{K}_2'(t)\boldsymbol{B}_2'\boldsymbol{P}(t)\boldsymbol{E}+\boldsymbol{Q}=0\\ \boldsymbol{K}_1(t)=-\boldsymbol{R}_1^{-1}\boldsymbol{B}_1'\boldsymbol{P}(t)\boldsymbol{E}\\ \boldsymbol{K}_2(t)=-\boldsymbol{R}_2^{-1}\boldsymbol{B}_2'\boldsymbol{P}(t)\boldsymbol{E}\\ \boldsymbol{E}\boldsymbol{P}(T)\boldsymbol{E}=\boldsymbol{H}\end{cases} \quad (3.5)$$

假设系统（3.3）是均方容许的，则

（1）有限时间广义随机线性系统零和微分博弈问题存在均衡解$(u_1^*(t), u_2^*(t))$：

$$u_1^*(t)=\boldsymbol{K}_1(t)x(t)=-\boldsymbol{R}_1^{-1}\boldsymbol{B}_1'\boldsymbol{P}(t)\boldsymbol{E}x(t)$$

$$u_2^*(t)=\boldsymbol{K}_2(t)x(t)=-\boldsymbol{R}_2^{-1}\boldsymbol{B}_2'\boldsymbol{P}(t)\boldsymbol{E}x(t) \quad (3.6)$$

（2）相应的最优值为

$$J(u_1^*,u_2^*;x_0,0)=\frac{1}{2}x_0'E'P(0)Ex_0 .$$

证明： 设 $P(t)\in C(0,T;S^n)$ 给定，对式（3.3）应用 Itô 积分公式，有

$$\begin{aligned}&\mathrm{d}x'(t)E'P(t)Ex(t)\\&=\{x'(t)\big(E'P(t)A+A'P(t)E+E'\dot{P}(t)E+C'E'P(t)EC\big)x(t)+\\&2u_1'(t)B_1'P(t)Ex(t)+2u_2'(t)B_2'P(t)Ex(t)\}\mathrm{d}t+\{\cdots\}\mathrm{d}w(t)\end{aligned}\tag{3.7}$$

对式（3.7）在[0, T]上积分，两边取期望，并除以 2，得

$$\begin{aligned}&\frac{1}{2}\varepsilon\big[x'(T)E'P(T)Ex(T)\big]-\frac{1}{2}x_0'E'P(0)Ex_0\\&=\frac{1}{2}\varepsilon\int_0^T\{x'(t)\big(E'P(t)A+A'P(t)E+E'\dot{P}(t)E+C'E'P(t)EC\big)x(t)+\\&2u_1'(t)B_1'P(t)Ex(t)+2u_2'(t)B_2'P(t)Ex(t)\}\mathrm{d}t\end{aligned}\tag{3.8}$$

把式（3.8）加到式（3.4），有

$$\begin{aligned}&J(u_1,u_2;x_0,0)=\frac{1}{2}\varepsilon\int_0^T\{x'(t)\big(E'P(t)A+A'P(t)E+E'\dot{P}(t)E+C'E'P(t)EC+Q\big)x(t)+\\&2u_1'(t)B_1'P(t)Ex(t)+2u_2'(t)B_2'P(t)Ex(t)+u_1'(t)R_1u_1(t)+u_2'(t)R_2u_2(t)\}\mathrm{d}t+\\&\varepsilon\left[\frac{1}{2}x'(T)\big(H-E'P(T)E\big)x(T)\right]+\frac{1}{2}x_0'E'P(0)Ex_0\end{aligned}\tag{3.9}$$

对式（3.9）利用配方法，得

$$\begin{aligned}&J(u_1,u_2;x_0,0)\\&=\frac{1}{2}x_0'E'P(0)Ex_0+\varepsilon\left[\frac{1}{2}x'(T)(H-E'P(T)E)x(T)\right]+\\&\frac{1}{2}\varepsilon\int_0^T\{x'(t)(E'P(t)A+A'P(t)E+E'\dot{P}(t)E+C'E'P(t)EC+Q+K_1'(t)B_1'P(t)E+\\&K_2'(t)B_2'P(t)E)x(t)+(u_1(t)-K_1(t)x(t))'R_1(u_1(t)-K_1(t)x(t))+\\&(u_2(t)-K_2(t)x(t))'R_2(u_2(t)-K_2(t)x(t))\}\mathrm{d}t\end{aligned}\tag{3.10}$$

根据式（3.5），得

$$
\begin{aligned}
&J(u_1,u_2;x_0,0)\\
&=\frac{1}{2}x_0'\boldsymbol{E}'\boldsymbol{P}(0)\boldsymbol{E}x_0+\\
&\{(u_1(t)-\boldsymbol{K}_1(t)x(t))'\boldsymbol{R}_1(u_1(t)-\boldsymbol{K}_1(t)x(t))+(u_2(t)-\boldsymbol{K}_2(t)x(t))'\boldsymbol{R}_2(u_2(t)-\boldsymbol{K}_2(t)x(t))\}\mathrm{d}t\\
&=\frac{1}{2}x_0'\boldsymbol{E}'\boldsymbol{P}(0)\boldsymbol{E}x_0+\int_0^T\{(u_1(t)-u_1^*(t))'\}\boldsymbol{R}_1(u_1(t)-u_1^*(t))+(u_2(t)-u_2^*(t))'\boldsymbol{R}_2(u_2(t)-u_2^*(t))\}\mathrm{d}t
\end{aligned}
$$

其中，$\boldsymbol{K}_1(t)=-\boldsymbol{R}_1^{-1}\boldsymbol{B}_1'\boldsymbol{P}(t)\boldsymbol{E}$，$\boldsymbol{K}_2(t)=-\boldsymbol{R}_2^{-1}\boldsymbol{B}_2'\boldsymbol{P}(t)\boldsymbol{E}$，$u_1^*(t)=\boldsymbol{K}_1(t)x(t)$，$u_2^*(t)=\boldsymbol{K}_2(t)x(t)$，由于 $\boldsymbol{R}_1>0$，$\boldsymbol{R}_2<0$，从而

$$
J(u_1^*,u_2;x_0,0)\leqslant J(u_1^*,u_2^*;x_0,0)=\frac{1}{2}x_0'\boldsymbol{E}'\boldsymbol{P}(0)\boldsymbol{E}x_0\leqslant J(u_1,u_2^*;x_0,0) \tag{3.11}
$$

故随机零和微分博弈问题的鞍点均衡解为

$$
u_1^*(t)=\boldsymbol{K}_1(t)x(t)=-\boldsymbol{R}_1^{-1}\boldsymbol{B}_1'\boldsymbol{P}(t)\boldsymbol{E}x(t),
$$

$$
u_2^*(t)=\boldsymbol{K}_2(t)x(t)=-\boldsymbol{R}_2^{-1}\boldsymbol{B}_2'\boldsymbol{P}(t)\boldsymbol{E}x(t),
$$

且最优值为

$$
\frac{1}{2}x_0'\boldsymbol{E}'\boldsymbol{P}(0)\boldsymbol{E}x_0
$$

定理 3.2 证毕。

3.2.2 无限时间情形

1. 问题描述

由于我们讨论的是无限时域下的广义随机线性系统，因而首先要考虑系统的稳定性。

考虑如式（3.12）所示受控连续广义随机线性系统：

$$
\begin{cases}\boldsymbol{E}\dot{x}(t)=[\boldsymbol{A}x(t)+\boldsymbol{B}u(t)]\mathrm{d}t+[\boldsymbol{C}x(t)+\boldsymbol{D}u(t)]\mathrm{d}w(t)\\ t\geqslant 0\end{cases} \tag{3.12}
$$

对于系统（3.12），考虑如式（3.13）所示的状态反馈控制：

$$
u(t)=\overline{\boldsymbol{K}}x(t) \tag{3.13}
$$

其中，$\overline{\boldsymbol{K}}$ 是适维常数矩阵。从而，我们得到相应的闭环反馈系统（3.14）：

$$\begin{cases} \boldsymbol{E}\dot{x}(t) = (\boldsymbol{A}+\boldsymbol{B}\overline{\boldsymbol{K}})x(t)\mathrm{d}t + (\boldsymbol{C}+\boldsymbol{D}\overline{\boldsymbol{K}})x(t)\mathrm{d}w(t),\ t \geqslant 0 \\ x(0) = x_0 \in \Re^n \end{cases} \tag{3.14}$$

定义 3.3[111]　对于系统（3.12），如果存在式（3.13）的状态控制反馈律使得相应的闭环反馈系统（3.14）均方稳定，则系统（3.12）是均方稳定的。

仍考虑式（3.3）所示的噪声依赖于状态的广义随机线性系统，为方便叙述，复制为式（3.15）：

$$\begin{cases} \boldsymbol{E}\dot{x}(t) = [\boldsymbol{A}x(t)+\boldsymbol{B}_1u_1(t)+\boldsymbol{B}_2u_2(t)]\mathrm{d}t + \boldsymbol{C}x(t)\mathrm{d}w(t),\ t \in [0,\infty) \\ x(0) = x_0 \end{cases} \tag{3.15}$$

二次型性能指标如式（3.16）所示：

$$\boldsymbol{J}(u_1,u_2;x_0,0) = \frac{1}{2}\varepsilon\int_0^{\infty}[x'(t)\boldsymbol{Q}x(t)+u_1'(t)\boldsymbol{R}_1u_1(t)+u_2'(t)\boldsymbol{R}_2u_2(t)]\mathrm{d}t \tag{3.16}$$

系数矩阵 $\boldsymbol{A}$、$\boldsymbol{B}_1$、$\boldsymbol{B}_2$、$\boldsymbol{C}$、$\boldsymbol{Q}$、$\boldsymbol{R}_1$、$\boldsymbol{R}_2$ 都是适当维数的常数矩阵，且 $\boldsymbol{R}_1>0 \in S^n$、$\boldsymbol{R}_2<0 \in S^n$，$\boldsymbol{Q} \in S_+^n$。

同样的，我们将讨论限定在两博弈人的控制策略均为线性状态反馈情形。无限时间广义随机线性系统零和微分博弈问题的定义如定义 3.4。

定义 3.4　给定式（3.15）和（3.16）描述的广义随机线性系统，寻找可行控制 $(u_1^*(t),u_2^*(t)) \in U_1 \times U_2$，使下式成立

$$\boldsymbol{J}(u_1^*,u_2;x_0,0) \leqslant \boldsymbol{J}(u_1^*,u_2^*;x_0,0) \leqslant \boldsymbol{J}(u_1,u_2^*;x_0,0),\ \forall(u_1,u_2) \in U_1 \times U_2$$

那么称 $(u_1^*(t),u_2^*(t))$ 为微分博弈问题（3.15）和（3.16）的鞍点均衡策略。

2. 主要结论

为了保证系统对于任意的初始值，至少存在一个有意义的控制策略，对应的状态轨迹是均方可积的，因此有以下假设 3.2。

假设 3.2　假设系统（3.15）是均方稳定的。

无限时间随机博弈问题（3.15）和（3.16）的均衡解如定理 3.3 所示，由于证明方法与定理 3.2 类似，这里不再赘述。

定理 3.3　考虑系统（3.15）和（3.16），若式（3.17）所示的 Riccati 微分方

程对于所有的 $(u_1(t),u_2(t))\in U_1\times U_2$，存在解 $\boldsymbol{P}(t)\in \boldsymbol{C}(0,\infty;S^n)$：

$$\begin{cases}\boldsymbol{E}'\boldsymbol{P}(t)\boldsymbol{A}+\boldsymbol{A}'\boldsymbol{P}(t)\boldsymbol{E}+\boldsymbol{C}'\boldsymbol{E}'\boldsymbol{P}(t)\boldsymbol{E}\boldsymbol{C}+\boldsymbol{K}_1'(t)\boldsymbol{B}_1'\boldsymbol{P}(t)\boldsymbol{E}+\boldsymbol{K}_2'(t)\boldsymbol{B}_2'\boldsymbol{P}(t)\boldsymbol{E}+\boldsymbol{Q}=0\\ \boldsymbol{K}_1(t)=-\boldsymbol{R}_1^{-1}\boldsymbol{B}_1'\boldsymbol{P}(t)\boldsymbol{E}\\ \boldsymbol{K}_2(t)=-\boldsymbol{R}_2^{-1}\boldsymbol{B}_2'\boldsymbol{P}(t)\boldsymbol{E}\end{cases}\tag{3.17}$$

则无限时间广义随机线性系统零和微分博弈问题存在均衡解 $(u_1^*(t),u_2^*(t))$：

$$u_1^*(t)=\boldsymbol{K}_1(t)x(t)=-\boldsymbol{R}_1^{-1}\boldsymbol{B}_1'\boldsymbol{P}(t)\boldsymbol{E}x(t)$$

$$u_2^*(t)=\boldsymbol{K}_2(t)x(t)=-\boldsymbol{R}_2^{-1}\boldsymbol{B}_2'\boldsymbol{P}(t)\boldsymbol{E}x(t)$$

且最优值为

$$\boldsymbol{J}(u_1^*,u_2^*;x_0,0)=\frac{1}{2}\boldsymbol{E}'x_0'\boldsymbol{P}(0)\boldsymbol{E}x_0$$

3.2.3 数值算例

为检验结论的正确性，下面给出一个数值算例。以有限时间系统为例，在系统（3.3）和（3.4）中，为便于计算，各系数矩阵的取值如下：

$\boldsymbol{E}=\begin{bmatrix}1&0\\0&0\end{bmatrix}$，$\boldsymbol{A}=\begin{bmatrix}1&0\\1&1\end{bmatrix}$，$\boldsymbol{C}=\begin{bmatrix}1&0\\0&2\end{bmatrix}$，$\boldsymbol{Q}=\begin{bmatrix}2&0\\0&0\end{bmatrix}$，$\boldsymbol{B}_1=\begin{bmatrix}1\\0\end{bmatrix}$，$\boldsymbol{B}_2=\begin{bmatrix}1\\0\end{bmatrix}$，$\boldsymbol{R}_1=\boldsymbol{I}$，$\boldsymbol{R}_2=-\boldsymbol{I}$，

令 $\boldsymbol{P}(t)=\begin{bmatrix}\boldsymbol{P}_1(t)&\boldsymbol{P}_2(t)\\\boldsymbol{P}_3(t)&\boldsymbol{P}_4(t)\end{bmatrix}$，根据式（3.14）计算可得如下结果：

$$\begin{cases}\dot{\boldsymbol{P}}_1(t)+3\boldsymbol{P}_1(t)-4=0\\ \boldsymbol{P}_1(T)=0\end{cases}$$

进一步可得

$$\boldsymbol{P}(t)=\begin{bmatrix}\dfrac{-4\mathrm{e}^{-3(T-t)}+4}{3}&0\\0&0\end{bmatrix}$$

从而可得均衡策略为

$$u_1^*(t)=u_2^*(t)=-\begin{bmatrix}\dfrac{-4\mathrm{e}^{-3(T-t)}+4}{3}&0\end{bmatrix}x(t)$$

由以上算例可知，经过计算，可以得到系统（3.3）和（3.4）的最优控制策略。

3.3 连续广义随机线性系统的 Nash 微分博弈

3.3.1 有限时间情形

1. 问题描述

设$(\Omega, F, \{F_t|t\geqslant 0\}, P)$是一个给定的完备概率空间，其上定义了一维标准 Wiener 过程$\{w(t)\}_{t\geqslant 0}$，考虑如下广义随机线性系统：

$$\begin{cases} \boldsymbol{E}\dot{x}(t)=[\boldsymbol{A}x(t)+\boldsymbol{B}_1u_1(t)+\boldsymbol{B}_2u_2(t)]\mathrm{d}t+[\boldsymbol{C}x(t)+\boldsymbol{D}_1u_1(t)+\boldsymbol{D}_2u_2(t)]\mathrm{d}w(t), t\in[0,T] \\ x(0)=x_0 \end{cases} \tag{3.18}$$

其中，$x(t)\in\Re^n$是状态变量，$u_1(t)\in S^m$和$u_2(t)\in S^l$是两博弈人的决策控制变量，$u_1(\cdot)$和$u_2(\cdot)$是两个容许控制过程，其容许策略空间分别记为 U_1 和 U_2，即 $u_1\in U_1$，$u_2\in U_2$。实矩阵 $\boldsymbol{E}$ 是奇异的，假定 rank($\boldsymbol{E}$)<n。其中，系数矩阵 $\boldsymbol{A}$、$\boldsymbol{B}_1$、$\boldsymbol{B}_2$、$\boldsymbol{C}$、$\boldsymbol{D}_1$、$\boldsymbol{D}_2$ 都是适当维数的常数矩阵，定义二次型性能指标 $\boldsymbol{J}_\tau(u_1,u_2;x_0,0)$：

$$\begin{aligned} &\boldsymbol{J}_\tau(u_1,u_2;x_0,0)\\ &=\varepsilon\left\{\frac{1}{2}\int_0^T[x'(t)\boldsymbol{Q}_\tau x(t)+u_1'(t)\boldsymbol{R}_{\tau 1}u_1(t)+u_2'(t)\boldsymbol{R}_{\tau 2}u_2(t)]\mathrm{d}t+\frac{1}{2}x'(T)\boldsymbol{H}_\tau x(T)\right\}, \tau=1,2 \end{aligned} \tag{3.19}$$

其中，$\boldsymbol{R}_{\tau 1}$、$\boldsymbol{R}_{\tau 2}\in S^n$，$\boldsymbol{Q}_\tau\in S_+^n$、$\boldsymbol{H}_\tau\in S_+^n$（$\tau=1,2$）。

我们将研究限定在两博弈人的控制策略均为线性状态反馈情形，即 $u_1(t)=\boldsymbol{K}_1(t)x(t)\in U_1$，$u_2(t)=\boldsymbol{K}_2(t)x(t)\in U_2$，其中 $\boldsymbol{K}_\tau(\tau=1,2)$是适维常数矩阵。

有限时间广义随机线性系统 Nash 微分博弈问题的定义如定义 3.5 所示。

定义 3.5　给定式（3.18）描述的广义随机线性系统，如果可行控制$(u_1^*(t),u_2^*(t))\in U_1\times U_2$，对任意的$(u_1(t),u_2(t))\in U_1\times U_2$，下式成立

$$\begin{cases} \boldsymbol{J}_1(u_1^*,u_2^*;x_0,0)\leqslant \boldsymbol{J}_1(u_1,u_2^*;x_0,0) \\ \boldsymbol{J}_2(u_1^*,u_2^*;x_0,0)\leqslant \boldsymbol{J}_2(u_1^*,u_2;x_0,0) \end{cases} \tag{3.20}$$

那么称$(u_1^*(t),u_2^*(t))$为微分博弈问题（3.18）和（3.19）的 Nash 均衡策略。

2. 单人博弈

在这一部分，笔者将介绍两人博弈的退化情形——单人博弈，即随机线性二次最优控制问题，在此种情况下所得到的相关结论将为两人随机 Nash 微分博弈问题的求解奠定基础。

考虑式（3.21）所示的连续广义随机线性系统：

$$\begin{cases} \boldsymbol{E}\dot{x}(t)=[\boldsymbol{A}x(t)+\boldsymbol{B}u(t)]\mathrm{d}t+[\boldsymbol{C}x(t)+\boldsymbol{D}u(t)]\mathrm{d}w(t) \\ x(s)=y \end{cases} \tag{3.21}$$

其中，$(s,y)\in[0,T]\times\mathfrak{R}^n$ 是给定的初始时间和初始状态，$u(\cdot)$ 是一个容许控制过程，其容许策略空间记为 U。式（3.21）的解 $x(\cdot)$ 称为 $u(\cdot)\in U$ 的响应，$(x(\cdot),u(\cdot))$ 称为一个容许对。对于每一个 (s,y) 和 $u(\cdot)\in U$，系统的性能指标定义为

$$\boldsymbol{J}(u;y,s)=\varepsilon\left\{\frac{1}{2}\int_s^T[x'(t)\boldsymbol{Q}x(t)+u'(t)\boldsymbol{R}u(t)]\,\mathrm{d}t+\frac{1}{2}x'(T)\boldsymbol{H}x(T)\right\} \tag{3.22}$$

其中，$\boldsymbol{A}$、$\boldsymbol{B}$、$\boldsymbol{C}$ 等都是适维常数矩阵，且 $\boldsymbol{R}\in S^n$，$\boldsymbol{Q}\in S_+^n$，$\boldsymbol{H}\in S_+^n$.

最优控制的目标是对于给定的 $(s,y)\in[0,T)\times\mathfrak{R}^n$，通过选择 $u(\cdot)\in U$，最小化性能指标 $J(u(\cdot);s,y)$。值函数定义为

$$V(s,y)=\inf_{u(\cdot)\in U}\boldsymbol{J}(s,y;u(\cdot)) \tag{3.23}$$

定义 3.6 LQ 问题（3.21）和（3.22）称为适定的，如果

$$V(s,y)\geqslant-\infty,\quad\forall(s,y)\in[0,T]\times\mathfrak{R}^n$$

一对容许对 $(x^*(\cdot),u^*(\cdot))$ 相对于初值 (s,y) 是最优的，如果 $u^*(\cdot)$ 取得了 $\boldsymbol{J}(s,y;u(\cdot))$ 的下确界。

关于广义随机线性系统的线性二次最优控制，文献[111]中有详细的叙述。下面，我们引用[111]中关于广义随机线性系统最优控制的结果。

定理 3.4[111] 考虑系统（3.21），若式（3.24）所示的 Riccati 微分方程

$$\begin{cases} \boldsymbol{E}'\dot{\boldsymbol{P}}(t)\boldsymbol{E}+\boldsymbol{E}'\boldsymbol{P}(t)\boldsymbol{A}+\boldsymbol{A}'\boldsymbol{P}(t)\boldsymbol{E}+\boldsymbol{C}'\boldsymbol{E}'\boldsymbol{P}(t)\boldsymbol{E}\boldsymbol{C}+ \\ \quad \boldsymbol{K}'(t)(\boldsymbol{B}'\boldsymbol{P}(t)\boldsymbol{E}+\boldsymbol{D}'\boldsymbol{E}'\boldsymbol{P}(t)\boldsymbol{E}\boldsymbol{C})+\boldsymbol{Q}=0 \\ \boldsymbol{E}'\boldsymbol{P}(T)\boldsymbol{E}=\boldsymbol{H} \\ \boldsymbol{K}(t)=-(\boldsymbol{R}+\boldsymbol{D}'\boldsymbol{E}'\boldsymbol{P}(t)\boldsymbol{E}\boldsymbol{D})^{-1}(\boldsymbol{B}'\boldsymbol{P}(t)\boldsymbol{E}+\boldsymbol{D}'\boldsymbol{E}'\boldsymbol{P}(t)\boldsymbol{E}\boldsymbol{C}) \\ \boldsymbol{R}+\boldsymbol{D}'\boldsymbol{E}'\boldsymbol{P}(t)\boldsymbol{E}\boldsymbol{D}>0 \end{cases} \tag{3.24}$$

存在解 $\boldsymbol{P}(t)\in C(0,T;S^n)$，则最优控制策略 $u^*(\cdot)$存在：

$$u^*(t)=\boldsymbol{K}(t)x(t)=-(\boldsymbol{R}+\boldsymbol{D}'\boldsymbol{E}'\boldsymbol{P}(t)\boldsymbol{E}\boldsymbol{D})^{-1}(\boldsymbol{B}'\boldsymbol{P}(t)\boldsymbol{E}+\boldsymbol{D}'\boldsymbol{E}'\boldsymbol{P}(t)\boldsymbol{E}\boldsymbol{C})x(t) \tag{3.25}$$

且最优值为

$$\boldsymbol{J}(u^*;s,y)=\frac{1}{2}y'\boldsymbol{E}'\boldsymbol{P}(s)\boldsymbol{E}y \tag{3.26}$$

证明过程见文献[111]。

定理 3.4 给出了最优控制策略存在的充分条件，下述定理 3.5 给出了必要条件。

定理 3.5　对于系统（3.21），若 $u^*(t)=\boldsymbol{K}x(t)$ 是最优控制策略，则微分 Riccati 方程（3.24）存在解 $\boldsymbol{P}(t)\in \boldsymbol{C}(0,T;S^n)$，此时

$$\boldsymbol{K}=-(\boldsymbol{R}+\boldsymbol{D}'\boldsymbol{E}'\boldsymbol{P}\boldsymbol{E}\boldsymbol{D})^{-1}(\boldsymbol{B}'\boldsymbol{P}\boldsymbol{E}+\boldsymbol{D}'\boldsymbol{E}'\boldsymbol{P}\boldsymbol{E}\boldsymbol{C}) \tag{3.27}$$

证明：利用动态规划法来证明。根据动态规划的原理，值函数 $V(s, y)$满足如下 HJB 方程：

$$V_s(s,y)+\min_u\{y'\boldsymbol{Q}y+u'\boldsymbol{R}u+(\boldsymbol{A}y+\boldsymbol{B}u)'V_y(s,y)+y'\boldsymbol{C}'V_{yy}(s,y)\boldsymbol{C}y\}=0 \tag{3.28}$$

取二次型值函数 $V(s, y)$，即

$$V(s,y)=y'\boldsymbol{E}'\boldsymbol{P}(t)\boldsymbol{E}y \tag{3.29}$$

其中，$\boldsymbol{P}(t)\in \boldsymbol{C}(0,T;S^n)$。将式（3.26）代入（3.25）得

$$\begin{aligned} &y'(\boldsymbol{E}'\dot{\boldsymbol{P}}(t)\boldsymbol{E}+\boldsymbol{E}'\boldsymbol{P}(t)\boldsymbol{A}+\boldsymbol{A}'\boldsymbol{P}(t)\boldsymbol{E}+\boldsymbol{C}'\boldsymbol{E}'\boldsymbol{P}(t)\boldsymbol{E}\boldsymbol{C}+\boldsymbol{Q})y+ \\ &\min_u[u'(\boldsymbol{R}+\boldsymbol{D}'\boldsymbol{E}'\boldsymbol{P}(t)\boldsymbol{E}\boldsymbol{D})u+2u'(\boldsymbol{B}'\boldsymbol{P}(t)\boldsymbol{E}+\boldsymbol{D}'\boldsymbol{E}'\boldsymbol{P}(t)\boldsymbol{E}\boldsymbol{C})y]=0 \end{aligned} \tag{3.30}$$

式（3.30）中左边的第 2 项取最小值，当且仅当

$$\frac{\partial}{\partial u}[u'(\boldsymbol{R}+\boldsymbol{D}'\boldsymbol{E}'\boldsymbol{P}(t)\boldsymbol{E}\boldsymbol{D})u+2u'(\boldsymbol{B}'\boldsymbol{P}(t)\boldsymbol{E}+\boldsymbol{D}'\boldsymbol{E}'\boldsymbol{P}(t)\boldsymbol{E}\boldsymbol{C})y]=0$$

即

$$2(\boldsymbol{R}+\boldsymbol{D}'\boldsymbol{E}'\boldsymbol{P}(t)\boldsymbol{E}\boldsymbol{D})u+2(\boldsymbol{B}'\boldsymbol{P}(t)\boldsymbol{E}+\boldsymbol{D}'\boldsymbol{E}'\boldsymbol{P}(t)\boldsymbol{E}\boldsymbol{C})y=0$$

所以

$$u^*(t)=\boldsymbol{K}y=(\boldsymbol{R}+\boldsymbol{D}'\boldsymbol{E}'\boldsymbol{P}(t)\boldsymbol{E}\boldsymbol{D})^{-1}(\boldsymbol{B}'\boldsymbol{P}(t)\boldsymbol{E}+\boldsymbol{D}'\boldsymbol{E}'\boldsymbol{P}(t)\boldsymbol{E}\boldsymbol{C})y \tag{3.31}$$

由定理 3.5 中的假设可知，$P(t)$存在。将式（3.32）代入（3.30）得

$$\begin{aligned}&y'(\boldsymbol{E}'\dot{\boldsymbol{P}}(t)\boldsymbol{E}+\boldsymbol{E}'\boldsymbol{P}(t)\boldsymbol{A}+\boldsymbol{A}'\boldsymbol{P}(t)\boldsymbol{E}+\boldsymbol{C}'\boldsymbol{E}'\boldsymbol{P}(t)\boldsymbol{E}\boldsymbol{C}+\\&\boldsymbol{K}'(t)(\boldsymbol{B}'\boldsymbol{P}(t)\boldsymbol{E}+\boldsymbol{D}'\boldsymbol{E}'\boldsymbol{P}(t)\boldsymbol{E}\boldsymbol{C})+\boldsymbol{Q})y=0\end{aligned} \tag{3.32}$$

由式（3.32）中 y 的任意性，可得

$$\begin{aligned}&\boldsymbol{E}'\dot{\boldsymbol{P}}(t)\boldsymbol{E}+\boldsymbol{E}'\boldsymbol{P}(t)\boldsymbol{A}+\boldsymbol{A}'\boldsymbol{P}(t)\boldsymbol{E}+\boldsymbol{C}'\boldsymbol{E}'\boldsymbol{P}(t)\boldsymbol{E}\boldsymbol{C}+\\&\boldsymbol{K}'(t)(\boldsymbol{B}'\boldsymbol{P}(t)\boldsymbol{E}+\boldsymbol{D}'\boldsymbol{E}'\boldsymbol{P}(t)\boldsymbol{E}\boldsymbol{C})+\boldsymbol{Q}=0\end{aligned}$$

可见 $\boldsymbol{P}(t)\in \boldsymbol{C}(0,T;S^n)$是方程（3.24）的解。

定理 3.5 证毕。

3. 主要结论

借助单人博弈情形的相关结论，不难得到下述定理 3.6。

定理 3.6 考虑系统（3.18）和（3.19），当且仅当式（3.33）所示的耦合 Riccati 微分方程组对于所有的$(u_1(t),u_2(t))\in U_1\times U_2$,存在解$(\boldsymbol{P}_1(t),\boldsymbol{P}_2(t))\in \boldsymbol{C}(0,T;S^n)\times \boldsymbol{C}(0,T;S^n)$。

$$\begin{cases}\boldsymbol{E}'\dot{\boldsymbol{P}}_1(t)\boldsymbol{E}+\boldsymbol{E}'\boldsymbol{P}_1(t)(\boldsymbol{A}+\boldsymbol{B}_2\boldsymbol{K}_2(t))+(\boldsymbol{A}+\boldsymbol{B}_2\boldsymbol{K}_2(t))'\boldsymbol{P}_1(t)\boldsymbol{E}+\boldsymbol{Q}_1+\\ \boldsymbol{K}_2'(t)\boldsymbol{R}_{12}\boldsymbol{K}_2(t)+(\boldsymbol{C}+\boldsymbol{D}_2\boldsymbol{K}_2(t))'\boldsymbol{E}'\boldsymbol{P}_1(t)\boldsymbol{E}(\boldsymbol{C}+\boldsymbol{D}_2\boldsymbol{K}_2(t))+\\ \boldsymbol{K}_1'(t)[\boldsymbol{B}_1'\boldsymbol{P}_1(t)\boldsymbol{E}+\boldsymbol{D}_1'\boldsymbol{E}'\boldsymbol{P}_1(t)\boldsymbol{E}(\boldsymbol{C}+\boldsymbol{D}_2\boldsymbol{K}_2(t))]=0\\ \boldsymbol{E}'\boldsymbol{P}_1(T)\boldsymbol{E}=\boldsymbol{H}_1\\ \boldsymbol{K}_1(t)=-(\boldsymbol{R}_{11}+\boldsymbol{D}_1'\boldsymbol{E}'\boldsymbol{P}_1(t)\boldsymbol{E}\boldsymbol{D}_1)^{-1}[\boldsymbol{B}_1'\boldsymbol{P}_1(t)\boldsymbol{E}+\boldsymbol{D}_1'\boldsymbol{E}'\boldsymbol{P}_1(t)\boldsymbol{E}(\boldsymbol{C}+\boldsymbol{D}_2\boldsymbol{K}_2(t))]\\ \boldsymbol{R}_{11}+\boldsymbol{D}_1'\boldsymbol{E}'\boldsymbol{P}_1(t)\boldsymbol{E}\boldsymbol{D}_1>0\end{cases} \tag{3.33}$$

$$\begin{cases} E'\dot{P}_2(t)E = E'P_2(t)(A+B_1K_1(t)) + (A+B_1K_1(t))'P_2(t)E + Q_2 + \\ K_1'(t)R_{21}K_1(t) + (C+D_1K_1(t))'E'P_2(t)E(C+D_1K_1(t)) + \\ K_2'(t)[B_2'P_2(t)E + D_2'E'P_2(t)E(C+D_1K_1(t))] = 0 \\ E'P_2(T)E = H_2 \\ K_2(t) = -(R_{22}+D_2'E'P_2(t)ED_2)^{-1}[B_2'P_2(t)E + D_2'E'P_2(t)E(C+D_1K_1(t))] \\ R_{22}+D_2'E'P_2(t)ED_2 > 0 \end{cases} \tag{3.34}$$

假设系统（3.18）是均方容许的，则

（1）有限时间广义随机线性系统 Nash 微分博弈问题存在均衡解$(u_1^*(t), u_2^*(t))$：

$$u_1^*(t) = K_1(t)x(t), u_2^*(t) = K_2(t)x(t).$$

（2）相应的最优值为

$$J_\tau(u_1^*, u_2^*; x_0, 0) = \frac{1}{2}x_0'E'P_\tau(0)Ex_0, (\tau = 1, 2)$$

证明： 考虑最优控制问题（3.18）和（3.19）在 $K_i(t) = K_i^*(t)$ 处取得最小值

$$\begin{cases} E\dot{x}(t) = (A+B_jK_j^*(t)+B_iK_i(t))x(t)\mathrm{d}t + \\ (C+D_jK_j^*(t)+D_iK_i(t))x(t)\mathrm{d}w(t) \\ x(0) = x_0 \ (i, j = 1, 2 且 i \neq j) \end{cases} \tag{3.35}$$

$$\begin{aligned} & J_i(u_i, u_j^*; x_0, 0) \\ &= \varepsilon\left\{\frac{1}{2}\int_0^T [x'(t)(Q_i + K_j^{*\prime}(t)R_{ij}K_j^*(t) + K_i'(t)R_{ii}K_i(t))x(t)]\mathrm{d}t + \frac{1}{2}x'(T)H_ix(T)\right\} \end{aligned} \tag{3.36}$$

注意到最优控制问题（3.35）和（3.36）与定理 3.5 中的最优控制问题（3.21）和（3.22）相对应，我们把定理 3.5 应用到最优控制问题（3.35）和（3.36）中，有如下的对应关系：

$$\begin{aligned} & A+B_jK_j^*(t) \Rightarrow A, B_i \Rightarrow B, C+D_jK_j^*(t) \Rightarrow C \\ & D_i \Rightarrow D, Q_i + K_j^{*\prime}(t)R_{ij}K_j^*(t) \Rightarrow Q \\ & R_{ii} \Rightarrow R, H_i \Rightarrow H \end{aligned}$$

所以，最优控制策略存在：

$$u^*(t)=-(\boldsymbol{R}+\boldsymbol{D}'\boldsymbol{E}'\boldsymbol{P}(t)\boldsymbol{E}\boldsymbol{D})^{-1}(\boldsymbol{B}'\boldsymbol{P}(t)\boldsymbol{E}+\boldsymbol{D}'\boldsymbol{E}'\boldsymbol{P}(t)\boldsymbol{E}\boldsymbol{C})x(t)$$

$$\Rightarrow u_i^*(t)=-(\boldsymbol{R}_{ii}+\boldsymbol{D}_i'\boldsymbol{E}'\boldsymbol{P}_i(t)\boldsymbol{E}\boldsymbol{D}_i)^{-1}[\boldsymbol{B}_i'\boldsymbol{P}_i(t)\boldsymbol{E}+\boldsymbol{D}_i'\boldsymbol{E}'\boldsymbol{P}_i(t)\boldsymbol{E}(\boldsymbol{C}+\boldsymbol{D}_j\boldsymbol{K}_j^*(t))]x(t) \tag{3.37}$$

且相应的最优值为 $\frac{1}{2}x_0'\boldsymbol{E}'\boldsymbol{P}_i(0)\boldsymbol{E}x_0$。

定理 3.6 证毕。

3.3.2 无限时间情形

1. 问题描述

仍考虑式（3.18）所示的噪声依赖于状态和控制的广义随机线性系统，为方便叙述，复制如式（3.38）：

$$\begin{cases}\boldsymbol{E}\dot{x}(t)=[\boldsymbol{A}x(t)+\boldsymbol{B}_1u_1(t)+\boldsymbol{B}_2u_2(t)]\mathrm{d}t+[\boldsymbol{C}x(t)+\boldsymbol{D}_1u_1(t)+\boldsymbol{D}_2u_2(t)]\mathrm{d}w(t), t\geqslant 0\\ x(0)=x_0\end{cases} \tag{3.38}$$

二次型性能指标 $\boldsymbol{J}_\tau(u_1, u_2; x_0, 0)$：

$$\begin{aligned}&\boldsymbol{J}_\tau(u_1,u_2;x_0,0)\\&=\frac{1}{2}\varepsilon\int_0^\infty[x'(t)\boldsymbol{Q}_\tau x(t)+u_1'(t)\boldsymbol{R}_{\tau1}u_1(t)+u_2'(t)\boldsymbol{R}_{\tau2}u_2(t)]\,\mathrm{d}t, \tau=1,2\end{aligned} \tag{3.39}$$

其中，$\boldsymbol{R}_{\tau1}$、$\boldsymbol{R}_{\tau2}\in S^n$，$\boldsymbol{Q}_\tau\in S_+^n$（$\tau=1,2$）。

同样地，我们将研究限定在两博弈人的控制策略均为线性状态反馈情形。无限时间广义随机线性系统 Nash 微分博弈问题的定义如定义 3.7。

定义 3.7 给定式（3.38）描述的广义随机线性系统，如果可行控制 $(u_1^*(t),u_2^*(t))\in U_1\times U_2$，对任意的 $(u_1(t),u_2(t))\in U_1\times U_2$，下式成立

$$\boldsymbol{J}_1(u_1^*,u_2^*;x_0,0)\leqslant \boldsymbol{J}_1(u_1,u_2^*;x_0,0),\ \boldsymbol{J}_2(u_1^*,u_2^*;x_0,0)\leqslant \boldsymbol{J}_2(u_1^*,u_2;x_0,0)$$

那么称 $(u_1^*(t),u_2^*(t))$ 为微分博弈问题（3.38）和（3.39）的 Nash 均衡策略。

2. 主要结论

为保证系统对于任意的初始值，至少存在一个有意义的控制策略，对应的状态轨迹是均方可积的，因此有以下假设 3.3。

假设 3.3 假设系统（3.38）是均方稳定的[111]。

无限时间 Nash 随机微分博弈问题（3.38）和（3.39）均衡解存在的充分必要条件如定理 3.7 所示，由于证明方法与定理 3.6 类似，这里不再赘述。

定理 3.7　在假设 3.3 成立的条件下，无限时间广义随机线性系统（3.38）和（3.39）的 Nash 均衡策略 $(u^*(\cdot),v^*(\cdot))$ 存在，当且仅当式（3.40）所示的耦合的 Riccati 代数方程存在解 $(\boldsymbol{P}_1,\boldsymbol{P}_2)\in \boldsymbol{C}(0,\infty;S^n)\times \boldsymbol{C}(0,\infty;S^n)$。

$$\begin{cases}\boldsymbol{E}'\boldsymbol{P}_1(\boldsymbol{A}+\boldsymbol{B}_2\boldsymbol{K}_2)+(\boldsymbol{A}+\boldsymbol{B}_2\boldsymbol{K}_2)'\boldsymbol{P}_1\boldsymbol{E}+(\boldsymbol{C}+\boldsymbol{D}_2\boldsymbol{K}_2)'\boldsymbol{E}'\boldsymbol{P}_1\boldsymbol{E}(\boldsymbol{C}+\boldsymbol{D}_2\boldsymbol{K}_2)+\\ \boldsymbol{Q}_1+\boldsymbol{K}_2'\boldsymbol{R}_{12}\boldsymbol{K}_2+\boldsymbol{K}_1'\left[\boldsymbol{B}_1'\boldsymbol{P}_1\boldsymbol{E}+\boldsymbol{D}_1'\boldsymbol{E}'\boldsymbol{P}_1\boldsymbol{E}\left(\boldsymbol{C}+\boldsymbol{D}_2\boldsymbol{K}_2\right)\right]=0\\ \boldsymbol{K}_1=-\left(\boldsymbol{R}_{11}+\boldsymbol{D}_1'\boldsymbol{E}'\boldsymbol{P}_1\boldsymbol{E}\boldsymbol{D}_1\right)^{-1}\left[\boldsymbol{B}_1'\boldsymbol{P}_1\boldsymbol{E}+\boldsymbol{D}_1'\boldsymbol{E}'\boldsymbol{P}_1\boldsymbol{E}\left(\boldsymbol{C}+\boldsymbol{D}_2\boldsymbol{K}_2\right)\right]\\ \boldsymbol{R}_{11}+\boldsymbol{D}_1'\boldsymbol{E}'\boldsymbol{P}_1\boldsymbol{E}\boldsymbol{D}_1>0\end{cases}\tag{3.40}$$

$$\begin{cases}\boldsymbol{E}'\boldsymbol{P}_2(\boldsymbol{A}+\boldsymbol{B}_1\boldsymbol{K}_1)+(\boldsymbol{A}+\boldsymbol{B}_1\boldsymbol{K}_1)'\boldsymbol{P}_2\boldsymbol{E}+(\boldsymbol{C}+\boldsymbol{D}_1\boldsymbol{K}_1)'\boldsymbol{E}'\boldsymbol{P}_2\boldsymbol{E}(\boldsymbol{C}+\boldsymbol{D}_1\boldsymbol{K}_1)+\\ \boldsymbol{Q}_2+\boldsymbol{K}_1'\boldsymbol{R}_{21}\boldsymbol{K}_1+\boldsymbol{K}_2'[\boldsymbol{B}_2'\boldsymbol{P}_2\boldsymbol{E}+\boldsymbol{D}_2'\boldsymbol{E}'\boldsymbol{P}_2\boldsymbol{E}(\boldsymbol{C}+\boldsymbol{D}_1\boldsymbol{K}_1)]=0\\ \boldsymbol{K}_2=-(\boldsymbol{R}_{22}+\boldsymbol{D}_2'\boldsymbol{E}'\boldsymbol{P}_2\boldsymbol{E}\boldsymbol{D}_2)^{-1}[\boldsymbol{B}_2'\boldsymbol{P}_2\boldsymbol{E}+\boldsymbol{D}_2'\boldsymbol{E}'\boldsymbol{P}_2\boldsymbol{E}(\boldsymbol{C}+\boldsymbol{D}_1\boldsymbol{K}_1)]\\ \boldsymbol{R}_{22}+\boldsymbol{D}_2'\boldsymbol{E}'\boldsymbol{P}_2\boldsymbol{E}\boldsymbol{D}_2>0\end{cases}\tag{3.41}$$

此时的均衡策略和最优性能指标分别为

$$u_1^*=\boldsymbol{K}_1x(t),\ u_2^*=\boldsymbol{K}_2x(t)$$

$$\boldsymbol{J}_\tau(u_1^*,u_2^*;x_0,0)=\frac{1}{2}x_0'\boldsymbol{E}'\boldsymbol{P}_\tau\boldsymbol{E}x_0,(\tau=1,2)$$

3.4　本章小结

本章主要研究连续广义随机线性系统的非合作微分博弈理论，该类系统的状态方程由一个 Itô 型随机微分方程描述。具体探讨有限时间和无限时间情形下的两人零和微分博弈的鞍点均衡理论、两人非零和微分博弈的 Nash 均衡理论，分别讨论了相应均衡策略的存在条件、策略设计方法及求解算法，并给出数值算例检验结论的正确性。

第 4 章 离散广义随机线性系统的非合作微分博弈

广义随机系统由于能更好地模拟现实实际，近几十年来，得到了国内外学者的广泛关注。Zhang 等[254]研究了离散广义随机系统均方容许问题，并首次给出了 LMI 条件。Zhao 等[255]针对连续和离散随机广义马尔科夫切换系统，将对系统均方容许性的讨论直接转化为严格的 LMI 求解，简化过程。Mu 等[127]研究了具有半马尔科夫切换信号的切换广义随机系统的稳定性问题。而在最优控制方面，Wu 等[256]研究了转移概率部分可知的随机广义系统的有限时间 H_∞ 控制问题。Qi 等[257]研究了非线性随机广义半马尔科夫跳跃系统的滑模控制问题。Zhang 和 Xing[111]研究了随机广义系统的稳定性以及线性二次最优控制，得到了随机广义系统均方容许的条件以及有限时间和无限时间线性二次最优控制的 Riccati 方程。在过去的几十年中，借助博弈理论研究广义系统描述的现实问题逐渐引起了学者们的注意。纵观文献，关于确定性广义系统微分博弈问题的相关文献成果已较为丰富[142, 143]。而广义随机线性系统微分博弈的相关研究还并不充分[258, 259]，文献[260]研究了 Markov 跳变线性系统的二人非合作博弈问题，文献[261]给出了连续时间随机广义 Markov 跳跃系统 N 人 Nash 均衡策略存在的 Riccati 方程组。

本章针对离散广义随机线性系统，探讨其非合作博弈问题，讨论有限时间和无限时间情形下，离散广义随机系统的线性二次零和博弈、Nash 博弈及 Stackelberg 博弈问题，最后将所得均衡策略应用于随机 H_2、H_2/H_∞ 混合鲁棒控制问题，丰富博弈理论的应用研究。

4.1 预备知识

设$(\Omega, F, \{F_t\}_{t\geqslant 0}, P)$是一个给定的完备概率空间，其上定义了一维标准 Wiener

过程$\{w(t)\}_{t\geqslant 0}$，考虑以下离散广义随机线性系统：

$$\begin{cases} \boldsymbol{E}x(t+1)=\boldsymbol{A}x(t)+\boldsymbol{C}x(t)w(t) \\ x(0)=x_0, t\geqslant 0 \end{cases} \tag{4.1}$$

其中，$x_0\in\Re^n$是系统的初始状态，$\boldsymbol{A}\in\Re^{n\times n}$，$\boldsymbol{C}\in\Re^{n\times n}$是状态变量$x(t)$的系数矩阵，$\boldsymbol{E}$是给定的奇异矩阵，$\mathrm{rank}(\boldsymbol{E})<n$, $w(t)\in\Re^n$是在给定的完备概率空间$(\Omega, F, \{F_t\}_{t\geqslant 0}, P)$上的一维标准 Wiener 过程$\{w(t)\}_{t\geqslant 0}$，表示系统噪声。

定义 4.1[111]

（1）如果$\det(s\boldsymbol{E}-\boldsymbol{A})$不恒为 0，则系统（4.1）是正则的。

（2）如果$\deg(\det(s\boldsymbol{E}-\boldsymbol{A}))=\mathrm{rank}(\boldsymbol{E})$，则系统（4.1）是无脉冲的。

（3）如果对所有的初始状态x_0，都有$\varepsilon\lim\limits_{t\to\infty}\|x(t)\|^2=0$，则系统（4.1）是随机稳定的。

（4）如果系统（4.1）是正则的、无脉冲的且均方稳定的，则系统（4.1）是均方容许的。

引理 4.1[19]　假如存在一对非奇异矩阵$\boldsymbol{G}$、$\boldsymbol{M}$使得式（4.2）成立，则系统（4.1）存在唯一解。

$$\begin{cases} \boldsymbol{GEM}=\begin{bmatrix} \boldsymbol{I}_r & 0 \\ 0 & 0 \end{bmatrix} \\ \boldsymbol{GAM}=\begin{bmatrix} \boldsymbol{A}_1 & 0 \\ 0 & \boldsymbol{I}_{n-r} \end{bmatrix} \\ \boldsymbol{GCM}=\begin{bmatrix} \boldsymbol{C}_1 & \boldsymbol{C}_2 \\ 0 & \boldsymbol{C}_3 \end{bmatrix} \end{cases} \tag{4.2}$$

其中，$\boldsymbol{A}_1$、$\boldsymbol{C}_1\in\Re^{r\times r},\boldsymbol{C}_2\in\Re^{r\times(n-r)},\boldsymbol{C}_3\in\Re^{(n-r)\times(n-r)}$。

引理 4.2[262]　假如存在$\boldsymbol{P}=\boldsymbol{P}'$使如下的 LMIs 成立

$$\boldsymbol{E}'\boldsymbol{PE}\geqslant 0$$
$$\boldsymbol{A}'\boldsymbol{PA}+\boldsymbol{C}'\boldsymbol{PC}-\boldsymbol{E}'\boldsymbol{PE}<0$$

则系统（4.1）是均方容许的。

4.2 离散广义随机线性系统的零和博弈

4.2.1 有限时间情形

1. 问题的描述

设$(\Omega, F, \{F_t\}_{t\geq 0}, P)$是一个给定的完备概率空间，其上定义了一维标准 Wiener 过程$\{w(t)\}_{t\geq 0}$，考虑如下离散广义随机线性系统：

$$\begin{cases} \boldsymbol{E}x(t+1)=\boldsymbol{A}x(t)+\boldsymbol{B}_1u_1(t)+\boldsymbol{B}_2u_2(t)+\boldsymbol{C}x(t)w(t) \\ x(0)=x_0, t\in[0,T] \end{cases} \tag{4.3}$$

其中，$x(t)\in\Re^n$是状态变量，$u_1(t)\in\Re^m$和$u_2(t)\in\Re^l$是两博弈人的决策控制变量，系数矩阵 $\boldsymbol{A}$、$\boldsymbol{B}_1$、$\boldsymbol{B}_2$、$\boldsymbol{C}$ 为具有相应维数的常数矩阵。实矩阵 $\boldsymbol{E}$ 是奇异的，假定 $\operatorname{rank}(\boldsymbol{E})<n$。

二次型性能指标：

$$\boldsymbol{J}(u_1,u_2;x_0,0)=\frac{1}{2}\varepsilon\left\{\sum_{t=0}^{T-1}[x'(t)\boldsymbol{Q}x(t)+u_1'(t)\boldsymbol{R}_1u_1(t)+u_2'(t)\boldsymbol{R}_2u_2(t)]+x'(T)\boldsymbol{H}x(T)\right\} \tag{4.4}$$

其中，$\boldsymbol{Q}$、$\boldsymbol{H}$、$\boldsymbol{R}_1$、$\boldsymbol{R}_2$ 都是适当维数的常数对称矩阵，且 $\boldsymbol{R}_1>0$, $\boldsymbol{R}_2<0$, $\boldsymbol{Q}\geq 0$, $\boldsymbol{H}\geq 0$。

本章中，我们将讨论限定在两博弈人的控制策略均为线性状态反馈情形，即 $u_1(t)=K_1(t)x(t)$，$u_2(t)=K_2(t)x(t)$，其中 $K_\tau(\tau=1, 2)$是矩阵值函数。$u_1(t)$和$u_2(t)$分别属于系统的策略空间 Γ_1和 Γ_2。

定义 4.2 线性反馈策略$(u_1(t),u_2(t))\in\Gamma_1^a\times\Gamma_2^a\subset\Gamma_1\times\Gamma_2$称为容许策略，假如其对应的闭环系统是无脉冲的。相应地，$\Gamma_1^a\times\Gamma_2^a\subset\Gamma_1\times\Gamma_2$称为容许策略空间。

问题 4.1 给定式（4.3）描述的离散广义随机线性系统，寻找可行控制$(u_1^*(t),u_2^*(t))\in\Gamma_1^a\times\Gamma_2^a$，使式（4.5）成立

$$\boldsymbol{J}(u_1^*,u_2;x_0,0)\leq\boldsymbol{J}(u_1^*,u_2^*;x_0,0)\leq\boldsymbol{J}(u_1,u_2^*;x_0,0) \tag{4.5}$$

$$\forall(u_1,u_2)\in\Gamma_1^a\times\Gamma_2^a$$

也就是说，两个博弈人，博弈人 1 选择控制策略 u_1^*来最小化性能指标 $\boldsymbol{J}$，而博弈人 2 选择控制策略 u_2^*使得性能指标 $\boldsymbol{J}$ 最大化。

2. 主要结果

下面给出结论

定理 4.1　考虑系统（4.3）和（4.4），若式（4.6）所示的 Riccati 差分方程对于所有的 $(u_1(t), u_2(t)) \in \Gamma_1^a \times \Gamma_2^a$，存在解 $\boldsymbol{P}(t) \in S^n$

$$\begin{cases} \boldsymbol{N}(\boldsymbol{P}) - \boldsymbol{E}'\boldsymbol{P}(t)\boldsymbol{E} - \boldsymbol{L}'(\boldsymbol{P})\boldsymbol{R}^{-1}(\boldsymbol{P})\boldsymbol{L}(\boldsymbol{P}) = 0 \\ \boldsymbol{P}(T) = \boldsymbol{H} \end{cases} \tag{4.6}$$

其中：

$$\begin{cases} \boldsymbol{N}(\boldsymbol{P}) = \boldsymbol{A}'\boldsymbol{P}(t+1)\boldsymbol{A} + \boldsymbol{Q} + \boldsymbol{C}'\boldsymbol{P}(t+1)\boldsymbol{C} \\ \boldsymbol{R}(\boldsymbol{P}) = \begin{bmatrix} \Delta_{11}(\boldsymbol{P}) + \boldsymbol{R}_1 & \Delta_{12}(\boldsymbol{P}) \\ \Delta_{21}(\boldsymbol{P}) & \Delta_{22}(\boldsymbol{P}) + \boldsymbol{R}_2 \end{bmatrix} \\ \Delta_{mn}(\boldsymbol{P}) = \boldsymbol{B}_m'\boldsymbol{P}(t+1)\boldsymbol{B}_n (m, n = 1, 2) \\ \boldsymbol{L}(\boldsymbol{P}) = \begin{bmatrix} \boldsymbol{B}_1'\boldsymbol{P}(t+1)\boldsymbol{A} \\ \boldsymbol{B}_2'\boldsymbol{P}(t+1)\boldsymbol{A} \end{bmatrix} \end{cases} \tag{4.6a}$$

假设系统（4.3）是均方容许的，则

（1）有限时间广义随机线性系统零和微分博弈问题存在均衡解$(u_1^*(t), u_2^*(t))$：

$$\overline{u}^*(t) = (u_1^{*\prime}(t) \quad u_2^{*\prime}(t))' = \boldsymbol{K}(i)x(t) = -\boldsymbol{R}^{-1}(i, \boldsymbol{P})\boldsymbol{L}(i, \boldsymbol{P})x(t) \tag{4.7}$$

（2）相应的最优值为

$$\boldsymbol{J}(u_1^*, u_2^*; x_0, 0) = \frac{1}{2}\boldsymbol{E}'x_0'\boldsymbol{P}(0)\boldsymbol{E}x_0$$

证明： 设 $\boldsymbol{P}(t) \in S^n$ 给定，对式（4.3），有

$$\begin{aligned} & x'(t+1)\boldsymbol{E}'\boldsymbol{P}(t+1)\boldsymbol{E}x(t+1) - x'(t)\boldsymbol{E}'\boldsymbol{P}(t)\boldsymbol{E}x(t) \\ & = x'(t)(\boldsymbol{A}'\boldsymbol{P}(t+1)\boldsymbol{A} + \boldsymbol{C}'\boldsymbol{P}(t+1)\boldsymbol{C} - \boldsymbol{E}'\boldsymbol{P}(t)\boldsymbol{E})x(t) + \\ & \quad 2u_1'(t)\boldsymbol{B}_1'\boldsymbol{P}(t+1)\boldsymbol{A}x(t) + 2u_2'(t)\boldsymbol{B}_2'\boldsymbol{P}(t+1)\boldsymbol{A}x(t) + u_1'(t)\boldsymbol{B}_1'\boldsymbol{P}(t+1)\boldsymbol{B}_1u_1(t) + \\ & \quad u_2'(t)\boldsymbol{B}_2'\boldsymbol{P}(t+1)\boldsymbol{B}_2u_2(t) + \{\cdots\}w(t) \end{aligned} \tag{4.8}$$

对式（4.8）在$[0, T]$上求和，两边取期望，并除以 2，得

$$\frac{1}{2}\varepsilon[x'(T)\boldsymbol{E}'\boldsymbol{P}(T)\boldsymbol{E}x(T)]-\frac{1}{2}x_0'\boldsymbol{E}'\boldsymbol{P}(0)\boldsymbol{E}x_0$$
$$=\frac{1}{2}\sum_{t=0}^{T-1}\varepsilon[x'(t+1)\boldsymbol{E}'\boldsymbol{P}(t+1)\boldsymbol{E}x(t+1)-x'(t)\boldsymbol{E}'\boldsymbol{P}(t)\boldsymbol{E}x(t)]$$
$$=\frac{1}{2}\varepsilon\sum_{t=0}^{T-1}[x'(t)(\boldsymbol{A}'\boldsymbol{P}(t+1)\boldsymbol{A}+\boldsymbol{C}'\boldsymbol{P}(t+1)\boldsymbol{C}-\boldsymbol{E}'\boldsymbol{P}(t)\boldsymbol{E})x(t)+$$
$$2u_1'(t)\boldsymbol{B}_1'\boldsymbol{P}(t+1)x(t)+2u_2'(t)\boldsymbol{B}_2'\boldsymbol{P}(t+1)x(t)+u_1'(t)\boldsymbol{B}_1'\boldsymbol{P}(t+1)\boldsymbol{B}_1u_1(t)+$$
$$u_2'(t)\boldsymbol{B}_2'\boldsymbol{P}(t+1)\boldsymbol{B}_2u_2(t)] \tag{4.9}$$

根据式（4.9），并对照式（4.6a），有

$$\boldsymbol{J}(\overline{u};x_0)=-\varepsilon[x'(T)\boldsymbol{E}'\boldsymbol{P}(T)\boldsymbol{E}x(T)]+x_0'\boldsymbol{E}'\boldsymbol{P}(0)\boldsymbol{E}x_0+\varepsilon[x'(T)\boldsymbol{E}'\boldsymbol{H}\boldsymbol{E}x(T)]+$$
$$\varepsilon\sum_{t=0}^{T-1}[x'(t)(\boldsymbol{N}(\boldsymbol{P})-\boldsymbol{E}'\boldsymbol{P}(t)\boldsymbol{E})x(t)+2\overline{u}'(t)\boldsymbol{L}(\boldsymbol{P})x(t)+\overline{u}'(t)\boldsymbol{R}(\boldsymbol{P})\overline{u}(t)] \tag{4.10}$$

其中，$\overline{u}(t)=\begin{bmatrix}u_1(t)\\u_2(t)\end{bmatrix}$。

对式（4.10）利用配方法，得

$$\boldsymbol{J}(\overline{u};x_0)=-\varepsilon[x'(T)\boldsymbol{E}'\boldsymbol{P}(T)\boldsymbol{E}x(T)]+x_0'\boldsymbol{E}'\boldsymbol{P}(0)\boldsymbol{E}x_0+\varepsilon[x'(T)\boldsymbol{E}'\boldsymbol{H}\boldsymbol{E}x(T)]+$$
$$\varepsilon\sum_{t=0}^{T-1}[x'(t)(\boldsymbol{N}(\boldsymbol{P})-\boldsymbol{E}'\boldsymbol{P}(k)\boldsymbol{E}-\boldsymbol{L}'(\boldsymbol{P})\boldsymbol{R}^{-1}(\boldsymbol{P})\boldsymbol{L}(\boldsymbol{P}))x(t)+$$
$$(\overline{u}'(t)+\boldsymbol{R}^{-1}(\boldsymbol{P})\boldsymbol{L}(\boldsymbol{P})x(t))'\boldsymbol{R}(\boldsymbol{P})(\overline{u}'(t)+\boldsymbol{R}^{-1}(\boldsymbol{P})\boldsymbol{L}(\boldsymbol{P})x(t))] \tag{4.11}$$

观察式（4.11），由于 $\boldsymbol{R}_1>0$，$\boldsymbol{R}_2<0$，不难得到系统的最优控制策略和最优值分别为

$$\overline{u}^*(t)=\boldsymbol{K}(t)x(t)=-\boldsymbol{R}^{-1}(\boldsymbol{P})\boldsymbol{L}(\boldsymbol{P})x(t),$$
$$\boldsymbol{J}(u_1^*,u_2;x_0,0)\leqslant\boldsymbol{J}(u_1^*,u_2^*;x_0,0)=\frac{1}{2}x_0'\boldsymbol{E}'\boldsymbol{P}(0)\boldsymbol{E}x_0\leqslant\boldsymbol{J}(u_1,u_2^*;x_0,0) \tag{4.12}$$

定理 4.1 证毕。

4.2.2 无限时间情形

首先介绍无限时间随机最优控制中的一个重要概念——随机稳定性。

考虑如下离散广义随机系统：

$$\boldsymbol{E}x(t+1)=\boldsymbol{A}x(t)+\boldsymbol{B}u(t)+\boldsymbol{A}_1x(t)w(t) \tag{4.13}$$

其中，$x(t)$为状态变量，$u(t)$为控制变量，其他符号含义同上文。

定义 4.3[70]　给定任意的初始状态 $x(0)=x_0$，系统（4.13）是（均方意义下）随机稳定的，如果存在一个反馈控制 $u(t)=\boldsymbol{K}x(t)$，其中，$\boldsymbol{K}$ 为常数矩阵，使得闭环系统：

$$\boldsymbol{E}x(t+1)=[\boldsymbol{A}+\boldsymbol{B}\boldsymbol{K}]x(t)+\boldsymbol{A}_1x(t)w(t)$$

是渐近均方稳定的，即 $\lim\limits_{t\to\infty}\varepsilon\|x(t)\|^2=0$

1. 问题描述

设$(\Omega, F, \{F_t\}_{t\geqslant 0}, P)$是一个给定的完备概率空间，其上定义了一维标准 Wiener 过程$\{w(t)\}_{t\geqslant 0}$，考虑如下广义随机线性系统：

$$\begin{cases}\boldsymbol{E}x(t+1)=\boldsymbol{A}x(t)+\boldsymbol{B}_1u_1(t)+\boldsymbol{B}_2u_2(t)+\boldsymbol{C}x(t)w(t)\\ x(0)=x_0\end{cases} \tag{4.14}$$

其中，$x(t)\in\Re^n$ 是状态变量，$u_1(t)\in\Re^m$ 和 $u_2(t)\in\Re^l$ 是两博弈人的决策控制变量，系数矩阵 $\boldsymbol{A}$、$\boldsymbol{B}_1$、$\boldsymbol{B}_2$，$\boldsymbol{C}$ 为具有相应维数的常数矩阵。实矩阵 $\boldsymbol{E}$ 是奇异的，假定 $\text{rank}(\boldsymbol{E})<n$。

二次型性能指标：

$$\boldsymbol{J}(u_1,u_2;x_0,0)=\frac{1}{2}\varepsilon\sum_{t=0}^{\infty}[x'(t)\boldsymbol{Q}x(t)+u_1'(t)\boldsymbol{R}_1u_1(t)+u_2'(t)\boldsymbol{R}_2u_2(t)] \tag{4.15}$$

其中，$\boldsymbol{Q}$、$\boldsymbol{R}_1$、$\boldsymbol{R}_2$ 都是适当维数的常数对称矩阵，且 $\boldsymbol{R}_1>0$，$\boldsymbol{R}_2<0$，$\boldsymbol{Q}\geqslant 0$。

我们将讨论限定在两博弈人的控制策略均为线性状态反馈情形，即 $u_1(t)=K_1(t)x(t)$，$u_2(t)=K_2(t)x(t)$，其中 $K_\tau(\tau=1，2)$是矩阵值函数。$u_1(t)$ 和 $u_2(t)$ 分别属于系统的策略空间 Γ_1 和 Γ_2。

定义 4.4　线性反馈策略 $(u_1(t),u_2(t))\in\Gamma_1^a\times\Gamma_2^a\subset\Gamma_1\times\Gamma_2$ 称为容许策略，假如其对应的闭环系统是无脉冲的。相应地，$\Gamma_1^a\times\Gamma_2^a\subset\Gamma_1\times\Gamma_2$ 称为容许策略空间。

问题 4.2　给定式（4.13）描述的广义随机线性系统，寻找可行控制 $(u_1^*(t),u_2^*(t))\in\Gamma_1^a\times\Gamma_2^a$，使下式成立

$$J(u_1^*,u_2;x_0,0)\leqslant J(u_1^*,u_2^*;x_0,0)\leqslant J(u_1,u_2^*;x_0,0) \tag{4.16}$$

$$\forall(u_1,u_2)\in\Gamma_1^a\times\Gamma_2^a$$

也就是说，对两个博弈人，博弈人 1 选择控制策略 u_1^* 来最小化性能指标 J，而博弈人 2 选择控制策略 u_2^* 使得性能指标 J 最大化。

假设 4.1[5] 系统（4.13）是均方可稳的。

2. 主要结果

下面给出结论

定理 4.2 考虑系统（4.13）和（4.14），若式（4.16）所示的 Riccati 差分方程对于所有的 $(u_1(t),u_2(t))\in\Gamma_1^a\times\Gamma_2^a$，存在解 $P(t)\in S^n$

$$N(P)-E'P(t)E-L'(P)R^{-1}(P)L(P)=0 \tag{4.17}$$

其中，

$$\begin{cases}N(P)=A'P(t+1)A+Q+C'P(t+1)C\\ R(P)=\begin{bmatrix}\Delta_{11}(P)+R_1 & \Delta_{12}(P)\\ \Delta_{21}(P) & \Delta_{22}(P)+R_2\end{bmatrix}\\ \Delta_{mn}(P)=B_m'P(t+1)B_n\quad(m,n=1,2)\\ L(P)=\begin{bmatrix}B_1'P(t+1)A\\ B_2'P(t+1)A\end{bmatrix}\end{cases} \tag{4.17a}$$

则

（1）有限时间广义随机线性系统零和微分博弈问题存在均衡解$(u_1^*(t), u_2^*(t))$:

$$\bar{u}^*(t)=(u_1^{*\prime}(t)\quad u_2^{*\prime}(t))'=K(i)x(t)=-R^{-1}(i,P)L(i,P)x(t) \tag{4.18}$$

（2）相应的最优值为

$$J(u_1^*,u_2^*;x_0,0)=\frac{1}{2}x_0'E'P(0)Ex_0. \tag{4.19}$$

定理 4.2 的证明过程与定理 4.1 的证明过程类似，此处不再赘述。

4.3　离散广义随机线性系统的 N 人 Nash 博弈

4.3.1　有限时间情形

1. 问题描述

考虑式（4.20）所示离散随机广义系统：

$$\begin{cases} \boldsymbol{E}x(t+1)=\boldsymbol{A}x(t)+\sum_{n=1}^{N}\boldsymbol{B}_n u_n(t)+\boldsymbol{A}_1 x(t)w(t),\ t=0,1,2,\cdots,T \\ x(0)=x_0\in\Re^n \end{cases} \tag{4.20}$$

其中，$x(t)\in\Re^n$ 是状态变量，$x_0\in\Re^n$ 为初始状态，$\boldsymbol{A}$、$\boldsymbol{A}_1$、$\boldsymbol{B}_n$ 为适维常数矩阵。$\boldsymbol{E}$ 是奇异矩阵，且 $\mathrm{rank}(\boldsymbol{E})<n, w(t)\in\Re^n$ 是在给定的完备概率空间 $(\Omega,F,\{F_t\}_{t\geqslant 0},P)$ 上的一维标准 Wiener 过程，为系统噪声。$u_n(t)\in\Re^{m_i}$ 是第 $n(n=1,2,\cdots,N)$ 个容许控制过程。令 $U_\tau[0,T](\tau=1,2,\cdots,N)$ 表示 $\Re^{m_\tau}$ 维的自适应平方可积过程。每一个 $(u_1,\cdots,u_N)\in U[0,T]\equiv U_1[0,T]\times\cdots\times U_N[0,T]$，对于任何一个博弈人 $k=1,2,\cdots,N$，其性能指标取经典的线性二次型：

$$\boldsymbol{J}_k(x_0;u_1(\cdot),u_2(\cdot),\cdots,u_k(\cdot))=x'(T)\boldsymbol{M}_k x(T)+\varepsilon\sum_{t=0}^{T-1}(x'(t)\boldsymbol{Q}_k x(t)+u_k'(t)\boldsymbol{R}_k u_k(t)) \tag{4.21}$$

其中，$\boldsymbol{R}_k>0\in S^n$，$\boldsymbol{Q}_k\geqslant 0\in S^n$，$\boldsymbol{M}_k\geqslant 0\in S^n$。

有限时间离散广义随机系统的 N 人 Nash 微分博弈问题是，给定式（4.20）描述的随机系统，寻找可行控制 $(u_1^*(\cdot),u_2^*(\cdot),\cdots,u_N^*(\cdot))\in U_1(0,T]\times U_2[0,T]\times\cdots\times U_N[0,T]$，使下式成立

$$\boldsymbol{J}_k(x_0;u_1^*(\cdot),u_2^*(\cdot),\cdots,u_N^*(\cdot))\leqslant\boldsymbol{J}_k(x_0;u_1^*(\cdot),\cdots,u_{k-1}^*(\cdot),u_k(\cdot),u_{k+1}^*(\cdot),\cdots,u_N^*(\cdot))$$

2. 主要结论

根据配方法，可得以下定理。

定理 4.3　有限时间情形下，假设式（4.22）所示的 Riccati 方程：

$$\begin{cases} A_{-k}{}'P_k(t+1)A_{-k}+Q_k+A_1{}'P_k(t+1)A_1-E'P_k(t)E+K_k'B_k'P_k(t+1)A_{-k}=0 \\ E'P_k(T)E=M_k(T) \\ B_k'P_k(t+1)B_kP_k+R_k>0, \\ K_k=-[B_k'P_k(t+1)B_k+R_k]^{-1}B_k'(i)P_k(t+1)A_{-k}, \\ A_{-k}=A+\sum\limits_{n=1,n\neq k}^{N}B_nK_n \end{cases} \tag{4.22}$$

存在解集 $\boldsymbol{P}=(P_1,P_2,\cdots,P_N)\in S^n\times S^n\times\cdots\times S^n$，则离散广义随机线性系统 N 人 Nash 博弈问题存在均衡解

$$u_k^*(t)=\boldsymbol{K}_k(t)x(t) \tag{4.23}$$

且最优值为

$$\boldsymbol{J}_k(x_0;u_1^*(\cdot),\ u_2^*(\cdot),\ \cdots,\ u_N^*(\cdot))=x_0'\boldsymbol{P}_k(0)x_0 \tag{4.24}$$

证明： 对任一博弈人的最优策略，其面临的最优化问题可表示为

$$\begin{aligned} &\min_{u_k(\cdot)\in U_k[0,T]}\boldsymbol{J}_k(x_0;u_1^*(\cdot),\cdots,u_{k-1}^*(\cdot),u_k(\cdot),u_{k+1}^*(\cdot),\cdots,u_N^*(\cdot)) \\ &=x'(T)\boldsymbol{M}_kx(T)+\varepsilon\sum_{t=0}^{T-1}(x'(t)\boldsymbol{Q}_kx(t)+u_k'(t)\boldsymbol{R}_ku_k(t)), \end{aligned} \tag{4.25}$$

s.t.

$$\boldsymbol{E}x(t+1)=\boldsymbol{A}_{-k}x(t)+\boldsymbol{B}_ku_k(t)+\boldsymbol{A}_1x(t)w(t)$$

取函数 $\boldsymbol{V}(x)=x'(t)\boldsymbol{E}'\boldsymbol{P}_k(t)\boldsymbol{E}x(t)$，则 $\boldsymbol{V}(x+1)=x'(t+1)\boldsymbol{E}'\boldsymbol{P}_k(t+1)\boldsymbol{E}x(t+1)$，那么 $\boldsymbol{V}(x+1)-\boldsymbol{V}(x)=x'(t+1)\boldsymbol{E}'\boldsymbol{P}_k(t+1)\boldsymbol{E}x(t+1)-x'(t)\boldsymbol{E}'\boldsymbol{P}(t)\boldsymbol{E}x(t)$，从而有

$$\begin{aligned} &\varepsilon\sum_{t=0}^{T-1}(\boldsymbol{V}(x+1)-\boldsymbol{V}(x)) \\ &=\varepsilon\sum_{t=0}^{T-1}[x'(t+1)\boldsymbol{E}'\boldsymbol{P}_k(t+1)\boldsymbol{E}x(t+1)-x'(t)\boldsymbol{E}'\boldsymbol{P}_k(t)\boldsymbol{E}x(t)] \\ &=\sum_{t=0}^{T-1}\{x'(t)[\boldsymbol{A}_{-k}'\boldsymbol{P}_k(t+1)\boldsymbol{A}_{-k}+\boldsymbol{A}_1'\boldsymbol{P}_k(t+1)\boldsymbol{A}_1-\boldsymbol{E}'\boldsymbol{P}_k(t)\boldsymbol{E}]x(t)+ \\ &2u_k'(t)\boldsymbol{B}_k'\boldsymbol{P}_k(t+1)\boldsymbol{A}x(t)+u_k'(t)\boldsymbol{B}_k'\boldsymbol{P}_k(t+1)\boldsymbol{B}_ku_k(t)\} \\ &=\varepsilon[x'(T)\boldsymbol{E}'\boldsymbol{P}_k(T)\boldsymbol{E}'x(T)]-x_0'\boldsymbol{E}'\boldsymbol{P}_k(0)\boldsymbol{E}x_0 \end{aligned} \tag{4.26}$$

把式（4.26）代入目标函数中，可得

$$
\begin{aligned}
&\boldsymbol{J}_k(x_0;u_1(\cdot),u_2(\cdot),\cdots,u_k(\cdot)) \\
&= -x'(T)\boldsymbol{E}'\boldsymbol{P}(T)\boldsymbol{E}x(T)+x_0'\boldsymbol{E}'\boldsymbol{P}(0)\boldsymbol{E}x_0+x'(T)\boldsymbol{M}_k x(T)+ \\
&\sum_{t=0}^{T-1}\{x'(t)[\boldsymbol{A}_{-k}'\boldsymbol{P}_k(t+1)\boldsymbol{A}_{-k}+\boldsymbol{A}_1'\boldsymbol{P}_k(t+1)\boldsymbol{A}_1-\boldsymbol{E}'\boldsymbol{P}_k(t)\boldsymbol{E}+\boldsymbol{Q}_k]x(t)+ \\
&2u_k'(t)\boldsymbol{B}_k'\boldsymbol{P}_k(t+1)\boldsymbol{A}x(t)+u_k'(t)\left(\boldsymbol{B}_k'\boldsymbol{P}_k(t+1)\boldsymbol{B}_k+\boldsymbol{R}_k\right)u_k(t)\}
\end{aligned} \tag{4.27}
$$

用配方法，可得

$$
\begin{aligned}
&\boldsymbol{J}_k(x_0;u_1(\cdot),u_2(\cdot),\cdots,u_k(\cdot)) \\
&= -x'(T)\boldsymbol{E}'\boldsymbol{P}(T)\boldsymbol{E}x(T)+x_0'\boldsymbol{E}'\boldsymbol{P}_k(0)\boldsymbol{E}x_0+\varepsilon[x'(T)\boldsymbol{M}_k x(T)]+ \\
&\sum_{t=0}^{T-1}\{x'(t)[\boldsymbol{A}_{-k}{}'\boldsymbol{P}_k(t+1)\boldsymbol{A}_{-k}+\boldsymbol{Q}_k+\boldsymbol{A}_1{}'\boldsymbol{P}_k(t+1)\boldsymbol{A}_1-\boldsymbol{E}'\boldsymbol{P}_k(t)\boldsymbol{E}+\boldsymbol{K}_k'\boldsymbol{B}_k'\boldsymbol{P}_k(t+1)\boldsymbol{A}_{-k}]x(t)+ \\
&[u_k(t)-\boldsymbol{K}_k x(t)]'(\boldsymbol{B}_k'\boldsymbol{P}_k(t+1)\boldsymbol{B}_k+\boldsymbol{R}_k)[u_k(t)-\boldsymbol{K}_k x(t)]\}
\end{aligned} \tag{4.28}
$$

可见，若式（4.22）存在解集 $\boldsymbol{P}=(P_1, P_2,\cdots, P_N)$，则由式（4.28）可知系统的最优控制策略和最优值分别如式（4.23）和式（4.24）所示。

定理 4.3 证毕。

4.3.2　无限时间情形

考虑式（4.29）所示的离散广义随机线性系统：

$$
\begin{cases}
\boldsymbol{E}x(t+1)=\boldsymbol{A}x(t)+\sum\limits_{n=1}^{N}\boldsymbol{B}_n u_n(t)+\boldsymbol{A}_1 x(t)w(t) \\
x(0)=x_0\in\Re^n
\end{cases} \tag{4.29}
$$

二次型性能指标为

$$
\boldsymbol{J}_k(x_0;u_1(\cdot),u_2(\cdot),\cdots,u_k(\cdot))=\varepsilon\sum_{t=0}^{\infty}[x'(t)\boldsymbol{Q}_k x(t)+u_k'(t)\boldsymbol{R}_k u_k(t)] \tag{4.30}
$$

其中，$x(t)\in\Re^n$（$t=0,1,2,\cdots$）是状态变量，$u_k(t)\in\Re^{m_1}$ 是第 k（$k=1,2,\cdots,N$）个容许控制过程，表示博弈人 k 的控制策略，$\boldsymbol{A}$、$\boldsymbol{A}_1$、$\boldsymbol{B}_k$ 为适维常数矩阵，其他符号含义同上文。

假设 4.2[5] 系统（4.29）是随机稳定的。

无限时间离散广义随机系统的 N 人 Nash 微分博弈问题是，给定式（4.29）描述的随机系统，寻找可行控制 $(u_1^*(\cdot),u_2^*(\cdot),\cdots,u_N^*(\cdot))\in U_1[0,\infty)\times U_2[0,\infty)\times\cdots\times U_N[0,\infty)$，使下式成立

$$\boldsymbol{J}_k(x_0;u_1^*(\cdot),u_2^*(\cdot),\cdots,u_N^*(\cdot))\leqslant \boldsymbol{J}_k(x_0;u_1^*(\cdot),u_2^*(\cdot),\cdots,u_{k-1}^*(\cdot),u_k(\cdot),u_{k+1}^*(\cdot),\cdots,u_N^*(\cdot)) \tag{4.31}$$

同样地，我们研究控制策略均为线性状态反馈情形，利用配方法，可得均衡解的充分条件如定理 4.3 所示，证明方法不再赘述。

定理 4.4 对于无限时间离散广义随机线性系统 N 人 Nash 博弈问题，如果方程组

$$\begin{cases}\boldsymbol{A}_{-k}'\boldsymbol{P}_k\boldsymbol{A}_{-k}+\boldsymbol{Q}_k+\boldsymbol{A}_1'\boldsymbol{P}_k\boldsymbol{A}_1-\boldsymbol{E}'\boldsymbol{P}_k\boldsymbol{E}+\boldsymbol{K}_k'\boldsymbol{B}_k'\boldsymbol{P}_k\boldsymbol{A}_{-k}=0\\ \boldsymbol{K}_k=-[\boldsymbol{B}_k'\boldsymbol{P}_k\boldsymbol{B}_k+\boldsymbol{R}_k]^{-1}\boldsymbol{B}_k'\boldsymbol{P}_k\boldsymbol{A}_{-k},\ \boldsymbol{B}_k'\boldsymbol{P}_k\boldsymbol{B}_k+\boldsymbol{R}_k>0\\ \boldsymbol{A}_{-k}=\boldsymbol{A}+\sum\limits_{n=1,n\neq k}^{N}\boldsymbol{B}_n\boldsymbol{K}_n\end{cases} \tag{4.32}$$

存在解 $\boldsymbol{P}=(P_1,P_2,\cdots,P_N)\in S^n\times S^n\times\cdots\times S^n$，则 N 人 Nash 微分博弈问题存在均衡解

$$u_k^*(t)=\boldsymbol{K}_k x(t) \tag{4.33}$$

且最优值为

$$\boldsymbol{J}_k(x_0;u_1^*(\cdot),u_2^*(\cdot),\cdots,u_N^*(\cdot))=x_0'\boldsymbol{E}'\boldsymbol{P}_k\boldsymbol{E}x_0$$

4.4 离散广义随机线性系统的 Stackelberg 博弈

4.4.1 有限时间情形

1. 问题描述

考虑如下噪声同时依赖状态和控制的离散广义随机系统：

$$\begin{cases} \boldsymbol{E}x(t+1) = \boldsymbol{A}(t)x(t) + \boldsymbol{B}(t)u(t) + \boldsymbol{C}(t)v(t) + \\ (\boldsymbol{A}_1(t)x(t) + \boldsymbol{B}_1(t)u(t) + \boldsymbol{C}_1(t)v(t))w(t) \\ x(0) = x_0 \in \Re^n \end{cases} \tag{4.34}$$

其中，$x(t)$为状态变量；$u(t)$为博弈的主方博弈人 1 的控制策略，$v(t)$为从方博弈人 2 的控制策略，$u(\cdot)$和$v(\cdot)$是两个容许控制过程，其容许策略空间分别记为 U 和 V，即 $u\in U$，$v\in V$；$\text{rank}(\boldsymbol{E})\leqslant n$；$w(t)$是一维标准 Wiener 过程，且满足$\varepsilon(w(t))=0$，$\varepsilon(w(t)w(s))=\delta_{ts}$。

对每一个给定的$(0,x_0)$和$\big(u(\cdot),v(\cdot)\big)=U\times V$，二次型性能指标为

$$\begin{aligned} &\boldsymbol{J}_\tau(u,v) \\ &=\varepsilon\left\{x'(T)\boldsymbol{F}_\tau x(T)+\sum_{t=0}^{T-1}[x'(t)\boldsymbol{Q}_\tau(t)x(t)+u'(t)\boldsymbol{R}_{\tau1}(t)u(t)+v'(t)\boldsymbol{R}_{\tau2}(t)v(t)]\right\},\tau=1,2 \end{aligned} \tag{4.35}$$

其中，控制权矩阵$\boldsymbol{R}_{\tau\tau}(t)\in S^n$；状态权矩阵$\boldsymbol{F}_\tau>0\in S^n$，$\boldsymbol{Q}_\tau(t)>0\in S^n$，$\tau=1,2$。

有限时间 Stackelberg 博弈问题定义如下：

定义 4.5[264]对于控制策略 $u\in U$，从方博弈人 2 的最优反应集是

$$R_2(u)=\{v^*\in V:\boldsymbol{J}_2(u,v^*)\leqslant \boldsymbol{J}_2(u,v)\},\forall v\in V$$

策略 u*称为主方博弈人 1 的 Stackelberg 策略当且仅当满足如下条件：

$$\sup_{v\in R_2(u^*)}\boldsymbol{J}_1(u^*,v)\leqslant\sup_{v\in R_2(u^*)}\boldsymbol{J}_1(u,v),\forall u\in U$$

根据定义 4.5，可知 Stackelberg 博弈的最优解也是一种均衡策略。

2. 主要结论

以下给出有限时间离散广义随机系统的 Stackelberg 策略。

定理 4.5　对于系统（4.34），如果式

$$\begin{cases} \boldsymbol{E}'\boldsymbol{P}_1(t)\boldsymbol{E}=\boldsymbol{H}_1(t),\boldsymbol{E}'\boldsymbol{P}_1(T)\boldsymbol{E}=\boldsymbol{F}_1 \\ \boldsymbol{E}'\boldsymbol{P}_2(t)\boldsymbol{E}=\boldsymbol{H}_2(t),\boldsymbol{E}'\boldsymbol{P}_2(T)\boldsymbol{E}=\boldsymbol{F}_2 \\ \boldsymbol{K}_1(t)=-\boldsymbol{R}^{-1}(t)\boldsymbol{L}(t) \\ \boldsymbol{K}_2(t)=\tilde{\boldsymbol{A}}(t)+\tilde{\boldsymbol{B}}(t)\boldsymbol{K}_1(t) \\ \boldsymbol{R}(t)>0,\boldsymbol{S}_{22}(t)>0 \end{cases} \tag{4.36}$$

其中，

$$\begin{cases}\boldsymbol{H}_1(t)\\ =\boldsymbol{A}'(t)\boldsymbol{P}_1(t+1)\boldsymbol{A}(t)+\boldsymbol{A}_1'(t)\boldsymbol{P}_1(t+1)\boldsymbol{A}_1(t)+\boldsymbol{Q}_1(t)+\tilde{\boldsymbol{A}}'(t)\boldsymbol{S}_{12}(t)\tilde{\boldsymbol{A}}(t)+\\ \quad 2\tilde{\boldsymbol{A}}'(t)[\boldsymbol{C}'(t)\boldsymbol{P}_1(t+1)\boldsymbol{A}(t)+\boldsymbol{C}_1'(t)\boldsymbol{P}_1(t+1)\boldsymbol{A}_1(t)]+\boldsymbol{K}_1'(t)L(t)\\ \boldsymbol{H}_2(t)\\ =\boldsymbol{A}'(t)\boldsymbol{P}_2(t+1)\boldsymbol{A}(t)+\boldsymbol{A}_1'(t)\boldsymbol{P}_2(t+1)\boldsymbol{A}_1(t)+\boldsymbol{Q}_2(t)-[\tilde{\boldsymbol{A}}(t)+\tilde{\boldsymbol{B}}(t)\boldsymbol{K}_1(t)]'\boldsymbol{S}_{22}(t)[\tilde{\boldsymbol{A}}(t)+\\ \quad \tilde{\boldsymbol{B}}(t)\boldsymbol{K}_1(t)]+\boldsymbol{K}_1'(t)\boldsymbol{S}_{21}\boldsymbol{K}_1(t)+2\boldsymbol{K}_1'(t)[\boldsymbol{B}'(t)\boldsymbol{P}_2(t+1)\boldsymbol{A}(t)+\boldsymbol{B}_1'(t)\boldsymbol{P}_2(t+1)\boldsymbol{A}_1(t)]\\ \boldsymbol{L}(t)\\ =\boldsymbol{B}'(t)\boldsymbol{P}_1(t+1)\boldsymbol{A}(t)+\boldsymbol{B}_1'(t)\boldsymbol{P}_1(t+1)\boldsymbol{A}_1(t)+\tilde{\boldsymbol{B}}'(t)[\boldsymbol{C}'(t)\boldsymbol{P}_1(t+1)\boldsymbol{A}(t)+\boldsymbol{C}_1'(t)\boldsymbol{P}_1(t+1)\boldsymbol{A}_1(t)]+\\ \quad \tilde{\boldsymbol{B}}'(t)\boldsymbol{S}_{12}(t)\tilde{\boldsymbol{A}}(t)+[\boldsymbol{C}'(t)\boldsymbol{P}_1(t+1)\boldsymbol{B}(t)+\boldsymbol{C}_1'(t)\boldsymbol{P}_1(t+1)\boldsymbol{B}_1(t)]\tilde{\boldsymbol{A}}(t)\\ \boldsymbol{S}_{11}(t)=\boldsymbol{B}'(t)\boldsymbol{P}_1(t+1)\boldsymbol{B}(t)+\boldsymbol{B}_1'(t)\boldsymbol{P}_1(t+1)\boldsymbol{B}_1(t)+\boldsymbol{R}_{11}(t)\\ \boldsymbol{S}_{12}(t)=\boldsymbol{C}'(t)\boldsymbol{P}_1(t+1)\boldsymbol{C}(t)+\boldsymbol{C}_1'(t)\boldsymbol{P}_1(t+1)\boldsymbol{C}_1(t)+\boldsymbol{R}_{12}(t)\\ \boldsymbol{S}_{21}(t)=\boldsymbol{B}'(t)\boldsymbol{P}_2(t+1)\boldsymbol{B}(t)+\boldsymbol{B}_1'(t)\boldsymbol{P}_2(t+1)\boldsymbol{B}_1(t)+\boldsymbol{R}_{21}(t)\\ \boldsymbol{S}_{22}(t)=\boldsymbol{C}'(t)\boldsymbol{P}_2(t+1)\boldsymbol{C}(t)+\boldsymbol{C}_1'(t)\boldsymbol{P}_2(t+1)\boldsymbol{C}_1(t)+\boldsymbol{R}_{22}(t)\\ \tilde{\boldsymbol{A}}(t)=-\boldsymbol{S}_{22}^{-1}(t)(\boldsymbol{C}'(t)\boldsymbol{P}_2(t+1)\boldsymbol{A}(t)+\boldsymbol{C}_1'(t)\boldsymbol{P}_2(t+1)\boldsymbol{A}_1(t))\\ \tilde{\boldsymbol{B}}(t)=-\boldsymbol{S}_{22}^{-1}(t)\left(\boldsymbol{C}'(t)\boldsymbol{P}_2(t+1)\boldsymbol{B}(t)+\boldsymbol{C}_1'(t)\boldsymbol{P}_2(t+1)\boldsymbol{B}_1(t)\right)\\ \boldsymbol{R}(t)=\boldsymbol{S}_{11}(t)+2(\boldsymbol{B}'(t)\boldsymbol{P}_1(t+1)\boldsymbol{C}(t)+\boldsymbol{B}_1'(t)\boldsymbol{P}_1(t+1)\boldsymbol{C}_1(t))\tilde{\boldsymbol{B}}(t)+\tilde{\boldsymbol{B}}'(t)\boldsymbol{S}_{12}(t)\tilde{\boldsymbol{B}}(t)\end{cases}\tag{4.37}$$

存在解 $\boldsymbol{P}_1\geqslant 0\in S^n$， $\boldsymbol{P}_2\geqslant 0\in S^n$ 。则系统（4.34）的 Stackelberg 博弈策略存在，且为

$$u^*(t)=\boldsymbol{K}_1(t)x(t)，\quad v^*(t)=\boldsymbol{K}_2(t)x(t)$$

证明： 首先，主方博弈人 1 先采取策略 u，从方博弈人 2 在监视到博弈人 1 的策略后选择相应的策略 v,这时考虑博弈人 2 的性能指标函数 $\boldsymbol{J}_2$,取值函数 $Y_2(t,x)=x'(t)\boldsymbol{E}'\boldsymbol{P}_2(t)\boldsymbol{E}x(t)$，为书写方便，省略 t，有

$$\begin{aligned}&\varepsilon[\Delta Y_2(t,x)]\\ &=\varepsilon[(x'(t+1)\boldsymbol{E}'\boldsymbol{P}_2(t+1)\boldsymbol{E}x(t+1)-x'\boldsymbol{E}'\boldsymbol{P}_2(t)\boldsymbol{E}x]\\ &=\varepsilon[x'(\boldsymbol{A}'\boldsymbol{P}_2(t+1)\boldsymbol{A}+\boldsymbol{A}_1'\boldsymbol{P}_2(t+1)\boldsymbol{A}_1-\boldsymbol{E}'\boldsymbol{P}_2(t)\boldsymbol{E})x+2u'(\boldsymbol{B}'\boldsymbol{P}_2(t+1)\boldsymbol{A}+\boldsymbol{B}_1'\boldsymbol{P}_2(t+1)\boldsymbol{A}_1)x+\\ &\quad 2v'(\boldsymbol{C}'\boldsymbol{P}_2(t+1)\boldsymbol{A}+\boldsymbol{C}_1'\boldsymbol{P}_2(t+1)\boldsymbol{A}_1)x+2u'(\boldsymbol{B}'\boldsymbol{P}_2(t+1)\boldsymbol{C}+\boldsymbol{B}_1'\boldsymbol{P}_2(t+1)\boldsymbol{C}_1)v+\\ &\quad u'(\boldsymbol{B}'\boldsymbol{P}_2(t+1)\boldsymbol{B}+\boldsymbol{B}_1'\boldsymbol{P}_2(t+1)\boldsymbol{B}_1)u+v'(\boldsymbol{C}'\boldsymbol{P}_2(t+1)\boldsymbol{C}+\boldsymbol{C}_1'\boldsymbol{P}_2(t+1)\boldsymbol{C}_1)v]\end{aligned}\tag{4.38}$$

结合

$$\sum_{t=0}^{T-1}[\Delta Y_2(t,x)] = x'(T)\boldsymbol{E}'\boldsymbol{P}_2(T)\boldsymbol{E}x(T) - x'(0)\boldsymbol{E}'\boldsymbol{P}_2(0)\boldsymbol{E}x(0)$$

可得

$$\begin{aligned}
&\varepsilon\sum_{t=0}^{T-1}[\Delta Y_2(t,x)] \\
&= \varepsilon\sum_{t=0}^{T-1}[x'(\boldsymbol{A}'\boldsymbol{P}_2(t+1)\boldsymbol{A} + \boldsymbol{A}_1'\boldsymbol{P}_2(t+1)\boldsymbol{A}_1 - \boldsymbol{E}'\boldsymbol{P}_2(t)\boldsymbol{E})x + 2u'(\boldsymbol{B}'\boldsymbol{P}_2(t+1)\boldsymbol{A} + \boldsymbol{B}_1'\boldsymbol{P}_2(t+1)\boldsymbol{A}_1)x + \\
&\quad 2v'(\boldsymbol{C}'\boldsymbol{P}_2(t+1)\boldsymbol{A} + \boldsymbol{C}_1'\boldsymbol{P}_2(t+1)\boldsymbol{A}_1)x + 2u'(\boldsymbol{B}'\boldsymbol{P}_2(t+1)\boldsymbol{C} + \boldsymbol{B}_1'\boldsymbol{P}_2(t+1)\boldsymbol{C}_1)v + \\
&\quad u'(\boldsymbol{B}'\boldsymbol{P}_2(t+1)\boldsymbol{B} + \boldsymbol{B}_1'\boldsymbol{P}_2(t+1)\boldsymbol{B}_1)u + v'(\boldsymbol{C}'\boldsymbol{P}_2(t+1)\boldsymbol{C} + \boldsymbol{C}_1'\boldsymbol{P}_2(t+1)\boldsymbol{C}_1)v] \\
&= x'(T)\boldsymbol{E}'\boldsymbol{P}_2(T)\boldsymbol{E}x(T) - x'(0)\boldsymbol{E}'\boldsymbol{P}_2(0)\boldsymbol{E}x(0)
\end{aligned} \tag{4.39}$$

把式（4.39）代入 $\boldsymbol{J}_2(u,v)$中，可得

$$\begin{aligned}
\boldsymbol{J}_2(u,v) = &-\varepsilon[x'(T)\boldsymbol{E}'\boldsymbol{P}_2(T)\boldsymbol{E}x(T)] + x_0'\boldsymbol{E}'\boldsymbol{P}_2(0)\boldsymbol{E}x_0 + \\
&\varepsilon[x'(T)\boldsymbol{F}_2x(T)] + \varepsilon\sum_{t=0}^{T-1}[x'(\boldsymbol{A}'\boldsymbol{P}_2(t+1)\boldsymbol{A} + \boldsymbol{A}_1'\boldsymbol{P}_2(t+1)\boldsymbol{A}_1 + \boldsymbol{Q}_2 - \\
&\boldsymbol{E}'\boldsymbol{P}_2(t)\boldsymbol{E})x + 2u'(\boldsymbol{B}'\boldsymbol{P}_2(t+1)\boldsymbol{A} + \boldsymbol{B}_1'\boldsymbol{P}_2(t+1)\boldsymbol{A}_1)x + \\
&2v'(\boldsymbol{C}'\boldsymbol{P}_2(t+1)\boldsymbol{A} + \boldsymbol{C}_1'\boldsymbol{P}_2(t+1)\boldsymbol{A}_1)x + \\
&2u'(\boldsymbol{B}'\boldsymbol{P}_2(t+1)\boldsymbol{C} + \boldsymbol{B}_1'\boldsymbol{P}_2(t+1)\boldsymbol{C}_1)v + u'\boldsymbol{S}_{21}u + v'\boldsymbol{S}_{22}v]
\end{aligned} \tag{4.40}$$

在式（4.40）中，利用配方法，可得

$$v^*(t) = \tilde{\boldsymbol{A}}(t)x(t) + \tilde{\boldsymbol{B}}(t)u(t) \tag{4.41}$$

再考虑博弈人 1 的策略。取值函数 $Y_1(t,x) = x'(t)\boldsymbol{E}'\boldsymbol{P}_1(t)\boldsymbol{E}x(t)$，则有

$$\begin{aligned}
&\varepsilon\sum_{t=0}^{T-1}[\Delta Y_1(t,x)] \\
&= \varepsilon\sum_{t=0}^{T-1}[x'(\boldsymbol{A}'\boldsymbol{P}_1(t+1)\boldsymbol{A} + \boldsymbol{A}_1'\boldsymbol{P}_1(t+1)\boldsymbol{A}_1 - \boldsymbol{E}'\boldsymbol{P}_1(t)\boldsymbol{E})x + 2u'(\boldsymbol{B}'\boldsymbol{P}_1(t+1)\boldsymbol{A} + \boldsymbol{B}_1'\boldsymbol{P}_1(t+1)\boldsymbol{A}_1)x + \\
&\quad 2v'(\boldsymbol{C}'\boldsymbol{P}_1(t+1)\boldsymbol{A} + \boldsymbol{C}_1'\boldsymbol{P}_1(t+1)\boldsymbol{A}_1)x + 2u'(\boldsymbol{B}'\boldsymbol{P}_1(t+1)\boldsymbol{C} + \boldsymbol{B}_1'\boldsymbol{P}_1(t+1)\boldsymbol{C}_1)v + \\
&\quad u'(\boldsymbol{B}'\boldsymbol{P}_1(t+1)\boldsymbol{B} + \boldsymbol{B}_1'\boldsymbol{P}_1(t+1)\boldsymbol{B}_1)u + v'(\boldsymbol{C}\boldsymbol{P}_1(t+1)\boldsymbol{C} + \boldsymbol{C}_1'\boldsymbol{P}_1(t+1)\boldsymbol{C}_1)v] \\
&= x'(T)\boldsymbol{E}'\boldsymbol{P}_1(T)\boldsymbol{E}x(T) - x_0'\boldsymbol{E}'\boldsymbol{P}_1(0)\boldsymbol{E}x_0
\end{aligned} \tag{4.42}$$

把式（4.42）代入 $\boldsymbol{J}_1(u,v)$中，得

$$J_1(u,v^*)=\varepsilon[x'(T)(F_1-E'P_1(T)E)x(T)]+x_0'E'P_1(0)Ex_0+\varepsilon\sum_{t=0}^{T-1}[x'(A'P_1(t+1)A+A_1'P_1(t+1)A_1-E'P_1(t)E+Q_1)x+2u'(B'P_1(t+1)A+B_1'P_1(t+1)A_1)x+2v^{*\prime}(C'P_1(t+1)A+C_1'P_1(t+1)A_1)x+2u'(B'P_1(t+1)C+B_1'P_1(t+1)C_1)v^*+u'S_{11}u+v^{*\prime}S_{12}v^*] \quad (4.43)$$

把式（4.41）代入式（4.43）中，得

$$J_1(u,v^*)=\varepsilon[x'(T)(F_1-E'P_1(T)E)x(T)]+x_0'E'P_1(0)Ex_0+\varepsilon\sum_{t=0}^{T-1}\{x'[A'P_1(t+1)A+A_1'P_1(t+1)A_1-E'P_1(t)E+Q_1+\tilde{A}'S_{12}\tilde{A}+2\tilde{A}'(C'P_1(t+1)A+C_1'P_1(t+1)A_1)]x\}+\varepsilon\sum_{t=0}^{T-1}\{2u'[B'P_1(t+1)A+B_1'P_1(t+1)A_1+\tilde{B}'(C'P_1(t+1)A+C_1'P_1(t+1)A_1)+\tilde{B}'S_{12}\tilde{A}+(B'P_1(t+1)C+B_1'P_1(t+1)C_1)\tilde{A}]x+u'[S_{11}+2(B'P_1(t+1)C+B_1'P_1(t+1)C_1)\tilde{B}+\tilde{B}'S_{12}\tilde{B}]u\} \quad (4.44)$$

对式（4.44）进行配方，结合式（4.37）可得

$$J_1(u,v^*)=\varepsilon[x'(T)E'(F_1-P_1(T))Ex(T)]+x_0'E'P_1(0)Ex_0+\varepsilon\sum_{t=0}^{T-1}[x'(H_1-E'P_1(t)E)x+(u-K_1x)'R(u-K_1x)]$$

根据式（4.36），由于 $R(t)>0$，有

$$J_1(u,v^*)\geqslant J_1(u^*,v^*)=x_0'EP_1(0)Ex_0$$

此时

$$u^*(t)=K_1(t)x(t) \quad (4.45)$$

把式（4.45）代入式（4.40），可得

$$J_2(u^*,v)=\varepsilon[x'(T)E'(F_2-P_2(T))Ex(T)]+x_0'E'P_2(0)Ex_0+\varepsilon\sum_{t=0}^{T-1}[x'(H_2-E'P_2(t)E)x+(v-K_2x)'S_{22}(v-K_2x)]$$

由于 $\boldsymbol{S}_{22}(t)>0$ 故有

$$\boldsymbol{J}_2(u,v^*)\geqslant \boldsymbol{J}_2(u^*,v^*)=x_0'\boldsymbol{P}_2(0)x_0$$

此时

$$v^*(t)=(\tilde{\boldsymbol{A}}(t)+\tilde{\boldsymbol{B}}(t)\boldsymbol{K}_1(t))x(t)=\boldsymbol{K}_2(t)x(t)\text{。}$$

定理 4.5 证毕。

4.4.2　无限时间情形

首先介绍无限时间随机最优控制中的一个重要概念——随机稳定性。

考虑如下离散广义随机系统：

$$\boldsymbol{E}x(t+1)=\boldsymbol{A}x(t)+\boldsymbol{B}u(t)+\boldsymbol{A}_1x(t)w(t) \tag{4.46}$$

其中，$x(t)$为状态变量，$u(t)$为控制变量，其他符号含义同上文。

考虑以下离散广义随机系统：

$$\begin{cases}\boldsymbol{E}x(t+1)=\boldsymbol{A}x(t)+\boldsymbol{B}u(t)+\boldsymbol{C}v(t)+(\boldsymbol{A}_1x(t)+\boldsymbol{B}_1u(t)+\boldsymbol{C}_1v(t))w(t)\\ x(0)=x_0\in\Re^n\end{cases} \tag{4.47}$$

其中，$x(t)$为状态变量，$u(t)$为博弈的主方博弈人 1 的控制策略，$v(t)$为从方博弈人 2 的控制策略，其他符号含义如上文。

两博弈人的二次型性能指标为

$$\boldsymbol{J}_\tau(u,v)=\varepsilon\sum_{t=0}^{\infty}[x'(t)\boldsymbol{Q}_\tau x(t)+u'(t)\boldsymbol{R}_{\tau1}u(t)+v'(t)\boldsymbol{R}_{\tau2}v(t)],\ \tau=1,2 \tag{4.48}$$

其中，控制权矩阵 $\boldsymbol{R}_{\tau\tau}\in S^n$；状态权矩阵 $\boldsymbol{Q}_\tau\geqslant 0\in S^n$，$\tau=1,2$。

无限时间 Stackelberg 博弈问题定义如下。

定义 4.6[264]：对于控制策略 $u\in U$，从方博弈人 2 的最优反应集是

$$R_2(u)=\{v^*\in V:\boldsymbol{J}_2(u,v^*)\leqslant \boldsymbol{J}_2(u,v)\},\forall v\in V$$

策略 u*称为主方博弈人 1 的 Stackelberg 策略当且仅当满足如下条件：

$$\sup_{v\in R_2(u^*)}\boldsymbol{J}_1(u^*,v)\leqslant \sup_{v\in R_2(u^*)}\boldsymbol{J}_1(u,v),\forall u\in U$$

假设 4.3[5] 系统（4.47）是均方可稳的。

类似于有限时间随机 Stackelberg 博弈策略的方法，可得随机 Stackelberg 博弈问题（4.47）和（4.48）的均衡策略如定理 4.6 所示。

定理 4.6 在假设 4.3 的基础上，对于系统（4.47）和（4.48），如果

$$\begin{cases} \boldsymbol{E}'\boldsymbol{P}_1\boldsymbol{E} = \boldsymbol{H}_1 \\ \boldsymbol{E}'\boldsymbol{P}_2\boldsymbol{E} = \boldsymbol{H}_2 \\ \boldsymbol{K}_1 = -\boldsymbol{R}^{-1}\boldsymbol{L} \\ \boldsymbol{K}_2 = \tilde{\boldsymbol{A}} + \tilde{\boldsymbol{B}}\boldsymbol{K}_1 \\ \boldsymbol{R} > 0, \boldsymbol{S}_{22} > 0 \end{cases} \tag{4.49}$$

其中，

$$\begin{aligned} \boldsymbol{H}_1 &= \boldsymbol{A}'\boldsymbol{P}_1\boldsymbol{A} + \boldsymbol{A}_1'\boldsymbol{P}_1\boldsymbol{A}_1 + \boldsymbol{Q}_1 + \tilde{\boldsymbol{A}}'\boldsymbol{S}_{12}\tilde{\boldsymbol{A}} + 2\tilde{\boldsymbol{A}}'(\boldsymbol{C}_1'\boldsymbol{P}_1\boldsymbol{A}_1 + \boldsymbol{C}_1'\boldsymbol{P}_1\boldsymbol{A}_1) + \boldsymbol{K}_1'\boldsymbol{L} \\ \boldsymbol{H}_2 &= \boldsymbol{A}'\boldsymbol{P}_2(k+1)\boldsymbol{A} + \boldsymbol{A}_1'\boldsymbol{P}_2\boldsymbol{A}_1 + \boldsymbol{Q}_2 - (\tilde{\boldsymbol{A}} + \tilde{\boldsymbol{B}}\boldsymbol{K}_1)'\boldsymbol{S}_{22}(\tilde{\boldsymbol{A}} + \tilde{\boldsymbol{B}}\boldsymbol{K}_1) + \\ &\quad \boldsymbol{K}_1'\boldsymbol{S}_{21}\boldsymbol{K}_1 + 2\boldsymbol{K}_1'(\boldsymbol{B}'\boldsymbol{P}_2\boldsymbol{A} + \boldsymbol{B}_1'\boldsymbol{P}_2\boldsymbol{A}_1) \\ \boldsymbol{L} &= \boldsymbol{B}'\boldsymbol{P}_1\boldsymbol{A} + \boldsymbol{B}_1'\boldsymbol{P}_1\boldsymbol{A}_1 + \tilde{\boldsymbol{B}}'(\boldsymbol{C}_1'\boldsymbol{P}_1\boldsymbol{A} + \boldsymbol{C}_1'\boldsymbol{P}_1\boldsymbol{A}_1) + \tilde{\boldsymbol{B}}'\boldsymbol{S}_{12}\tilde{\boldsymbol{A}} + (\boldsymbol{C}'\boldsymbol{P}_1\boldsymbol{B} + \boldsymbol{C}_1'\boldsymbol{P}_1\boldsymbol{B}_1)\tilde{\boldsymbol{A}} \end{aligned}$$

$$\begin{aligned} \boldsymbol{S}_{11} &= \boldsymbol{B}'\boldsymbol{P}_1\boldsymbol{B} + \boldsymbol{B}_1'\boldsymbol{P}_1\boldsymbol{B}_1 + \boldsymbol{R}_{11} \\ \boldsymbol{S}_{12} &= \boldsymbol{C}'\boldsymbol{P}_1\boldsymbol{C} + \boldsymbol{C}_1'\boldsymbol{P}_1\boldsymbol{C}_1 + \boldsymbol{R}_{12} \\ \boldsymbol{S}_{21} &= \boldsymbol{B}'\boldsymbol{P}_2\boldsymbol{B} + \boldsymbol{B}_1'\boldsymbol{P}_2\boldsymbol{B}_1 + \boldsymbol{R}_{21} \\ \boldsymbol{S}_{22} &= \boldsymbol{C}'\boldsymbol{P}_2\boldsymbol{C} + \boldsymbol{C}_1'\boldsymbol{P}_2\boldsymbol{C}_1 + \boldsymbol{R}_{22} \\ \tilde{\boldsymbol{A}} &= -\boldsymbol{S}_{22}^{-1}\left(\boldsymbol{C}'\boldsymbol{P}_2\boldsymbol{A} + \boldsymbol{C}_1'\boldsymbol{P}_2\boldsymbol{A}_1\right) \\ \tilde{\boldsymbol{B}} &= -\boldsymbol{S}_{22}^{-1}(\boldsymbol{C}\boldsymbol{P}_2\boldsymbol{B} + \boldsymbol{C}_1'\boldsymbol{P}_2\boldsymbol{B}_1) \\ \boldsymbol{R} &= \boldsymbol{S}_{11} + 2(\boldsymbol{B}'\boldsymbol{P}_1\boldsymbol{C} + \boldsymbol{B}_1'\boldsymbol{P}_1\boldsymbol{C}_1)\tilde{\boldsymbol{B}} + \tilde{\boldsymbol{B}}'\boldsymbol{S}_{12}\tilde{\boldsymbol{B}} \end{aligned}$$

存在解 $\boldsymbol{P}_1 \geqslant 0 \in S^n$，$\boldsymbol{P}_2 \geqslant 0 \in S^n$。则系统（4.47）和（4.48）的 Stackelberg 博弈策略存在，且为

$$u^*(t) = \boldsymbol{K}_1 x(t)\text{，}\quad v^*(t) = \boldsymbol{K}_2 x(t)$$

定理 4.6 的证明方法与定理 4.5 类似，不再赘述。

第 5 章　离散广义随机 Markov 切换系统的非合作博弈

Markov 跳变系统有着非常实际的应用背景，如制造系统、飞行控制系统、通信 Markov 跳变系统在制造系统、飞行控制器系统、机器人操作系统、通信系统、神经网络中的分析仿真等[52, 265]，近几十年来，国内外学者针对 Markov 跳变系统开展了大量研究，成果丰富，如 Markov 跳变系统的随机稳定性和 H_∞ 控制[266, 267]，Markov 跳变系统的随机线性二次最优控制[268-270]，Markov 跳变系统的混合 H_2/H_∞ 控制[271, 272]等。与 Markov 跳变系统相比，广义 Markov 跳变系统更适合于描述动态系统的结构特征，能更好地刻画现实中由随机突变现象引起系统跳变的情形，如工程领域和金融领域的期权定价问题，投资型保险红利分发问题等，因而，广义 Markov 跳变系统近年来得到国内外学者的广泛关注。Tao 等[273]利用滑动模控制方法研究了具有时变时滞的广义 Markov 跳变系统的随机容许性问题，Guerrero 等[274]探讨了具有部分已知转移概率的 Markov 跳变线性广义系统（MJLSS）的随机稳定性问题，Yin 等[275]研究了转移概率部分未知的广义 Markov 跳变系统的鲁棒故障检测问题。

另外，微分博弈理论由于在经济、管理、自动控制等领域应用广泛[276-278]，备受关注。虽然确定性微分博弈向不确定随机微分博弈的过渡是项艰巨的任务，但却是更符合客观实际的。随着时间的推进，微分博弈的相关研究已从一般系统扩展到广义随机系统、Markov 跳变系统等更为复杂的系统。

Moon 等研究了马尔科夫跳跃系统线性二次随机零和微分博弈的充分条件[279]。Mukaidani 等给出了广义随机系统的 Pareto 策略及其数值求解算法[280]。Song 等研究了 Markov 跳变系统两人零和微分博弈均衡策略[281]。Zhang 等系统的研究了线性 Markov 跳变系统连续时间和离散时间下的 Nash 博弈均衡策略，并给出了其在金融保险中的应用[195]。曹铭等研究了连续时间广义随机 Markov 跳变系统的 Nash 博弈问题，给出了 N 人 Nash 均衡策略存在的条件及其显式表达式[261]。纵观上述文献，关于广义随机线性系统、Markov 跳变系统微分博弈问题已有一定成果，而关于广义 Markov 跳变系统随机微分博弈问题的研究还处于起步阶段。

本章研究有限时间和无限时间情形离散广义随机 Markov 跳变系统的非合作微分博弈理论，得到了有限时间和无限时间情形离散广义随机 Markov 跳变系统的鞍点均衡策略、Nash 均衡策略以及 Stackelberg 策略。

5.1 预备知识

在给定的有限时间 T（$T>0$），在给定的完备概率空间$(\Omega, F, \{F\}_{t\geqslant 0}, \rho)$上，其上定义了一个自然滤子$\{F\}_{t\geqslant 0}$，$\varepsilon(\cdot)$表示对应概率测度的数学期望。在概率空间上，$w(t)$是满足 $\varepsilon(w(t))=0$ 和 $\varepsilon(w(t)w(s))=\delta_{ts}$ 的实随机变量。r_t 是一个取值于状态空间 $\Xi=\{1, 2,\cdots, l\}$的 Markov 过程，且$\{r_t\}$和$\{w(t)\}$相互独立。Markov 过程的转移概率如下：

$$\pi_{ij}=P\left(r_{t+1}=j\middle|r_t=i\right),\forall i,j\in\Xi \tag{5.1}$$

其中，$\pi_{ij}\geqslant 0$，$\sum_{j=1}^{l}\pi_{ij}=1$。

考虑式（5.2）所示的 Itô 型离散广义随机线性 Markov 切换系统：

$$\begin{cases}\boldsymbol{E}x(t+1)=\boldsymbol{A}(r_t)x(t)+\boldsymbol{C}(r_t)x(t)w(t)\\ x(0)=x_0\in\Re^n\end{cases} \tag{5.2}$$

其中，$x(t)\in\Re^n$是状态变量；$(x_0, r_0)\in\Re^n\times\Xi$是初始状态；$\boldsymbol{E}$ 是给定的广义矩阵，$\operatorname{rank}(\boldsymbol{E})\leqslant n$；$\boldsymbol{A}(r_t)$、$\boldsymbol{C}(r_t)$为适维常数矩阵，当 $r_t=i,i\in\Xi$，$\boldsymbol{A}(r_t)=\boldsymbol{A}(i)$，$\boldsymbol{C}(r_t)=\boldsymbol{C}(i)$。为叙述方便，令 $\hat{\boldsymbol{P}}(i)=\sum_{j=1}^{l}\pi_{ij}\boldsymbol{P}(j),\hat{\boldsymbol{P}}(t,i)=\sum_{j=1}^{l}\pi_{ij}\boldsymbol{P}(t,j)$。

引理 5.1 对所有的$i\in\Xi$，如果存在一对非奇异矩阵 $\boldsymbol{M}(i)\in\Re^{n\times n}$，$\boldsymbol{N}(i)\in\Re^{n\times n}$ 使得对三元组式$(\boldsymbol{E},\boldsymbol{A}(i),\boldsymbol{C}(i))$满足下述条件之一，则系统（5.2）存在唯一解。

（1）[19]

$$\boldsymbol{M}(i)\boldsymbol{E}\boldsymbol{N}(i)=\begin{bmatrix}\boldsymbol{I}_r(i) & \boldsymbol{0}\\ \boldsymbol{0} & \boldsymbol{0}\end{bmatrix},\boldsymbol{M}(i)\boldsymbol{C}(i)\boldsymbol{N}(i)=\begin{bmatrix}\boldsymbol{C}_1(i) & \boldsymbol{C}_2(i)\\ \boldsymbol{0} & \boldsymbol{C}_3(i)\end{bmatrix},\boldsymbol{M}(i)\boldsymbol{A}(i)\boldsymbol{N}(i)=\begin{bmatrix}\boldsymbol{A}_1(i) & \boldsymbol{0}\\ \boldsymbol{0} & \boldsymbol{I}_{n-r}(i)\end{bmatrix}$$

其中， $A_1(i), C_1(i) \in \Re^{r\times r}$ ； $C_2(i) \in \Re^{r\times(n-r)}$ ； $C_3(i) \in \Re^{(n-r)\times(n-r)}$

（2）[262]

$$M(i)EN(i)=\begin{bmatrix} I_{n_1}(i) & 0 \\ 0 & B_{n_2}(i) \end{bmatrix},$$

$$M(i)A(i)N(i)=\begin{bmatrix} A_1(i) & 0 \\ 0 & I_{n_2}(i) \end{bmatrix},$$

$$M(i)C(i)N(i)=\begin{bmatrix} C_1(i) & C_2(i) \\ 0 & 0 \end{bmatrix}$$

其中，$B_{n_2}(i) \in \Re^{n_2\times n_2}$ 是零幂的，且 $B_{n_2}^h(i)=0$；$A_1(i), C_1(i) \in \Re^{n_1\times n_1}$，$C_2(i) \in \Re^{n_1\times n_2}$，$n_1+n_2=n$。

定义 5.1[263]　离散广义随机线性 Markov 切换系统（5.2）是：

（1）正则的，如果对所有的 $i\in\Xi$， $\det(sE-A)\neq 0$；

（2）无脉冲的，如果对所有的 $i\in\Xi$， $\deg(\det(sE-A))=\mathrm{rank}(E)$；

（3）均方稳定的，如果对任意的初始条件 $(x_0, r_0)\in\Re^n\times\Xi$，都有 $\lim\limits_{t\to\infty}\varepsilon\|x(t)\|^2=0$；

（4）均方容许的，如果它是正则，无脉冲和均方稳定的。

下述引理 5.2 给出了离散广义随机线性 Markov 切换系统稳定性的相关结论。

引理 5.2[262]　离散广义随机线性 Markov 切换系统（5.2）是均方容许的，如果存在矩阵 $P(i)=P'(i)$，使得对每一个 $i\in\Xi$，式（5.3）成立：

$$\begin{aligned} & E'P(i)E \geqslant 0 \\ & A'(i)\left(\sum_{j=1}^{l}\pi_{ij}P(j)\right)A(i)+C'(i)\left(\sum_{j=1}^{l}\pi_{ij}P(j)\right)C(i)-E'P(i)E<0 \end{aligned} \tag{5.3}$$

5.2　离散广义随机线性 Markov 切换系统的零和博弈

5.2.1　有限时间情形

1. 问题描述

考虑式（5.4）所示的 Itô 型离散广义随机线性 Markov 切换系统：

$$\begin{cases} \boldsymbol{E}x(t+1)=\boldsymbol{A}(t,r_t)x(t)+\boldsymbol{B}(t,r_t)u(t)+\boldsymbol{C}(t,r_t)v(t)+\boldsymbol{A}_1(t,r_t)x(t)w(t),\ t=0,1,2,\cdots,T \\ x(0)=x_0\in\mathfrak{R}^n \end{cases} \quad (5.4)$$

其中，$x(t)\in\mathfrak{R}^n$ 是状态变量，$(x_0,\ r_0)\in\mathfrak{R}^n\times\Xi$ 是初始状态；$u(t)\in L_F^2(0,T;S^{n_u})$，$v(t)\in L_F^2(0,T;S^{n_v})$ 是容许控制过程，表示两博弈人的控制策略；当 $r_t=i,i\in\Xi$，系数矩阵 $\boldsymbol{A}(t,r_t)=\boldsymbol{A}(t,i)$，$\boldsymbol{A}_1(t,r_t)=\boldsymbol{A}_1(t,i)\ \in L^\infty(0,T;S^{n\times n})$，$\boldsymbol{B}(t,r_t)=\boldsymbol{B}(t,i)\in L^\infty(0,T;S^{n\times n_u})$，$\boldsymbol{C}(t,r_t)=\boldsymbol{C}(t,i)\in L^\infty(0,T;\ S^{n\times n_v})$；其他符号含义如上文。

性能指标取经典的线性二次型：

$$\boldsymbol{J}(x_0,i;u(\cdot),v(\cdot))=$$

$$\varepsilon\{[x'(T)\boldsymbol{M}(r_T)x(T)+\sum_{t=0}^{T-1}(x'(t)\boldsymbol{Q}(t,r_t)x(t)+u'(t)\boldsymbol{R}_1(t,r_t)u(t)+v(t)\boldsymbol{R}_2(t,r_t)v(t))]\big|r_0=i\} \quad (5.5)$$

当 $r_t=i,i\in\Xi$ 时，$\boldsymbol{R}_1(t,r_t)=\boldsymbol{R}_1(t,i)\in L^\infty(0,T;S^{n\times n_u})$，$\boldsymbol{R}_2(t,r_t)=\boldsymbol{R}_2\ (t,i)\in L^\infty(0,T;S^{n\times n_v})$，$\boldsymbol{Q}(t,r_t)=\boldsymbol{Q}(t,i)\in C(0,T;\ S^n)$，$\boldsymbol{M}_\tau(r_T)\in S^n$，$\tau=1,2$。

所谓有限时间随机零和博弈问题是：对系统（5.4）和（5.5），寻找可行控制策略 $(u^*(\cdot),v^*(\cdot))\in L_F^2(0,T;\mathfrak{R}^{n_u})\times L_F^2(0,T;\mathfrak{R}^{n_v}))$ 使下式成立

$$\boldsymbol{J}(x_0,i;u^*(\cdot),v(\cdot))\leqslant\boldsymbol{J}(x_0,i;u^*(\cdot),v^*(\cdot))\leqslant\boldsymbol{J}(x_0,i;u(\cdot),v^*(\cdot))$$

2. 主要结论

利用配方法，我们给出上述随机零和博弈问题均衡策略的显式表达和最优性能指标值。

定理 5.1 对系统（5.4）和（5.5），如果式（5.6）所示的差分 Riccati 方程（5.6）$(i,j\in\ \Xi)$

$$\begin{cases} \boldsymbol{N}(t,i)-\boldsymbol{E}'\boldsymbol{P}(t,i)\boldsymbol{E}-\boldsymbol{L}'(t,i)\boldsymbol{R}^{-1}(t,i)\boldsymbol{L}(t,i)=0 \\ \boldsymbol{E}'\boldsymbol{P}(T,i)\boldsymbol{E}=\boldsymbol{M}(i) \\ \boldsymbol{C}'(t,i)\hat{\boldsymbol{P}}(t,i)\boldsymbol{C}(t,i)+\boldsymbol{R}_2(t,i)<0 \end{cases} \quad (5.6)$$

其中，

$$\begin{cases} \boldsymbol{N}(t,i)=\boldsymbol{A}'(t,i)\hat{\boldsymbol{P}}(t,i)\boldsymbol{A}(t,i)+\boldsymbol{Q}(t,i)+\boldsymbol{A}_1'(t,i)\hat{\boldsymbol{P}}(t,i)\boldsymbol{A}_1(t,i) \\ \boldsymbol{R}(t,i)=\begin{bmatrix} \boldsymbol{B}'(t,i)\hat{\boldsymbol{P}}(t,i)\boldsymbol{B}(t,i)+\boldsymbol{R}_1(t,i) & \boldsymbol{B}'(t,i)\hat{\boldsymbol{P}}(t,i)\boldsymbol{C}(t,i) \\ \boldsymbol{C}'(t,i)\hat{\boldsymbol{P}}(i)\boldsymbol{B}(t,i) & \boldsymbol{C}'(t,i)\hat{\boldsymbol{P}}(t,i)\boldsymbol{C}(t,i)+\boldsymbol{R}_2(t,i) \end{bmatrix} \\ \boldsymbol{L}(t,i)=\begin{bmatrix} \boldsymbol{B}'(t,i)\hat{\boldsymbol{P}}(t,i)\boldsymbol{A}(t,i) \\ \boldsymbol{C}'(t,i)\hat{\boldsymbol{P}}(t,i)\boldsymbol{A}(t,i) \end{bmatrix} \end{cases}$$

存在解 $\boldsymbol{P}(t,i)\geqslant 0\in\boldsymbol{C}(0,T;S^n)$，则有限时间随机零和博弈问题存在均衡解 $\overline{u}^*(t)$，其显式表达式为

$$\overline{u}^*(t)=\begin{pmatrix} u^*(t) \\ v^*(t) \end{pmatrix}=\boldsymbol{K}(t,i)x(t)=-\boldsymbol{R}^{-1}(t,i)\boldsymbol{L}(t,i)x(t) \tag{5.7}$$

同时，最优性能指标值为

$$\boldsymbol{J}(x_0,i;u^*(\cdot),v^*(\cdot))=x_0'\boldsymbol{E}'\boldsymbol{P}(0)\boldsymbol{E}x_0 \tag{5.8}$$

证明： 设差分 Riccati 方程（5.6）存在解 $\boldsymbol{P}(t,i)\geqslant 0\in\boldsymbol{C}(0,T;S^n)$，引入二次 Lyapunov 函数 $V(x)=x'(t)\boldsymbol{E}'\boldsymbol{P}(t,r_t)\boldsymbol{E}x(t)$，则

$$\Delta V=x'(t+1)\boldsymbol{E}'\boldsymbol{P}(t+1,r_{t+1})\boldsymbol{E}x(t+1)-x'(t)\boldsymbol{E}'\boldsymbol{P}(t,r_t)\boldsymbol{E}x(t) \tag{5.9}$$

从而有

$$\begin{aligned} &\varepsilon\sum_{t=0}^{T-1}\{(V(x+1)-V(x))|r_0=i\} \\ &=\varepsilon\sum_{t=0}^{T-1}\Big\{x'(t)[\boldsymbol{A}'(t,i)\hat{\boldsymbol{P}}(t,i)\boldsymbol{A}(t,i)+\boldsymbol{A}_1'(t,i)\hat{\boldsymbol{P}}(t,i)\boldsymbol{A}_1(t,i)-\boldsymbol{P}(t,i)]x(t)+ \\ &\quad 2u'(t)\boldsymbol{B}'(t,i)\hat{\boldsymbol{P}}(t,i)\boldsymbol{A}(t,i)x(t)+2v(t)\boldsymbol{C}'(t,i)\hat{\boldsymbol{P}}(t,i)\boldsymbol{A}(t,i)x(t)+ \\ &\quad 2v(t)\boldsymbol{C}'(t,i)\hat{\boldsymbol{P}}(t,i)\boldsymbol{B}(t,i)u(t)+u'(t)\boldsymbol{B}_k'(t,i)\hat{\boldsymbol{P}}(t,i)\boldsymbol{B}(t,i)u(t)+ \\ &\quad v'(t)\boldsymbol{C}'(t,i)\hat{\boldsymbol{P}}(t,i)\boldsymbol{C}(t,i)v(t)\Big\} \\ &=\varepsilon[x'(T)\boldsymbol{E}'\boldsymbol{P}(T,i)\boldsymbol{E}x(T)]-x_0'\boldsymbol{E}'\boldsymbol{P}(0)\boldsymbol{E}x_0 \end{aligned} \tag{5.10}$$

把式（5.10）代入目标函数中，并根据式（5.6），可简写为

$$\begin{aligned} &\boldsymbol{J}(x_0,i;\overline{u}) \\ &=-\varepsilon\big[x'(T)\boldsymbol{E}'\boldsymbol{P}(T,i)\boldsymbol{E}x(T)\big]+x_0'\boldsymbol{E}'\boldsymbol{P}(0)\boldsymbol{E}x_0+\varepsilon[x'(T)\boldsymbol{M}(i)x(T)]+ \end{aligned}$$

$$\varepsilon\sum_{t=0}^{T-1}[x'(t)(\boldsymbol{N}(t,i)-\boldsymbol{E}'\boldsymbol{P}(t,i)\boldsymbol{E})x(t)+2\overline{u}'(t)\boldsymbol{L}(t,i)x(t)+\overline{u}'(t)\boldsymbol{R}(t,i)\overline{u}(t)] \tag{5.11}$$

对式（5.11）中的加和项进行配方，得

$$\begin{aligned}&\boldsymbol{J}(x_0,i;\overline{u})\\&=-\varepsilon[x'(T)\boldsymbol{E}'\boldsymbol{P}(T,i)\boldsymbol{E}x(T)]+x_0'\boldsymbol{E}'\boldsymbol{P}(0)\boldsymbol{E}x_0+\varepsilon[x'(T)\boldsymbol{M}(i)x(T)]+\\&\varepsilon\sum_{t=0}^{T-1}[x'(t)(\boldsymbol{N}(t,i)-\boldsymbol{E}'\boldsymbol{P}(t,i)\boldsymbol{E}-\boldsymbol{L}'(t,i)\boldsymbol{R}^{-1}(t,i)\boldsymbol{L}(t,i))x(t)+\\&(\overline{u}'(t)+\boldsymbol{R}^{-1}(t,i)\boldsymbol{L}(t,i)x(t))'\boldsymbol{R}(t,i)(\overline{u}'(t)+\boldsymbol{R}^{-1}(t,i)\boldsymbol{L}(t,i)x(t))]\end{aligned} \tag{5.12}$$

显然，若式（5.6）存在解 $\boldsymbol{P}(t,i)\geqslant 0\in\boldsymbol{C}(0,T;S^n)$，并结合 $\boldsymbol{C}'(t,i)\hat{\boldsymbol{P}}(t,i)\boldsymbol{C}(t,i)+\boldsymbol{R}_2(t,i)<0$ 则由式（5.12）容易得

$$\boldsymbol{J}(x_0,i;u^*(\cdot),v(\cdot))\leqslant\boldsymbol{J}(x_0,i;u^*(\cdot),v^*(\cdot))\leqslant\boldsymbol{J}(x_0,i;u(\cdot),v^*(\cdot))$$

并且系统的最优控制策略和最优性能指标值如式（5.7）和（5.8）所示。

定理 5.1 证毕。

5.2.2 无限时间情形

1. 问题描述

首先介绍无限时间随机最优控制中的一个重要概念——随机稳定性。

考虑式（5.13）所示的离散广义随机线性 Markov 切换系统：

$$\boldsymbol{E}x(t+1)=\boldsymbol{A}(r_t)x(t)+\boldsymbol{B}(r_t)u(t)+\boldsymbol{A}_1(r_t)x(t)w(t) \tag{5.13}$$

其中，$x(t)\in\mathfrak{R}^n$是状态变量；$u(t)$是容许控制过程；当 $r_t=i,i\in\Xi$，系数矩阵 $\boldsymbol{A}(r_t)=\boldsymbol{A}(i)$，$\boldsymbol{A}_1(r_t)=\boldsymbol{A}_1(i)$，$\boldsymbol{B}(r_t)=\boldsymbol{B}(i)$；其他符号含义如上文。

定义 5.2[70] 给定任意的初始状态 $x(0)=x_0$，$r_0=i$，系统（5.13）是（均方意义下）随机稳定的，如果存在一个反馈控制 $u(t)=\sum_{i=1}^{l}\boldsymbol{K}(i)\chi_{r_t=i}(t)x(t)$，其中 $\boldsymbol{K}(i)$为适维常数矩阵，$i\in\Xi$，使得闭环系统 $\boldsymbol{E}x(t+1)=[\boldsymbol{A}(r_t)+\boldsymbol{B}(r_t)\boldsymbol{K}(r_t)]x(t)+\boldsymbol{A}_1(r_t)x(t)w(t)$ 是渐进均方稳定的，即

$$\lim_{t\to\infty}\varepsilon\left[\|x(t)\|^2\right]=0$$

需要注意的是，与有限时间情形相比较，无限时间情形的不同之处表现为

（1）系统（5.13）是时不变的且性能指标中的权重矩阵为常数；

（2）当 $T \to \infty$ 时，$F_\tau(r_T) = 0$；

（3）要求系统（5.13）是均方稳定的。

2. 主要结论

考虑式（5.14）所示的离散广义线性 Markov 切换系统：

$$\begin{cases} \boldsymbol{E}x(t+1) = \boldsymbol{A}(r_t)x(t) + \boldsymbol{B}(r_t)u(t) + \boldsymbol{C}(r_t)v(t) + \boldsymbol{A}_1(r_t)x(t)w(t),\ t = 0,\ 1,\ 2,\ \cdots \\ x(0) = x_0 \in \Re^n \end{cases} \tag{5.14}$$

其中，$x(t) \in \Re^n$ 是状态变量，$(x_0,\ r_0) \in \Re^n \times \Xi$ 是初始状态；$u(t) \in L_F^2(0,T;\Re^{n_u})$，$v(t) \in L_F^2(0,T;\Re^{n_v})$ 是容许控制过程，表示博弈人的控制策略；当 $r_t = i, i \in \Xi$，系数矩阵 $\boldsymbol{A}(r_t) = \boldsymbol{A}(i)$，$\boldsymbol{A}_1(r_t) = \boldsymbol{A}_1(i)$，$\boldsymbol{B}(r_t) = \boldsymbol{B}(i)$，$\boldsymbol{C}(r_t) = \boldsymbol{C}(i)$；其他符号含义如上文。

性能指标取经典的线性二次型：

$$\boldsymbol{J}(x_0, i; u(\cdot), v(\cdot)) = \varepsilon \sum_{t=0}^{\infty} [(x'(t)\boldsymbol{Q}(r_t)x(t) + u'(t)\boldsymbol{R}_1(r_t)u(t) + v(t)\boldsymbol{R}_2(r_t)v(t))] | r_0 = i\} \tag{5.15}$$

当 $r_t = i, i \in \Xi$ 时，$\boldsymbol{R}_1(r_t) = \boldsymbol{R}_1(i), \boldsymbol{R}_2(r_t) = \boldsymbol{R}_2(i) \in \boldsymbol{S}^n$，$\boldsymbol{Q}(r_t) = \boldsymbol{Q}(i) \in \boldsymbol{S}^n$。

无限时间随机零和博弈问题是：寻找可行控制策略 $(u^*(\cdot), v^*(\cdot)) \in L_F^2(0,T;\Re^{n_u}) \times L_F^2(0,T;\Re^{n_v})$，使下式成立：

$$\boldsymbol{J}(x_0, i; u^*(\cdot), v(\cdot)) \leqslant \boldsymbol{J}(x_0, i; u^*(\cdot), v^*(\cdot)) \leqslant \boldsymbol{J}(x_0, i; u(\cdot), v^*(\cdot))$$

假定 5.1　系统（5.14）是均方稳定的。

同样的，利用配方法，得到无限时间离散随机广义 Markov 跳变系统零和博弈问题均衡解如定理 5.2 所示，证明过程与定理 5.1 类似，此处不再赘述。

定理 5.2　在假定 5.1 成立的基础上，对系统（5.14）和（5.15），如果下述差分 Riccati 方程（5.16）$(i, j \in \Xi)$

$$\begin{cases} \boldsymbol{N}(i, \boldsymbol{P}) - \boldsymbol{E}'\boldsymbol{P}(i)\boldsymbol{E} - \boldsymbol{L}'(i, P)\boldsymbol{R}^{-1}(i, \boldsymbol{P})\boldsymbol{L}(i, \boldsymbol{P}) = 0 \\ \boldsymbol{C}'(i)\hat{\boldsymbol{P}}(i)\boldsymbol{C}(i) + \boldsymbol{R}_2(i) < 0 \end{cases} \tag{5.16}$$

其中，

$$\begin{cases} N(i,P) = A'(i)\hat{P}(i)A(i) + Q(i) + A_1'(i)\hat{P}(i)A_I(i) \\ R(i,P) = \begin{bmatrix} B'(i)\hat{P}(i)B(i) + R_1(i) & B'(i)\hat{P}(i)C(i) \\ C'(i)\hat{P}(i)B(i) & C'(i)\hat{P}(i)C(i) + R_2(i) \end{bmatrix} \\ L(i,P) = \begin{bmatrix} B'(i)\hat{P}(i)A(i) \\ C'(i)\hat{P}(i)A(i) \end{bmatrix} \end{cases}$$

存在解 $P(i) \geqslant 0 \in S^n$，则无限时间零和博弈问题存在均衡解 $\bar{u}^*(t)$，其显式表达式为

$$\bar{u}^*(t) = \begin{pmatrix} u^*(t) \\ v^*(t) \end{pmatrix} = K(i)x(t) = -R^{-1}(i,P)L(i,P)x(t)$$

同时，最优性能指标值为

$$x_0'E'P(0)Ex_0$$

5.3 离散广义随机 Markov 切换系统的 N 人 Nash 博弈

5.3.1 有限时间情形

1. 问题描述

考虑以下离散广义随机线性 Markov 跳变系统：

$$\begin{cases} Ex(t+1) = A(t,r_t)x(t) + \sum_{n=1}^{N} B_k(t,r_t)u_k(t) + A_1(t,r_t)x(t)w(t),\ t = 0,1,2,\cdots,T \\ x(0) = x_0 \in \Re^n \end{cases} \tag{5.17}$$

其中，$x(t) \in \Re^n$ 表示状态变量；$u_k(t)$表示博弈人 $n(n=1,2,\cdots,N)$的控制策略，其容许策略空间记为 U_k；$w(t)$是实随机变量序列，且满足 $\varepsilon(w(t))=0$ 和 $\varepsilon(w(t)w(s))=\delta_{ts}$；$r_t$ 是一个取值于状态空间 $\Xi=\{1,\ 2,\cdots,l\}$的 Markov 过程，r_t 和 $w(t)$相互独立；当 $r_t=i, i\in\Xi$ 时，系数矩阵 $A(t,r_t)=A(t,i)$，$A_1(t,r_t)=A_1(t,i)$，$B_k(t,r_t)=B_k(t,i)$。

对于博弈人 k，其性能指标取经典的线性二次型：

$$J_k(x_0,i;u_1(\cdot),u_2(\cdot),\cdots,u_k(\cdot)) = \varepsilon\{[x'(T)M_k(r_T)x(T) + \sum_{t=0}^{T-1}(x'(t)Q_k(t,r_t)x(t) + u_k'(t)R_k(t,r_t)u_k(t))]|r_0 = i\} \tag{5.18}$$

当 $r_t = i, i \in \Xi$ 时， $\boldsymbol{R}_k(t,r_t) = \boldsymbol{R}_k(t,i) \geqslant 0 \in S^{n_k}$ ， $\boldsymbol{Q}_k(t,r_t) = \boldsymbol{Q}_k(t,i) \geqslant 0 \in S^n$ ； 当 $r_T = i$ 时， $\boldsymbol{M}_k(r_T) = \boldsymbol{M}_k(i) \geqslant 0 \in S^n$ 。

有限时间 N 人随机 Nash 博弈问题是：对系统（5.17）和（5.18），寻找可行控制策略集 $(u_1^*(\cdot), u_2^*(\cdot), \cdots, u_N^*(\cdot)) \in U_1 \times U_2 \times \cdots \times U_N$，使下式成立

$$\boldsymbol{J}_k(x_0, i; u_1^*(\cdot), u_2^*(\cdot), \cdots, u_N^*(\cdot)) \leqslant \boldsymbol{J}_k(x_0, i; u_1^*(\cdot), u_2^*(\cdot), \cdots, u_{k-1}^*(\cdot), u_k(\cdot), u_{k+1}^*(\cdot), \cdots, u_N^*(\cdot))$$

我们将研究限定博弈人的控制策略均为线性状态反馈情形，即 $u_k(t) = \boldsymbol{K}_k(t,r_t)x(t)$，其中 $\boldsymbol{K}_k(t,r_t)$是适维矩阵。

2. 主要结论

利用配方法，我们给出上述有限时间 N 人随机 Nash 博弈问题均衡策略的显式表达和最优性能指标值。

定理 5.3　如果下述差分方程组（5.19）存在解 $\boldsymbol{P}_k(t,r_t) = \boldsymbol{P}_k(t,i) \in S^n \ (i, j \in \Xi)$，

$$\begin{cases} \boldsymbol{E}'\boldsymbol{P}_k(t,i)\boldsymbol{E} = \boldsymbol{A}'_{-k}(t,i)\hat{\boldsymbol{P}}_k(t+1,i)\boldsymbol{A}_{-k}(t,i) + \boldsymbol{Q}_k(t,i) + \boldsymbol{A}'_1(t,i)\hat{\boldsymbol{P}}_k(t+1,i)\boldsymbol{A}_1(t,i) + \\ \qquad \boldsymbol{K}'_k(t,i)\boldsymbol{B}'_k(t,i) \times \hat{\boldsymbol{P}}_k(t+1,i)\boldsymbol{A}_{-k}(t,i) \\ \boldsymbol{E}'\boldsymbol{P}_k(T,i)\boldsymbol{E} = \boldsymbol{M}_k(i) \\ \boldsymbol{K}_k(t,i) = -[\boldsymbol{B}'_k(t,i)\hat{\boldsymbol{P}}_k(t+1,i)\boldsymbol{B}_k(t,i) + \boldsymbol{R}_k(t,i)]^{-1} \times \boldsymbol{B}'_k(t,i)\hat{\boldsymbol{P}}_k(t+1,i)\boldsymbol{A}_{-k}(t,i) \end{cases} \tag{5.19}$$

其中

$$\hat{\boldsymbol{P}}_k(t,i) = \sum_{j=1}^{l} \pi_{ij}\boldsymbol{P}_k(t,j),\ \boldsymbol{A}_{-k}(t,i) = \boldsymbol{A}(t,i) + \sum_{n=1, n\neq k}^{N} \boldsymbol{B}_n(t,i)\boldsymbol{K}_n(t,i)$$

则有限时间内，系统（5.17）和（5.18）的 N 人博弈问题的 Nash 均衡策略集存在，其显式表达式为

$$u_k^*(t) = \sum_{i=1}^{l} \boldsymbol{K}_k(t,i)\chi_{r_t=i}(t)x(t) \tag{5.20}$$

且最优性能指标值为

$$\boldsymbol{J}_k(x_0, i; u_1^*(\cdot), u_2^*(\cdot), \cdots, u_N^*(\cdot)) = x_0'\boldsymbol{E}'\boldsymbol{P}_k(0)\boldsymbol{E}x_0 \tag{5.21}$$

证明：考虑任一博弈人 k 的最优策略，其面临的最优化问题为

$$\min_{u_k(\cdot)\in U_k} \boldsymbol{J}_k(x_0,i;u_1^*(\cdot),\cdots,u_{k-1}^*(\cdot),u_k(\cdot),u_{k+1}^*(\cdot),\cdots,u_N^*(\cdot))$$
$$=\varepsilon\{[x'(T)\boldsymbol{M}_k(r_T)x(T)+\sum_{t=0}^{T-1}\left(x'(t)\boldsymbol{Q}_k(t,r_t)x(t)+u_k'(t)\boldsymbol{R}_k(t,r_t)u_k(t)\right)]|r_0=i\}$$
$$\text{s.t.}\quad \boldsymbol{E}x(t+1)=\boldsymbol{A}_{-k}(t,r_t)x(t)+\boldsymbol{B}_k(t,r_t)u_k(t)+\boldsymbol{A}_1(t,r_t)x(t)w(t) \tag{5.22}$$

假设式（5.19）存在解 $\boldsymbol{P}_k(t,i)\in S^n$，取 Lyapunov 函数 $V_k(x)=x'(t)\boldsymbol{E}'\boldsymbol{P}_k(t,r_t)\boldsymbol{E}x(t)$，则

$$V_k(x+1)-V_k(x)=x'(t+1)\boldsymbol{E}'\boldsymbol{P}_k(t+1,r_{t+1})\boldsymbol{E}x(t+1)-x'(t)\boldsymbol{E}'\boldsymbol{P}_k(t,r_t)\boldsymbol{E}x(t)$$

有

$$\varepsilon\sum_{t=0}^{T-1}\{V_k(x+1)-V_k(x)|r_0=i\}$$
$$=\varepsilon\sum_{t=0}^{T-1}\{x'(t)[\boldsymbol{A}_{-k}'(t,i)\hat{\boldsymbol{P}}_k(t,i)\boldsymbol{A}_{-k}(t,i)+\boldsymbol{A}_1'(t,i)\hat{\boldsymbol{P}}_k(t,i)\boldsymbol{A}_1(t,i)-\boldsymbol{E}'\boldsymbol{P}_k(t,i)\boldsymbol{E}]x(t)+$$
$$2u_k'(t)\boldsymbol{B}_k'(t,i)\hat{\boldsymbol{P}}_k(t,i)\boldsymbol{A}_{-k}(t,i)x(t)+u_k'(t)\boldsymbol{B}_k'(t,i)\hat{\boldsymbol{P}}_k(t,i)\boldsymbol{B}_k(t,i)u_k(t)\}$$
$$=\varepsilon[x'(T)\boldsymbol{P}_k(t,r_T)x(T)]-x_0'\boldsymbol{P}_k(0)x_0 \tag{5.23}$$

把式（5.23）代入 $\boldsymbol{J}_k(x_0,i;u_1^*(\cdot),\cdots,u_{k-1}^*(\cdot),u_k(\cdot),u_{k+1}^*(\cdot),\cdots,u_N^*(\cdot))$，得

$$\boldsymbol{J}_k(x_0,i;u_1^*(\cdot),\cdots,u_{k-1}^*(\cdot),u_k(\cdot),u_{k+1}^*(\cdot),\cdots,u_N^*(\cdot))$$
$$=-\varepsilon[x'(T)\boldsymbol{E}'\boldsymbol{P}_k(T,i)\boldsymbol{E}x(T)]+x_0'\boldsymbol{E}'\boldsymbol{P}_k(0)\boldsymbol{E}x_0+\varepsilon[x'(T)\boldsymbol{M}_k(i)x(T)]+$$
$$\varepsilon\sum_{t=0}^{T-1}\{x'(t)[\boldsymbol{A}_{-k}'(t,i)\hat{\boldsymbol{P}}_k(t,i)\boldsymbol{A}_{-k}(t,i)+\boldsymbol{A}_1'(t,i)\hat{\boldsymbol{P}}_k(t,i)\boldsymbol{A}_1(t,i)-$$
$$\boldsymbol{E}'\boldsymbol{P}_k(t,i)\boldsymbol{E}+\boldsymbol{Q}_k(t,i)]x(t)+2u_k'(t)\boldsymbol{B}_k'(t,i)\hat{\boldsymbol{P}}_k(t,i)\boldsymbol{A}_{-k}(t,i)x(t)+$$
$$u_k'(t)(\boldsymbol{B}_k'(t,i)\hat{\boldsymbol{P}}_k(t,i)\boldsymbol{B}_k(t,i)+\boldsymbol{R}_k(t,i))u_k(t)\} \tag{5.24}$$

对式（5.24）中的加和项进行配方，得

$$\boldsymbol{J}_k(x_0,i;u_1^*(\cdot),\cdots,u_{k-1}^*(\cdot),u_k(\cdot),u_{k+1}^*(\cdot),\cdots,u_N^*(\cdot))$$
$$=-\varepsilon[x'(T)\boldsymbol{E}'\boldsymbol{P}_k(T,i)\boldsymbol{E}x(T)]+x_0'\boldsymbol{E}'\boldsymbol{P}_k(0)\boldsymbol{E}x_0+\varepsilon[x'(T)\boldsymbol{M}_k(i)x(T)]+$$
$$\varepsilon\sum_{t=0}^{T-1}\{x'(t)[\boldsymbol{A}_{-k}(t,i)'\hat{\boldsymbol{P}}_k(t,i)\boldsymbol{A}_{-k}(t,i)+\boldsymbol{Q}_k(t,i)+\boldsymbol{A}_1(t,i)\hat{\boldsymbol{P}}_k(t,i)\boldsymbol{A}_1(t,i)-$$
$$\boldsymbol{E}'\boldsymbol{P}_k(t,i)\boldsymbol{E}+\boldsymbol{K}_k'(i)\boldsymbol{B}_k'(t,i)\hat{\boldsymbol{P}}_k(t,i)\boldsymbol{A}_{-k}(t,i)]x(t)+[u_k(t)-$$

$$\boldsymbol{K}_k(t,i)x(t)]'[\boldsymbol{B}_k'(t,i)\hat{\boldsymbol{P}}_k(t,i)\boldsymbol{B}_k(t,i)+\boldsymbol{R}_k(t,i)][u_k(t)-\boldsymbol{K}_k(t,i)x(t)]\}$$

由于 $\boldsymbol{B}_k'(t,i)\hat{\boldsymbol{P}}_k(t,i)\boldsymbol{B}_k(t,i)+\boldsymbol{R}_k(t,i)>0$，显然，根据式（5.19），有

$$\begin{aligned}&\boldsymbol{J}_k(x_0,i;u_1^*(\cdot),\cdots,u_{k-1}^*(\cdot),u_k(\cdot),u_{k+1}^*(\cdot),\cdots,u_N^*(\cdot))\geqslant\\&x_0'\boldsymbol{E}'\boldsymbol{P}_k(0)\boldsymbol{E}x_0=\boldsymbol{J}_k(x_0,i;u_1^*(\cdot),\cdots,u_{k-1}^*(\cdot),u_k^*(\cdot),u_{k+1}^*(\cdot),\cdots,u_N^*(\cdot))\end{aligned}\tag{5.25}$$

此时，最优控制策略和最优性能指标值如式（5.20）和（5.21）所示。

5.3.2　无限时间情形

1. 问题描述

同样地，与有限时间情形相比较，无限时间情形的不同之处表现为

（1）系统（5.13）是时不变的且性能指标中的权重矩阵为常数；

（2）当 $T\to\infty$ 时，$\boldsymbol{M}_k(r_T)=0$；

（3）要求系统（5.13）是均方稳定的。

2. 主要结论

考虑式（5.26）所示的广义随机线性 Markov 切换系统：

$$\begin{cases}\boldsymbol{E}x(t+1)=\boldsymbol{A}(r_t)x(t)+\sum\limits_{n=1}^{N}\boldsymbol{B}_n(r_t)u_n(t)+\boldsymbol{A}_1(r_t)x(t)w(t),\ t=0,\ 1,\ 2,\cdots\\x(0)=x_0\in\Re^n\end{cases}\tag{5.26}$$

其中，$x(t)\in\Re^n$ 是状态变量；$u_n(t)$是第 $n\,(n=1,\ 2,\ \cdots,\ N)$ 个容许控制过程，表示博弈人 k 的控制策略，其容许策略空间记为 U_n；$w(t)$是实随机变量序列，且满足 $\varepsilon(w(t))=0$ 和 $\varepsilon(w(t)w(s))=\delta_{ts}$；$r_t$ 是取值于状态空间 $\Xi=\{1,2,\cdots,l\}$ 的 Markov 过程，r_t 和 $w(t)$相互独立；当 $r_t=i(i\in\Xi)$时，系数矩阵 $\boldsymbol{A}(r_t)=\boldsymbol{A}(i)$，$\boldsymbol{A}_1(r_t)=\boldsymbol{A}_1(i)$，$\boldsymbol{B}_n(r_t)=\boldsymbol{B}_n(i)$ 为适维常数矩阵。

对于任一博弈人 k，其性能指标取经典的线性二次型：

$$\boldsymbol{J}_k(x_0,i;u_1(\cdot),u_2(\cdot),\cdots,u_N(\cdot))=\varepsilon\left\{\left[\sum_{t=0}^{\infty}(x'(t)\boldsymbol{Q}_k(r_t)x(t)+u_k'(t)\boldsymbol{R}_k(r_t)u_k(t))\right]\middle|r_0=i\right\}\tag{5.27}$$

当 $r_t=i(i\in\Xi)$时，$\boldsymbol{R}_k(t,r_t)=\boldsymbol{R}_k(t,i)\geqslant 0\in S^{n_k}$，$\boldsymbol{Q}_k(t,r_t)=\boldsymbol{Q}_k(t,i)\geqslant 0\in S^n$。

无限时间 N 人随机 Nash 博弈问题：对系统（5.26）和（5.27），寻找可行控

制 $(u_1^*(\cdot),u_2^*(\cdot),\cdots,u_N^*(\cdot))\in U_1\times U_2\times\cdots\times U_N$，使下式成立：

$$J_k(x_0,i;u_1^*(\cdot),u_2^*(\cdot),\cdots,u_N^*(\cdot))\leqslant J_k(x_0,i;u_1^*(\cdot),\cdots,u_{k-1}^*(\cdot),u_k(\cdot),u_{k+1}^*(\cdot),\cdots,u_N^*(\cdot))$$

同样地，我们将研究限定博弈人的控制策略均为线性状态反馈情形。

假设 5.2[280] 系统（5.26）是均方可稳的。

利用配方法，得到无限时间离散随机广义 Markov 跳变系统 N 人 Nash 博弈问题的均衡策略如定理 5.4 所示。

定理 5.4 在假设 5.2 成立的基础上，若如下代数方程组(5.28)存在解 $\boldsymbol{P}_k(t,i)\in S^n\ (i,j\in\Xi)$。

$$\begin{cases}\boldsymbol{E}'\boldsymbol{P}_k(i)\boldsymbol{E}=\boldsymbol{A}'_{-k}(i)\hat{\boldsymbol{P}}_k(i)\boldsymbol{A}_{-k}(i)+\boldsymbol{Q}_k(i)+\boldsymbol{A}'_1(i)\hat{\boldsymbol{P}}_k(i)\boldsymbol{A}_1(i)+\boldsymbol{K}'_k(i)\boldsymbol{B}'_k(i)\hat{\boldsymbol{P}}_k(i)\boldsymbol{A}_{-k}(i)\\ \boldsymbol{K}_k(i)=-[\boldsymbol{B}'_k(i)\hat{\boldsymbol{P}}_k(i)\boldsymbol{B}_k(i)+\boldsymbol{R}_k(i)]^{-1}\boldsymbol{B}'_k(i)\hat{\boldsymbol{P}}_k(i)\boldsymbol{A}_{-k}(i)\end{cases}\tag{5.28}$$

其中，

$$\hat{\boldsymbol{P}}_k(i)=\sum_{j=1}^{l}\pi_{ij}\boldsymbol{P}_k(j),\ \boldsymbol{A}_{-k}(i)=\boldsymbol{A}(i)+\sum_{n=1,n\neq k}^{N}\boldsymbol{B}_n(i)\boldsymbol{K}_n(i)$$

则无限时间内，系统（5.26）和（5.27）的 N 人博弈的 Nash 均衡策略集存在，其显式表达式为

$$u_k^*(t)=\sum_{i=1}^{l}\boldsymbol{K}_k(i)\chi_{r_t=i}(t)x(t)$$

且最优性能指标值为

$$J_k(x_0,i;u_1^*(\cdot),u_2^*(\cdot),\cdots,u_N^*(\cdot))=x_0'\boldsymbol{E}'\boldsymbol{P}_k(0)\boldsymbol{E}x_0$$

定理 5.4 的证明过程与定理 5.3 类似，此处不再赘述。

5.4 离散广义随机 Markov 切换系统的 Stackelberg 博弈

5.4.1 有限时间情形

1. 问题描述

仍考虑式（5.4）所示的离散广义随机线性 Markov 切换系统，为了叙述的方

便，将式（5.4）复制为式（5.29）：

$$\begin{cases}\boldsymbol{E}x(t+1)=\boldsymbol{A}(t,r_t)x(t)+\boldsymbol{B}(t,r_t)u(t)+\boldsymbol{C}(t,r_t)v(t)+\\ \boldsymbol{A}_1(t,r_t)x(t)w(t),t=0,1,2,\cdots,T\\ x(0)=x_0\in\Re^n\end{cases} \tag{5.29}$$

其中，$x(t)\in\Re^n$表示状态变量；$u(t)$表示博弈人 1 的控制策略，$v(t)$表示博弈人 2 的控制策略，其容许策略空间分别记为U,V；$w(t)$是实随机变量序列，且满足$\varepsilon(w(t))=0$和$\varepsilon(w(t)w(s))=\delta_{ts}$；$r_t$是一个取值于状态空间$\Xi=\{1,2,\cdots,l\}$的 Markov 过程，$r_t$和$w(t)$相互独立；当$r_t=i,i\in\Xi$时，系数矩阵$\boldsymbol{A}(t,r_t)=\boldsymbol{A}(t,i)$，$\boldsymbol{A}_1(t,r_t)=\boldsymbol{A}_1(t,i)$，$\boldsymbol{B}(t,r_t)=\boldsymbol{B}(t,i)$。

对每一个给定的$(0,x_0)$和$(u(\cdot),v(\cdot))=U\times V$，二次型性能指标为

$$\boldsymbol{J}_\tau(u,v)=\varepsilon\Big\{x'(T)\boldsymbol{F}_\tau(r_T)x(T)+\sum_{t=0}^{T-1}[x'(t)\boldsymbol{Q}_\tau(t,r_t)x(t)+ u'(t)\boldsymbol{R}_{\tau1}(t,r_t)u(t)+v'(t)\boldsymbol{R}_{\tau2}(t,r_t)v(t)]\Big\},\tau=1,2 \tag{5.30}$$

当$r_t=i,i\in\Xi$时，$\boldsymbol{R}_{\tau1}(t,r_t)=\boldsymbol{R}_{\tau1}(t,i)$，$\boldsymbol{R}_{\tau2}(t,r_t)=\boldsymbol{R}_{\tau2}(t,i)$，$\boldsymbol{Q}(t,r_t)=\boldsymbol{Q}(t,i)\in C(0,T;S^n)$，$\boldsymbol{M}_\tau(T)\in C(0,T;S^n)$，$\tau=1,2$。

定义 5.3[282]对于控制策略$u\in U$，从方博弈人 2 的最优反应集是

$$R_2(u)=\{v^0\in V:\boldsymbol{J}_2(u,v^0)\leqslant\boldsymbol{J}_2(u,v)\},\forall v\in V$$

策略u*称为主方博弈人 1 的 Stackelberg 策略当且仅当满足如下条件：

$$\sup_{v\in R_2(u^*)}\boldsymbol{J}_1(u^*,v)\leqslant\sup_{v\in R_2(u^*)}\boldsymbol{J}_1(u,v),\forall u\in U$$

根据定义 5.3，可知 Stackelberg 博弈的最优解也是一种均衡策略。

2. 主要结论

结合配方法，我们给出上述有限时间离散广义随机 Markov 切换系统的 Stackelberg 策略。

定理 5.5　对于系统（5.29），假设如下代数 Riccati 方程$(i,j\in\Xi)$

$$\begin{cases} \boldsymbol{E}'\boldsymbol{P}_1(t,i)\boldsymbol{E}=\boldsymbol{H}_1(t,i),\boldsymbol{E}'\boldsymbol{P}_1(T,i)\boldsymbol{E}=\boldsymbol{F}_1(i) \\ \boldsymbol{E}'\boldsymbol{P}_2(t,i)\boldsymbol{E}=\boldsymbol{H}_2(t,i),\boldsymbol{E}'\boldsymbol{P}_2(T,i)\boldsymbol{E}=\boldsymbol{F}_2(i) \\ \boldsymbol{K}_1(t,i)=-\boldsymbol{R}^{-1}(t,i)\boldsymbol{L}(t,i) \\ \boldsymbol{K}_2(t,i)=\tilde{\boldsymbol{A}}(t,i)+\tilde{\boldsymbol{B}}(t,i)\boldsymbol{K}_1(t,i) \\ \boldsymbol{R}(t,i)>0,\boldsymbol{S}_{22}(t,i)>0 \end{cases} \tag{5.31}$$

其中，

$$\begin{aligned}&\boldsymbol{H}_1(t,i)\\&=\boldsymbol{A}'(t,i)\hat{\boldsymbol{P}}_1(t,i)\boldsymbol{A}(t,i)+\boldsymbol{A}_1'(t,i)\hat{\boldsymbol{P}}_1(t,i)\boldsymbol{A}_1(t,i)+\boldsymbol{Q}_1(t,i)+\tilde{\boldsymbol{A}}'(t,i)\boldsymbol{S}_{12}(t,i)\tilde{\boldsymbol{A}}(t,i)+\\&\quad 2\tilde{\boldsymbol{A}}'(t,i)(\boldsymbol{C}'(t,i)\hat{\boldsymbol{P}}_1(t,i)\boldsymbol{A}(t,i)+\boldsymbol{C}_1'(t,i)\hat{\boldsymbol{P}}_1(t,i)\boldsymbol{A}_1(t,i))+\boldsymbol{K}_1'(t,i)\boldsymbol{L}(t,i)\end{aligned}$$

$$\begin{aligned}&\boldsymbol{H}_2(t,i)\\&=\boldsymbol{A}'(t,i)\hat{\boldsymbol{P}}_2(t,i)\boldsymbol{A}(t,i)+\boldsymbol{A}_1'(t,i)\hat{\boldsymbol{P}}_2(t,i)\boldsymbol{A}_1(t,i)+\boldsymbol{Q}_2(t,i)+\\&\quad 2\boldsymbol{K}_1'(t,i)(\boldsymbol{B}'(t,i)\hat{\boldsymbol{P}}_2(t,i)\boldsymbol{A}(t,i)+\boldsymbol{B}_1'(t,i)\hat{\boldsymbol{P}}_2(t,i)\boldsymbol{A}_1(t,i))+\\&\quad \boldsymbol{K}_1'(t,i)\boldsymbol{S}_{21}(t,i)\boldsymbol{K}_1(t,i)-\boldsymbol{K}_2'(t,i)\boldsymbol{S}_{22}(t,i)\boldsymbol{K}_2(t,i)\end{aligned}$$

$$\begin{aligned}&\boldsymbol{L}(t,i)\\&=\boldsymbol{B}'(t,i)\hat{\boldsymbol{P}}_1(t,i)\boldsymbol{A}(t,i)+\boldsymbol{B}_1'(t,i)\hat{\boldsymbol{P}}_1(t,i)\boldsymbol{A}_1(t,i)+\tilde{\boldsymbol{B}}'(t,i)(\boldsymbol{C}'(t,i)\hat{\boldsymbol{P}}_1(t,i)\boldsymbol{A}(t,i)+\\&\quad \boldsymbol{C}_1'(t,i)\hat{\boldsymbol{P}}_1(t,i)\boldsymbol{A}_1(t,i))+\tilde{\boldsymbol{B}}'(t,i)\boldsymbol{S}_{12}(t,i)\tilde{\boldsymbol{A}}(t,i)+\tilde{\boldsymbol{A}}'(t,i)(\boldsymbol{C}'(t,i)\hat{\boldsymbol{P}}_1(t,i)\boldsymbol{B}(t,i)+\\&\quad \boldsymbol{C}_1'(t,i)\hat{\boldsymbol{P}}_1(t,i)\boldsymbol{B}_1(t,i))\end{aligned}$$

$$\boldsymbol{S}_{11}(t,i)=\boldsymbol{B}'(t,i)\hat{\boldsymbol{P}}_1(t,i)\boldsymbol{B}(t,i)+\boldsymbol{B}_1'(t,i)\hat{\boldsymbol{P}}_1(t,i)\boldsymbol{B}_1(t,i)+\boldsymbol{R}_{11}(t,i)$$

$$\boldsymbol{S}_{12}(t,i)=\boldsymbol{C}'(t,i)\hat{\boldsymbol{P}}_1(t,i)\boldsymbol{C}(t,i)+\boldsymbol{C}_1'(t,i)\hat{\boldsymbol{P}}_1(t,i)\boldsymbol{C}_1(t,i)+\boldsymbol{R}_{12}(t,i)$$

$$\boldsymbol{S}_{21}(t,i)=\boldsymbol{B}'(t,i)\hat{\boldsymbol{P}}_2(t,i)\boldsymbol{B}(t,i)+\boldsymbol{B}_1'(t,i)\hat{\boldsymbol{P}}_2(t,i)\boldsymbol{B}_1(t,i)+\boldsymbol{R}_{21}(t,i)$$

$$\boldsymbol{S}_{22}(t,i)=\boldsymbol{C}'(t,i)\hat{\boldsymbol{P}}_2(t,i)\boldsymbol{C}(t,i)+\boldsymbol{C}_1'(t,i)\hat{\boldsymbol{P}}_2(t,i)\boldsymbol{C}_1(t,i)+\boldsymbol{R}_{22}(t,i)$$

$$\tilde{\boldsymbol{A}}(t,i)=-\boldsymbol{S}_{22}^{-1}(t,i)(\boldsymbol{C}'(t,i)\hat{\boldsymbol{P}}_2(t,i)\boldsymbol{A}(t,i)+\boldsymbol{C}_1'(t,i)\hat{\boldsymbol{P}}_2(t,i)\boldsymbol{A}_1(t,i))$$

$$\tilde{\boldsymbol{B}}(t,i)=-\boldsymbol{S}_{22}^{-1}(t,i)(\boldsymbol{C}'(t,i)\hat{\boldsymbol{P}}_2(t,i)\boldsymbol{B}(t,i)+\boldsymbol{C}_1'(t,i)\hat{\boldsymbol{P}}_2(t,i)\boldsymbol{B}_1(t,i))$$

$$\boldsymbol{R}(t,i)=\boldsymbol{S}_{11}(t,i)+2(\boldsymbol{B}'(t,i)\hat{\boldsymbol{P}}_1(t,i)\boldsymbol{C}(t,i)+\boldsymbol{B}_1'(t,i)\hat{\boldsymbol{P}}_1(t,i)\boldsymbol{C}_1(t,i))\tilde{\boldsymbol{B}}(t,i)+\tilde{\boldsymbol{B}}'(t,i)\boldsymbol{S}_{12}(t,i)\tilde{\boldsymbol{B}}(t,i)$$

存在解 $\boldsymbol{P}_1(t,i)\geqslant 0\in S^n$，$\boldsymbol{P}_2(t,i)\geqslant 0\in S^n$。则系统（5.29）和（5.30）的 Stackelberg 策略存在，且为

$$u^*(t)=\boldsymbol{K}_1(t,i)x(t)\text{，}\quad v^*(t)=\boldsymbol{K}_2(t,i)x(t) \tag{5.32}$$

证明： 首先，博弈人 1 先采取策略 u，作为从方，博弈人 2 在监视到博弈人 1

的策略后选择相应的策略 v，这时考虑博弈人 2 的性能指标函数 $\boldsymbol{J}_2$，取值函数 $Y_2(t, x) = x'(t)\boldsymbol{E}'\boldsymbol{P}_2(t,i)\boldsymbol{E}x(t)$，以下为书写方便，省略 t，有

$$
\begin{aligned}
&\varepsilon[\Delta Y_2(t,x)]\\
&= \varepsilon[(x'(t+1)\boldsymbol{E}'\boldsymbol{P}_2(t+1,r_{t+1})\boldsymbol{E}x(t+1) - x'\boldsymbol{E}'\boldsymbol{P}_2(t,r_t)\boldsymbol{E}x]\\
&= \varepsilon[x'(\boldsymbol{A}'(t,i)\hat{\boldsymbol{P}}_2(t,i)\boldsymbol{A}(t,i) + \boldsymbol{A}_1'(t,i)\hat{\boldsymbol{P}}_2(t,i)\boldsymbol{A}_1(i) - \boldsymbol{E}'\boldsymbol{P}_2(t,i)\boldsymbol{E})x +\\
&\quad 2u'(\boldsymbol{B}'(t,i)\hat{\boldsymbol{P}}_2(t,i)\boldsymbol{A}(t,i) + \boldsymbol{B}_1'(t,i)\hat{\boldsymbol{P}}_2(t,i)\boldsymbol{A}_1(t,i))x +\\
&\quad 2v'(\boldsymbol{C}'(t,i)\hat{\boldsymbol{P}}_2(t,i)\boldsymbol{A}(t,i) + \boldsymbol{C}_1'(t,i)\hat{\boldsymbol{P}}_2(t,i)\boldsymbol{A}_1(t,i))x +\\
&\quad 2u'(\boldsymbol{B}'(t,i)\hat{\boldsymbol{P}}_2(t,i)\boldsymbol{C}(t,i) + \boldsymbol{B}_1'(t,i)\hat{\boldsymbol{P}}_2(t,i)\boldsymbol{C}_1(t,i))v +\\
&\quad u'(\boldsymbol{B}'(t,i)\hat{\boldsymbol{P}}_2(t,i)\boldsymbol{B}(t,i) + \boldsymbol{B}_1'(t,i)\hat{\boldsymbol{P}}_2(t,i)\boldsymbol{B}_1(t,i))u +\\
&\quad v'(C'(t,i)\hat{P}_2(t,i)C(t,i) + C_1{}'(t,i)\hat{P}_2(t,i)C_1(t,i))v]
\end{aligned}
\tag{5.33}
$$

结合 $\sum\limits_{t=0}^{T-1}[\Delta Y_2(t,x)] = (x(T)'\boldsymbol{E}'\boldsymbol{P}_2(T)\boldsymbol{E}x(T) - x(0)'\boldsymbol{E}'\boldsymbol{P}_2(0)\boldsymbol{E}x(0))$ 可得

$$
\begin{aligned}
&\varepsilon\sum_{t=0}^{T-1}[\Delta Y_2(t,x)]\\
&= \varepsilon\sum_{t=0}^{T-1}[x'(\boldsymbol{A}'(t,i)\hat{\boldsymbol{P}}_2(t,i)\boldsymbol{A}(t,i) + \boldsymbol{A}_1'(t,i)\hat{\boldsymbol{P}}_2(t,i)\boldsymbol{A}_1(t,i) - \boldsymbol{E}'\boldsymbol{P}_2(t,i)\boldsymbol{E})x +\\
&\quad 2u'(\boldsymbol{B}'(t,i)\hat{\boldsymbol{P}}_2(t,i)\boldsymbol{A}(t,i) + \boldsymbol{B}_1'(t,i)\hat{\boldsymbol{P}}_2(t,i)\boldsymbol{A}_1(t,i))x + 2v'(\boldsymbol{C}'(t,i)\hat{\boldsymbol{P}}_2(t,i)\boldsymbol{A}(t,i) +\\
&\quad \boldsymbol{C}_1'(t,i)\hat{\boldsymbol{P}}_2(t,i)\boldsymbol{A}_1(t,i))x + 2u'(\boldsymbol{B}'(t,i)\hat{\boldsymbol{P}}_2(t,i)\boldsymbol{C}(t,i) + \boldsymbol{B}_1'(t,i)\hat{\boldsymbol{P}}_2(t,i)\boldsymbol{C}_1(t,i))v +\\
&\quad u'(\boldsymbol{B}'(t,i)\hat{\boldsymbol{P}}_2(t,i)\boldsymbol{B}(t,i) + \boldsymbol{B}_1'(t,i)\hat{\boldsymbol{P}}_2(t,i)\boldsymbol{B}_1(t,i))u + v'(\boldsymbol{C}'(t,i)\hat{\boldsymbol{P}}_2(t,i)\boldsymbol{C}(t,i) +\\
&\quad \boldsymbol{C}_1{}'(t,i)\hat{\boldsymbol{P}}_2(t,i)\boldsymbol{C}_1(t,i))v]\\
&= (x(T)'\boldsymbol{E}'\boldsymbol{P}_2(T,i)\boldsymbol{E}x(T) - x(0)'\boldsymbol{E}'\boldsymbol{P}_2(0)\boldsymbol{E}x(0))
\end{aligned}
\tag{5.34}
$$

把式（5.34）代入 $\boldsymbol{J}_2(u,v)$中，得

$$
\begin{aligned}
\boldsymbol{J}_2(u,v) &= -\varepsilon[x'(T)\boldsymbol{E}'\boldsymbol{P}_2(T,i)\boldsymbol{E}x(T)] + x_0'\boldsymbol{E}'\boldsymbol{P}_2(0)\boldsymbol{E}x_0 + \varepsilon[x'(T)\boldsymbol{F}_2(i)x(T)] +\\
&\quad \varepsilon\sum_{t=0}^{T-1}[x'(\boldsymbol{A}'(t,i)\hat{\boldsymbol{P}}_2(t,i)\boldsymbol{A}(t,i) + \boldsymbol{A}_1'(t,i)\hat{\boldsymbol{P}}_2(t,i)\boldsymbol{A}_1(t,i) + \boldsymbol{Q}_2(t,i) - \boldsymbol{E}'\boldsymbol{P}_2(t,i)\boldsymbol{E})x +\\
&\quad 2u'(\boldsymbol{B}'(t,i)\hat{\boldsymbol{P}}_2(t,i)\boldsymbol{A}(t,i) + \boldsymbol{B}_1'(t,i)\hat{\boldsymbol{P}}_2(t,i)\boldsymbol{A}_1(t,i))x + 2v'(\boldsymbol{C}'(t,i)\hat{\boldsymbol{P}}_2(t,i)\boldsymbol{A}(t,i) +\\
&\quad \boldsymbol{C}_1'(t,i)\hat{\boldsymbol{P}}_2(t,i)\boldsymbol{A}_1(t,i))x + 2u'(\boldsymbol{B}'(t,i)\hat{\boldsymbol{P}}_2(t,i)\boldsymbol{C}(t,i) + \boldsymbol{B}_1'(t,i)\hat{\boldsymbol{P}}_2(t,i)\boldsymbol{C}_1(t,i))v +\\
&\quad u'\boldsymbol{S}_{21}(t,i)u + v'\boldsymbol{S}_{22}(t,i)v]
\end{aligned}
\tag{5.35}
$$

在式（5.35）中，对 v 求导，并令导数为 0，得

$$v^*(t)=\tilde{A}(t,i)x(t)+\tilde{B}(t,i)u(t) \tag{5.36}$$

再考虑博弈人 1 的策略，取值函数 $Y_1(t,x)=x'(t)E'P_1(t,r_t)Ex(t)$，有

$$\begin{aligned}
&\varepsilon[\Delta Y_1(t,x)]\\
=&\varepsilon[x'(A'(t,i)\hat{P}_1(t,i)A(t,i)+A_1'(t,i)\hat{P}_1(t,i)A_1(t,i)-E'P_1(t,i)E)x+\\
&2u'(B'(t,i)\hat{P}_1(t,i)A(t,i)+B_1'(t,i)\hat{P}_1(t,i)A_1(t,i))x+2v'(C'(t,i)\hat{P}_1(t,i)A(t,i)+\\
&C_1'(t,i)\hat{P}_1(t,i)A_1(t,i))x+2u'(B'(t,i)\hat{P}_1(t,i)C(t,i)+B_1'(t,i)\hat{P}_1(t,i)C_1(t,i))v+\\
&u'(B'(t,i)\hat{P}_1(t,i)B(t,i)+B_1'(t,i)\hat{P}_1(t,i)B_1(t,i))u+v'(C'(t,i)\hat{P}_1(t,i)C(t,i)+\\
&C_1'(t,i)\hat{P}_1(t,i)C_1(t,i))v]\\
=&\varepsilon[x'(T)E'P_1(T,i)Ex(T)]-x_0'E'P_1(0)Ex_0
\end{aligned} \tag{5.37}$$

把式（5.37）代入 $J_1(u,v)$中，得

$$\begin{aligned}
&J_1(u,v^*)\\
=&-\varepsilon[x'(T)E'P_1(T,i)Ex(T)]+x_0'E'P_1(0)Ex_0+\varepsilon[x'(T)F_1(i)x(T)]+\\
&\varepsilon\sum_{t=0}^{T-1}[x'(A'(t,i)\hat{P}_1(t,i)A_1(t,i)+A'(t,i)\hat{P}_1(t,i)A_1(t,i)-E'P_1(t,i)E+Q_1(t,i))x+\\
&2u'\big(B'(t,i)\hat{P}_1(t,i)A(t,i)+B_1'(t,i)\hat{P}_1(t,i)A_1(t,i))x+2v^{*\prime}(C'(t,i)\hat{P}_1(t,i)A(t,i)+\\
&C_1'(t,i)\hat{P}_1(t,i)A_1(t,i))x+2u'(B'(t,i)\hat{P}_1(t,i)C(t,i)+B_1'(t,i)\hat{P}_1(t,i)C_1(t,i))v^*+\\
&u'S_{11}(t,i)u+v^{*\prime}S_{12}(t,i)v^*]
\end{aligned} \tag{5.38}$$

把式（5.38）代入式（5.36），得

$$\begin{aligned}
J_1(u,v^*)=&-\varepsilon[x'(T)E'P_1(T,i)Ex(T)]+x_0'E'P_1(0)Ex_0+\varepsilon[x'(T)F_1(i)x(T)]+\\
&\varepsilon\sum_{t=0}^{T-1}\{x'[A'(t,i)\hat{P}_1(t,i)A(t,i)+A_1'(t,i)\hat{P}_1(t,i)A_1(t,i)-E'P_1(t,i)E+Q_1(t,i)+\\
&\tilde{A}'(t,i)S_{12}\tilde{A}(t,i)+2\tilde{A}'(C'(t,i)\hat{P}_1(t,i)A(t,i)+C_1'(t,i)\hat{P}_1(t,i)A_1(t,i))]x\}+\\
&\varepsilon\sum_{t=0}^{T-1}\{2u'[B'(t,i)\hat{P}_1(t,i)A(t,i)+B_1'(t,i)\hat{P}_1(t,i)A_1(t,i)+\\
&\tilde{B}'(t,i)(C'(t,i)\hat{P}_1(t,i)A(t,i)+C_1'(t,i)\hat{P}_1(t,i)A_1(t,i))+\tilde{B}'(t,i)S_{12}\tilde{A}(t,i)+\\
&(B'(t,i)\hat{P}_1(t,i)C(t,i)+B_1'(t,i)\hat{P}_1(t,i)C_1(t,i))\tilde{A}(t,i)]x+\\
&u'[S_{11}(t,i)+2(B'(t,i)\hat{P}_1(t,i)C(t,i)+B_1'(t,i)\hat{P}_1(t,i)C_1(t,i))\tilde{B}(t,i)+
\end{aligned}$$

$$\tilde{\boldsymbol{B}}'(t,i)\boldsymbol{S}_{12}(t,i)\tilde{\boldsymbol{B}}(t,i)]u\} \tag{5.39}$$

对式（5.39）进行配方，结合式（5.31），得

$$\begin{aligned}&\boldsymbol{J}_1(u,v^*)\\&=-\varepsilon[x'(T)\boldsymbol{E}'\boldsymbol{P}_1(T,i)\boldsymbol{E}x(T)]+x_0'\boldsymbol{E}'\boldsymbol{P}_1(0)\boldsymbol{E}x_0+\varepsilon[x'(T)\boldsymbol{F}_1(i)x(T)]+\\&\quad\sum_{t=0}^{T-1}[x'(\boldsymbol{H}_1(t,i)-\boldsymbol{P}_1(t,i))x+(u-\boldsymbol{K}_1(t,i)x)'\boldsymbol{R}(t,i)(u-\boldsymbol{K}_1(t,i)x)]\end{aligned}$$

由于 $\boldsymbol{R}(t,i)>0$，有

$$\boldsymbol{J}_1(u,v^*)\geqslant\boldsymbol{J}_1(u^*,v^*)=x_0'\boldsymbol{E}\boldsymbol{P}_1(0)\boldsymbol{E}x_0$$

此时，

$$u^*(t)=\boldsymbol{K}_1(t,i)x(t) \tag{5.40}$$

把式（5.40）代入式（5.35），得

$$\begin{aligned}\boldsymbol{J}_2(u^*,v)&=-\varepsilon[x'(T)\boldsymbol{E}'\boldsymbol{P}_2(T,i)\boldsymbol{E}x(T)]+x_0'\boldsymbol{E}'\boldsymbol{P}_2(0)\boldsymbol{E}x_0+\varepsilon[x'(T)\boldsymbol{F}_2(i)x(T)]+\\&\quad\sum_{t=0}^{T-1}[x'(\boldsymbol{H}_2(t,i)-\boldsymbol{P}_2(t,i))x+(v-\boldsymbol{K}_2(t,i)x)'(\boldsymbol{C}'(t,i)\hat{\boldsymbol{P}}_2(t,i)\boldsymbol{C}(t,i)+\\&\quad\boldsymbol{R}_{22}(t,i))(v-\boldsymbol{K}_2(t,i)x)]\end{aligned}$$

由于 $\boldsymbol{S}_{22}(t,i)>0$，有

$$\boldsymbol{J}_2(u,v^*)\geqslant\boldsymbol{J}_2(u^*,v^*)=x_0'\boldsymbol{P}_2(0)x_0$$

此时，

$$v^*(t)=(\tilde{\boldsymbol{A}}(t,i)+\tilde{\boldsymbol{B}}(t,i)\boldsymbol{K}_1(t,i))x(t)=\boldsymbol{K}_2(t,i)x(t)$$

定理 5.5 证毕。

5.4.2　无限时间

1. 问题描述

仍考虑式（5.14）所示的离散广义线性 Markov 切换系统，为叙述方便，将式（5.14）复制为式（5.41）:

$$\begin{cases} \boldsymbol{E}x(t+1) = \boldsymbol{A}(r_t)x(t) + \boldsymbol{B}(r_t)u(t) + \boldsymbol{C}(r_t)v(t) + \boldsymbol{A}_1(r_t)x(t)w(t), t = 0,1,2,\cdots \\ x(0) = x_0 \in \Re^n \end{cases} \tag{5.41}$$

两博弈人的二次型性能指标为

$$\begin{aligned} &\boldsymbol{J}_\tau(u,v) \\ &= \varepsilon\sum_{t=0}^{\infty}[x'(t)\boldsymbol{Q}_\tau(r_t)x(t) + u'(t)\boldsymbol{R}_{\tau1}(r_t)u(t) + v'(t)\boldsymbol{R}_{\tau2}(r_t)v(t)], \tau = 1,2 \end{aligned} \tag{5.42}$$

其中，控制权矩阵 $\boldsymbol{R}_{\tau\tau}(r_t) \in S^n$；状态权矩阵 $\boldsymbol{Q}_\tau(r_t) \geqslant 0 \in S^n$，$\tau = 1, 2$。

无限时间 Stackelberg 博弈问题定义如下：

定义 5.4[282]对于控制策略 $u \in U$，从方博弈人 2 的最优反应集是

$$R_2(u) = \{v^0 \in V : \boldsymbol{J}_2(u,v^0) \leqslant \boldsymbol{J}_2(u,v)\}, \forall v \in V$$

策略 u*称为主方博弈人 1 的 Stackelberg 策略当且仅当满足如下条件：

$$\sup_{v\in R_2(u^*)} \boldsymbol{J}_1(u^*,v) \leqslant \sup_{v\in R_2(u^*)} \boldsymbol{J}_1(u,v), \forall u \in U$$

假设 5.3 系统（5.41）是均方稳定的。

采用与有限时间随机 Stackelberg 博弈策略相同的方法，可得无限时间离散广义随机 Markov 切换系统 Stackelberg 博弈问题（5.41）和（5.42）的均衡策略如定理 5.6 所示。

2. 主要结论

定理 5.6 在假设 5.3 的基础上，如果下述代数 Riccati 方程（5.43）

$$\begin{cases} \boldsymbol{E}'\boldsymbol{P}_1(i)\boldsymbol{E} = \boldsymbol{H}_1(i) \\ \boldsymbol{E}'\boldsymbol{P}_2(i)\boldsymbol{E} = \boldsymbol{H}_2(i) \\ \boldsymbol{K}_1(i) = -\boldsymbol{R}^{-1}(i)\boldsymbol{L}(i) \\ \boldsymbol{K}_2(i) = \tilde{\boldsymbol{A}}(i) + \tilde{\boldsymbol{B}}(i)\boldsymbol{K}_1(i) \\ \boldsymbol{R}(i) > 0, \boldsymbol{S}_{22}(i) > 0 \end{cases} \tag{5.43}$$

其中，

$$\begin{aligned} &\boldsymbol{H}_1(i) \\ &= \boldsymbol{A}'(i)\hat{\boldsymbol{P}}_1(i)\boldsymbol{A}(i) + \boldsymbol{A}_1'(i)\hat{\boldsymbol{P}}_1(i)\boldsymbol{A}_1(i) + \boldsymbol{Q}_1(i) + \tilde{\boldsymbol{A}}'(i)\boldsymbol{S}_{12}(i)\tilde{\boldsymbol{A}}(i) + \\ &\quad 2\tilde{\boldsymbol{A}}'(i)(\boldsymbol{C}'(i)\hat{\boldsymbol{P}}_1(i)\boldsymbol{A}(i) + \boldsymbol{C}_1'(i)\hat{\boldsymbol{P}}_1(i)\boldsymbol{A}_1(i)) + \boldsymbol{K}_1'(i)\boldsymbol{L}(i) \end{aligned}$$

$$
\begin{aligned}
&\boldsymbol{H}_2(i)\\
&=\boldsymbol{A}'(i)\hat{\boldsymbol{P}}_2(i)\boldsymbol{A}(i)+\boldsymbol{A}_1'(i)\hat{\boldsymbol{P}}_2(i)\boldsymbol{A}_1(i)+\boldsymbol{Q}_2(i)+\\
&\quad 2\boldsymbol{K}_1'(i)(\boldsymbol{B}'(i)\hat{\boldsymbol{P}}_2(i)\boldsymbol{A}(i)+\boldsymbol{B}_1'(i)\hat{\boldsymbol{P}}_2(i)\boldsymbol{A}_1(i))+\\
&\quad \boldsymbol{K}_1'(i)\boldsymbol{S}_{21}(i)\boldsymbol{K}_1(i)-\boldsymbol{K}_2'(i)\boldsymbol{S}_{22}(i)\boldsymbol{K}_2(i)
\end{aligned}
$$

$$
\begin{aligned}
&\boldsymbol{L}(i)\\
&=\boldsymbol{B}'(i)\hat{\boldsymbol{P}}_1(i)\boldsymbol{A}(i)+\boldsymbol{B}_1'(i)\hat{\boldsymbol{P}}_1(i)\boldsymbol{A}_1(i)+\\
&\quad \tilde{\boldsymbol{B}}'(i)(\boldsymbol{C}'(i)\hat{\boldsymbol{P}}_1(i)\boldsymbol{A}(i)+\boldsymbol{C}_1'(i)\hat{\boldsymbol{P}}_1(i)\boldsymbol{A}_1(i))+\\
&\quad \tilde{\boldsymbol{B}}'(i)\boldsymbol{S}_{12}(i)\tilde{\boldsymbol{A}}(i)+\tilde{\boldsymbol{A}}'(i)(\boldsymbol{C}'(i)\hat{\boldsymbol{P}}_1(i)\boldsymbol{B}(i)+\boldsymbol{C}_1'(i)\hat{\boldsymbol{P}}_1(i)\boldsymbol{B}_1(i))
\end{aligned}
$$

$$\boldsymbol{S}_{11}(i)=\boldsymbol{B}'(i)\hat{\boldsymbol{P}}_1(i)\boldsymbol{B}(i)+\boldsymbol{B}_1'(i)\hat{\boldsymbol{P}}_1(i)\boldsymbol{B}_1(i)+\boldsymbol{R}_{11}(i)$$

$$\boldsymbol{S}_{12}(i)=\boldsymbol{C}'(i)\hat{\boldsymbol{P}}_1(i)\boldsymbol{C}(i)+\boldsymbol{C}_1'(i)\hat{\boldsymbol{P}}_1(i)\boldsymbol{C}_1(i)+\boldsymbol{R}_{12}(i)$$

$$\boldsymbol{S}_{21}(i)=\boldsymbol{B}'(i)\hat{\boldsymbol{P}}_2(i)\boldsymbol{B}(i)+\boldsymbol{B}_1'(i)\hat{\boldsymbol{P}}_2(i)\boldsymbol{B}_1(i)+\boldsymbol{R}_{21}(i)$$

$$\boldsymbol{S}_{22}(i)=\boldsymbol{C}'(i)\hat{\boldsymbol{P}}_2(i)\boldsymbol{C}(i)+\boldsymbol{C}_1'(i)\hat{\boldsymbol{P}}_2(i)\boldsymbol{C}_1(i)+\boldsymbol{R}_{22}(i)$$

$$\tilde{\boldsymbol{A}}(i)=-\boldsymbol{S}_{22}^{-1}(i)\ (\boldsymbol{C}'(i)\hat{\boldsymbol{P}}_2(i)\boldsymbol{A}(i)+\boldsymbol{C}_1'(i)\hat{\boldsymbol{P}}_2(i)\boldsymbol{A}_1(i))$$

$$\tilde{\boldsymbol{B}}(i)=-\boldsymbol{S}_{22}^{-1}(i)(\boldsymbol{C}'(i)\hat{\boldsymbol{P}}_2(i)\boldsymbol{B}(i)+\boldsymbol{C}_1'(i)\hat{\boldsymbol{P}}_2(i)\boldsymbol{B}_1(t,i))$$

$$\boldsymbol{R}(i)=\boldsymbol{S}_{11}(i)+2(\boldsymbol{B}'(i)\hat{\boldsymbol{P}}_1(i)\boldsymbol{C}(i)+\boldsymbol{B}_1'(i)\hat{\boldsymbol{P}}_1(i)\boldsymbol{C}_1(i))\tilde{\boldsymbol{B}}(i)+\tilde{\boldsymbol{B}}'(i)\boldsymbol{S}_{12}(i)\tilde{\boldsymbol{B}}(i)$$

存在解 $\boldsymbol{P}_1(i)\geqslant 0\in S^n$， $\boldsymbol{P}_2(i)\geqslant 0\in S^n$。则无限时间广义随机 Markov 切换系统 Stackelberg 博弈问题（5.41）和（5.42）存在线性状态反馈均衡解：

$$u^*(t)=\boldsymbol{K}_1(i)x(t)\,,\quad v^*(t)=\boldsymbol{K}_2(i)x(t)$$

由于定理 5.6 的证明方法与定理 5.5 类似，不再赘述。

注 1：式（5.43）所示的代数 Riccati 方程组，可以借鉴文献[8]的严格 LMI 法进行求解。

第 6 章　随机非合作微分博弈理论在鲁棒控制的应用

鲁棒控制是处理系统不确定性的基本方法之一，其是针对系统的不确定性，为了保持控制系统的稳定性并满足所希望的控制性能要求而产生的新型控制[74]。鲁棒控制问题在现实中普遍存在，如现实经济系统中的扰动影响，在经济模型中用不确定性来表示。这种不确定性可能来自所描述系统的模型化误差，也可能来自外界多样性的扰动。当系统参数估计不准确，或系统参数随时间而发生变化，如果这种扰动影响经过传导机制作用于经济系统的输出，将会影响到经济系统的控制及政策，可能导致系统的状态或输出偏离正常轨道，存在经济风险。因此，如何减少扰动的影响，确保经济系统按正常轨道运行，降低风险，从控制理论角度可将其归结为鲁棒控制问题。

在现实实际中，金融系统不仅受到来自市场波动、汇率变动、利率及资产价格等方面的内部变化不确定性的影响，同时还受到来自自然灾害、国际政治和经济环境等方面的外部不确定性的影响。这些内外部不确定性直接影响到金融系统的正常运行。这时，鲁棒性就成为能否确保金融系统持续、正常运行的重要因素。

鲁棒控制常使用的方法有：频域设计方法、Hilbert 空间设计法、Lyapunov 直接设计（含线性矩阵不等式（LMI）法）、博弈论方法[40]。与本书相关的主要是博弈论方法。利用博弈论研究鲁棒性能控制器的开拓工作首先由 Dorato 等人于 20 世纪 60 年代给出[89]，在博弈理论和计算技术快速发展背景下，从 1990 年起，这种设计思想越来越广泛地应用于鲁棒控制问题。

非合作微分博弈理论应用于鲁棒控制设计的基本思路是[37, 38]：将控制策略设计者和随机干扰性（不确定性）视为博弈的双方；鲁棒控制问题就是控制策略设计者如何在预期到各种随机干扰（不确定性）策略情况下设计自己的策略，在实现与随机干扰性（不确定性）均衡的同时又使自己的目标最优，这样就可以把 H_∞、

H_2/H_∞ 鲁棒控制问题分别转化成两人零和博弈和非零和博弈问题。在此思路上，利用非合作微分博弈理论的鞍点均衡策略和 Nash 均衡策略得到相应的鲁棒控制策略。

这种把博弈理论应用于研究鲁棒控制问题的思路已经在线性系统的鲁棒控制问题研究中取得了很大成功[283-285]，应用博弈论方法，Limebeer 等讨论了零初值条件下的时变系统的有限时间上的 H_∞ 控制问题[43]，Rhee 和 Speyer、Basar 分别讨论了全信息和部分信息下非零初值条件下的时变系统的 H_∞ 控制问题[38,90]，Toivonen 求得时变系统有限时间上的数据采样 H_∞ 控制问题的完全解[241]。Shaked 将时变系统的有限时间上的 H_∞ 最优跟踪问题也描述为一个控制中的博弈问题，采用微分博弈的方法有效地克服了将跟踪问题化为标准 H_∞ 问题来处理时，常会出现的因过分强调系统的跟踪性能，而造成的系统鲁棒性及 H_∞ 扰动抑制性能的降低[242]。Sasaki 和 Uchida 分别用博弈论方法和线性分形重构方法研究了 H_∞ 输出反馈控制问题[243]。Shen Dan 等提出了求解一类 H_∞ 最优问题的改进博弈方法[244]。Jungers 等研究了基于 Stackelberg 博弈理论的混合 H_2/H_∞ 鲁棒控制问题[245]。Basar 等（1996）将 Markov 切换系统的 H_∞ 控制问题转化为零和微分博弈问题，得到了相应的状态反馈和输出反馈 H_∞ 鲁棒控制策略[47]。朱怀念等用博弈论方法，对连续时间 Markov 切换系统的随机 H_∞ 控制问题和 H_2/H_∞ 鲁棒控制问题进行了研究[193]。曹铭等将连续时间广义随机 Markov 跳变系统的 Nash 博弈策略应用于相应的鲁棒控制问题[261]。Ming 等[286]讨论了混合 H_2/H_∞ 控制的合作微分对策（CDG）的设计过程，通过自适应动态规划方法（ADP）获得非线性随机系统的帕累托最优解。

鲁棒控制在经济系统中的应用方面，黄小原等采用近 20 年来经济体制改革时期的数据，设计了辽宁省宏观经济模型的 H_∞ 鲁棒控制策略[292]。黄小原等还应用 H_∞ 控制理论研究了宏观经济系统的控制问题，并针对一个政府政策和公众预期的宏观经济系统求出 Riccati 不等式的 H_∞ 控制解[293]。刘惠敏等针对宏观经济系统、古典经济增长模型、Leontief 动态投入产出模型，应用微分博弈理论，设计了相应的 H_∞ 控制器[44]。

据作者文献调研所知，目前把非合作微分博弈理论应用于研究广义随机线性系统和广义离散随机线性 Markov 切换系统鲁棒控制问题的工作较少见报。基于此，本章将所得随机非合作微分博弈理论，应用于研究广义随机线性系统和广义离散随机线性 Markov 切换系统的 H_∞ 鲁棒控制问题和 H_2/H_∞ 鲁棒控制问题，得到相应的 H_∞ 鲁棒控制策略和 H_2/H_∞ 混合鲁棒控制策略。

6.1 鲁棒控制

6.1.1 H_∞鲁棒控制

在完备概率空间$(\Omega, F, \{F_t|t\geqslant 0\}, P)$上，考虑以下连续时间线性系统：

$$\begin{cases}\dot{x}=\boldsymbol{A}x+\boldsymbol{B}_1w+\boldsymbol{B}_2u\\ z=\boldsymbol{C}_1x+\boldsymbol{D}_{11}w+\boldsymbol{D}_{12}u\\ y=\boldsymbol{C}_2x+\boldsymbol{D}_{21}w+\boldsymbol{D}_{22}u\end{cases}$$

其中，$x(t)\in\mathbf{R}^n$为系统的状态；$u(t)\in\mathbf{R}^m$为系统的控制信号；$w(t)\in\mathbf{R}^q$描述的是系统的外部输入信号（参考（指令）信号、干扰和传感器噪声等）；$z(t)\in\mathbf{R}^p$通常称为被控输出信号（或评价信号），代表了系统跟踪误差、调节误差和执行机构输出等；$y(t)\in\mathbf{R}^p$是系统的量测输出信号。

相应的传递函数矩阵如下式所示：

$$\boldsymbol{G}(s)=\begin{vmatrix}\boldsymbol{G}_{11}(s) & \boldsymbol{G}_{12}(s)\\ \boldsymbol{G}_{21}(s) & \boldsymbol{G}_{22}(s)\end{vmatrix}=\begin{vmatrix}\boldsymbol{A} & \boldsymbol{B}_1 & \boldsymbol{B}_2\\ \boldsymbol{C}_1 & \boldsymbol{D}_{11} & \boldsymbol{D}_{12}\\ \boldsymbol{C}_2 & \boldsymbol{D}_{21} & \boldsymbol{D}_{22}\end{vmatrix}$$

即

$$\begin{vmatrix}z\\ y\end{vmatrix}=\boldsymbol{G}(s)\begin{vmatrix}w\\ u\end{vmatrix}=\begin{vmatrix}\boldsymbol{G}_{11}(s) & \boldsymbol{G}_{12}(s)\\ \boldsymbol{G}_{21}(s) & \boldsymbol{G}_{22}(s)\end{vmatrix}\begin{vmatrix}w\\ u\end{vmatrix}$$

$$u=\boldsymbol{K}(s)y$$

从而可得w到z的闭环传递函数阵如下式所示：

$$\boldsymbol{T}_{zw}(s)=\boldsymbol{G}_{11}+\boldsymbol{G}_{12}\boldsymbol{K}(\boldsymbol{I}-\boldsymbol{G}_{22}\boldsymbol{K})^{-1}\boldsymbol{G}_{21}$$

可见，系统的输出目标$z(t)$受外部扰动信号$w(t)$的干扰影响，如果系统对于$w(t)$的干扰，总能抑制这种扰动的影响，使得$z(t)$控制在最佳数值，那么，我们认为系统具备很好的性能，换言之，就是外部扰动对于系统的影响很小。

定义 6.1[246]（H_∞最优控制问题）求一正则实有理控制器K，使闭环系统内稳定且使传递函数阵$\boldsymbol{T}_{zw}(s)$的H_∞范数极小，即

$$\min_K \|\boldsymbol{T}_{zw}(s)\|_\infty = \gamma_0$$

定义 6.2[246]（H_∞ 次优控制问题）求一正则实有理控制器 K，使闭环系统内稳定且使

$$\|\boldsymbol{T}_{zw}(s)\|_\infty < \gamma$$

其中，$\gamma \geqslant \gamma_0$。

由于 H_∞ 最优控制问题难于求解，因此往往将 H_∞ 次优控制问题称为 H_∞ 标准控制问题[246]。

6.1.2　H_2/H_∞ 混合控制

H_2 控制的优点是具有较好的系统性能，但却在系统的鲁棒性方面有所不足；而 H_∞ 控制虽能较好地解决系统的鲁棒性问题，但在其他性能方面又有所不足。如何将两种控制理论结合起来，取长补短，既解决系统的鲁棒性问题又具有较好的系统性能。基于此，Bernstein 等提出了 H_2/H_∞ 混合控制的设计思想。H_2/H_∞ 混合控制一经提出就得到了广泛关注，并取得了很大发展。

考虑时不变线性系统：

$$\begin{cases} \dot{x} = \boldsymbol{A}x + \boldsymbol{B}_1 w + \boldsymbol{B}_2 u \\ z_2 = \boldsymbol{C}_2 x + \boldsymbol{D}_{2w} w + \boldsymbol{D}_{2u} u \\ z_\infty = \boldsymbol{C}_\infty x + \boldsymbol{D}_{\infty w} w + \boldsymbol{D}_{\infty u} u \end{cases}$$

其中，$x(t) \in \mathbf{R}^n$、$u(t) \in \mathbf{R}^m$、$w(t) \in \mathbf{R}^q$ 分别为系统的状态、控制信号和外部输入信号；$z_2(t) \in \mathbf{R}^p$、$z_\infty(t) \in \mathbf{R}^p$ 分别是对应于 H_2 范数和 H_∞ 范数指标的输出信号。

这里，$u = \boldsymbol{K}x$ 为状态反馈控制器，并且假设 $D_{\infty w} = 0$，对应的闭环系统形式如下：

$$\begin{cases} \dot{x} = \boldsymbol{A}x + \boldsymbol{B}_1 w + \boldsymbol{B}_2 u \\ z_2 = (\boldsymbol{C}_2 + \boldsymbol{D}_{2u}\boldsymbol{K})x + \boldsymbol{D}_{2w} w \\ z_\infty = (\boldsymbol{C}_\infty x + \boldsymbol{D}_{\infty u}\boldsymbol{K})x \end{cases}$$

$\boldsymbol{T}_{zw} = [\boldsymbol{T}_{z_2 w} \quad \boldsymbol{T}_{z_\infty w}]^{\mathrm{T}}$ 表示由外部输入 w 到输出 $z = [z_2, z_\infty]^{\mathrm{T}}$ 的闭环传递函数。则状态反馈控制器可以设计如下[247]：

$$\begin{cases}\dot{x}=\boldsymbol{A}x+\boldsymbol{B}_1w+\boldsymbol{B}_2u\\ z_2=\boldsymbol{C}_2x+\boldsymbol{D}_{2w}w+\boldsymbol{D}_{2u}u\\ z_\infty=\boldsymbol{C}_\infty x+\boldsymbol{D}_{\infty w}w+\boldsymbol{D}_{\infty u}u\end{cases}$$

（1）闭环系统内部稳定；

（2）闭环传递函数 $\boldsymbol{T}_{z_\infty w}$ 的 H_∞ 范数（从干扰输入 w 到性能输出 z_∞ 的 H_∞ 范数）满足：

$$\left\|\boldsymbol{T}_{z_\infty w}\right\|\leqslant\gamma$$

（3）闭环传递函数 $\boldsymbol{T}_{z_2 w}$ 的 H_2 范数（从干扰输入 w 到性能输出 z_2 的 H_2 范数）满足：

$$\min_K\left\|\boldsymbol{T}_{z_2 w}\right\|_2$$

6.2 连续广义随机线性系统的鲁棒控制策略

在实际系统设计与控制中，有时会对所设计的系统有更多的需求，希望能够满足多种性能要求，其中比较常用的是 H_2 和 H_∞ 控制性能指标。H_2 控制主要是用于对系统的暂态性能的处理，H_∞ 控制主要是用于对考虑系统处于最坏扰动下的鲁棒性问题的处理。而混合 H_2/H_∞ 鲁棒控制则是把两者结合，将 H_∞ 性能设计与 H_2 性能设计都考虑其中，从而使得系统在鲁棒稳定性和动态性能两方面实现较好的平衡，因此不管是在理论研究还是在实际应用中都具有重要的价值。

6.2.1 相关引理与定理

考虑如下连续时间广义随机线性系统：

$$\begin{cases}\boldsymbol{E}\dot{x}(t)=(\boldsymbol{A}(t)x(t)+\boldsymbol{B}(t)v(t))\mathrm{d}t+(\boldsymbol{C}(t)x(t)+\boldsymbol{D}(t)v(t))\mathrm{d}w(t)\\ z(t)=\boldsymbol{Q}(t)x(t),x(t_0)=x_0\end{cases}\tag{6.1}$$

其中，$x_0\in\mathbf{R}^n$ 是系统的初始状态；$\boldsymbol{E}$ 是给定的奇异矩阵，$\mathrm{rank}(\boldsymbol{E})<n$，$z\in\mathbf{R}^q$ 为系统的输出向量；$w(t)$是定义在完备概率空间$(\Omega,\ F,\ \{F_t|t\geqslant0\},\ P)$上的一维标准 Wiener 过程，表示一类能量有界的系统干扰输入向量。

对于系统（6.1），我们定义与 H_∞ 性能指标密切相关的泛函：

$$\boldsymbol{J}^{\mathrm{T}}(x_0;v)=\varepsilon\{\int_0^T[\gamma^2\|v\|^2-\|z\|^2]\}$$

我们称使得 $\boldsymbol{J}^{\mathrm{T}}(x_0;v)$ 达到最小值的 v^* 为最坏干扰。

接下来，我们证明几个结论，它们在后面的定理证明中起着重要的作用。

引理 6.1 设 $\boldsymbol{P}(t)\in C(0,T;\mathbf{S}^n)$ 给定，对具有初始条件 $(x_0, t_0)\in\Re^n\times[0,T]$ 的系统（6.1），有（t 省略）

$$\begin{aligned}&\boldsymbol{J}^{\mathrm{T}}(x_0;v)\\&=\varepsilon\int_0^T\{x'(t)[\boldsymbol{E}'\dot{\boldsymbol{P}}(t)\boldsymbol{E}+\boldsymbol{E}'\boldsymbol{P}(t)\boldsymbol{A}+\boldsymbol{A}'\boldsymbol{P}(t)\boldsymbol{E}+\boldsymbol{C}'\boldsymbol{E}'\boldsymbol{P}(t)\boldsymbol{E}\boldsymbol{C}-\boldsymbol{Q}'\boldsymbol{Q}]x(t)+\\&v'(t)(\boldsymbol{D}'\boldsymbol{E}'\boldsymbol{P}(t)\boldsymbol{E}\boldsymbol{D}+\gamma^2)v(t)\}\mathrm{d}t-x'(T)\boldsymbol{E}'\boldsymbol{P}(T)\boldsymbol{E}x(T)+x_0'\boldsymbol{E}'\boldsymbol{P}(0)\boldsymbol{E}x_0\end{aligned}$$

证明：设 $\boldsymbol{P}(t)\in C(0,T;S^n)$ 给定，对系统（6.1）应用 Itô 积分公式，有

$$\begin{aligned}&\mathrm{d}x'(t)\boldsymbol{E}'\boldsymbol{P}(t)\boldsymbol{E}x(t)\\&=[x'(t)(\boldsymbol{E}'\dot{\boldsymbol{P}}(t)\boldsymbol{E}+\boldsymbol{E}'\boldsymbol{P}(t)\boldsymbol{A}+\boldsymbol{A}'\boldsymbol{P}(t)\boldsymbol{E}+\boldsymbol{C}'\boldsymbol{E}'\boldsymbol{P}(t)\boldsymbol{E}\boldsymbol{C})x(t)+\\&v'(t)(\boldsymbol{E}'\boldsymbol{P}(t)\boldsymbol{B}+\boldsymbol{B}'\boldsymbol{P}(t)\boldsymbol{E})x(t)+v'(t)\boldsymbol{D}'\boldsymbol{E}'\boldsymbol{P}(t)\boldsymbol{E}\boldsymbol{D}v(t)]\mathrm{d}t+\\&\{\cdots\}\mathrm{d}w(t)\end{aligned}\tag{6.2}$$

对式（6.2）在[0, T]上积分，取期望，得

$$\begin{aligned}&\varepsilon\int_0^T[x'(t)(\boldsymbol{E}'\dot{\boldsymbol{P}}(t)\boldsymbol{E}+\boldsymbol{E}'\boldsymbol{P}(t)\boldsymbol{A}+\boldsymbol{A}'\boldsymbol{P}(t)\boldsymbol{E}+\boldsymbol{C}'\boldsymbol{E}'\boldsymbol{P}(t)\boldsymbol{E}\boldsymbol{C})x(t)+\\&v'(t)(\boldsymbol{E}'\boldsymbol{P}(t)\boldsymbol{B}+\boldsymbol{B}'\boldsymbol{P}(t)\boldsymbol{E})x(t)+v'(t)\boldsymbol{D}'\boldsymbol{E}'\boldsymbol{P}(t)\boldsymbol{E}\boldsymbol{D}v(t)]\mathrm{d}t\\&=x'(T)\boldsymbol{E}'\boldsymbol{P}(T)\boldsymbol{E}x(T)-x_0'\boldsymbol{E}'\boldsymbol{P}(0)\boldsymbol{E}x_0\end{aligned}$$

有

$$\begin{aligned}&\boldsymbol{J}^{\mathrm{T}}(x_0;v)\\&=\varepsilon\int_0^T\{x'(t)[\boldsymbol{E}'\dot{\boldsymbol{P}}(t)\boldsymbol{E}+\boldsymbol{E}'\boldsymbol{P}(t)\boldsymbol{A}+\boldsymbol{A}'\boldsymbol{P}(t)\boldsymbol{E}+\boldsymbol{C}'\boldsymbol{E}'\boldsymbol{P}(t)\boldsymbol{E}\boldsymbol{C}-\boldsymbol{Q}'\boldsymbol{Q}]x(t)+\\&v'(t)(\boldsymbol{D}'\boldsymbol{E}'\boldsymbol{P}(t)\boldsymbol{E}\boldsymbol{D}+\gamma^2\boldsymbol{I})v(t)\}\mathrm{d}t-x'(T)\boldsymbol{E}'\boldsymbol{P}(T)\boldsymbol{E}x(T)+x_0'\boldsymbol{E}'\boldsymbol{P}(0)\boldsymbol{E}x_0\end{aligned}$$

引理 6.1 证毕。

定理 6.1 对于线性随机系统（6.1）和一个给定的扰动衰减水平 $\gamma>0$，下面的两个表述是等价的：

（1）$\|L_T\|<\gamma$，其中

$$\|L_T\|=\frac{\left\{\varepsilon\int_0^T\left[z'(t)z(t)\right]\mathrm{d}t\right\}^{1/2}}{\left\{\varepsilon\int_0^T\left[v'(t)v(t)\right]\mathrm{d}t\right\}^{1/2}}$$

（2）对任意的 $t\in[0,T]$，以下广义 Riccati 微分方程：

$$\begin{cases}\boldsymbol{E}'\dot{\boldsymbol{P}}(t)\boldsymbol{E}+\boldsymbol{E}'\boldsymbol{P}(t)\boldsymbol{A}+\boldsymbol{A}'\boldsymbol{P}(t)\boldsymbol{E}+\boldsymbol{C}'\boldsymbol{E}'\boldsymbol{P}(t)\boldsymbol{E}\boldsymbol{C}+\\ \boldsymbol{K}'(t)(\boldsymbol{B}'\boldsymbol{P}(t)\boldsymbol{E}+\boldsymbol{D}'\boldsymbol{E}'\boldsymbol{P}(t)\boldsymbol{E}\boldsymbol{C})-\boldsymbol{Q}'\boldsymbol{Q}=0\\ \boldsymbol{E}'\boldsymbol{P}(T)\boldsymbol{E}=0\\ \boldsymbol{K}(t)=-(\gamma^2\boldsymbol{I}+\boldsymbol{D}'\boldsymbol{E}'\boldsymbol{P}(t)\boldsymbol{E}\boldsymbol{D})^{-1}(\boldsymbol{B}'\boldsymbol{P}(t)\boldsymbol{E}+\boldsymbol{D}'\boldsymbol{E}'\boldsymbol{P}(t)\boldsymbol{E}\boldsymbol{C})\\ \gamma^2\boldsymbol{I}+\boldsymbol{D}'\boldsymbol{E}'\boldsymbol{P}(t)\boldsymbol{E}\boldsymbol{D}>0\end{cases}\tag{6.3}$$

有解 $\boldsymbol{P}(t)\in C(0,T;S^n)$。

证明：（2）→（1）：假设对 $t=0,\cdots,T$,（2）成立，则对任意非零 v，及 $x_0=0$，由引理 6.1 得

$$\begin{aligned}&\boldsymbol{J}^{\mathrm{T}}(x_0;v)\\&=\varepsilon\int_0^T\{x'(t)[\boldsymbol{E}'\dot{\boldsymbol{P}}(t)\boldsymbol{E}+\boldsymbol{E}'\boldsymbol{P}(t)\boldsymbol{A}+\boldsymbol{A}'\boldsymbol{P}(t)\boldsymbol{E}+\boldsymbol{C}'\boldsymbol{E}'\boldsymbol{P}(t)\boldsymbol{E}\boldsymbol{C}-\boldsymbol{Q}'\boldsymbol{Q}]x(t)+\\&\gamma^2v'(t)v(t)\}\mathrm{d}t-x'(T)\boldsymbol{E}'\boldsymbol{P}(T)\boldsymbol{E}x(T)+x_0'\boldsymbol{E}'\boldsymbol{P}(0)\boldsymbol{E}x_0\end{aligned}$$

利用配方法，并结合式（6.3），得

$$\boldsymbol{J}^{\mathrm{T}}(0;v)=\varepsilon\int_0^T\{[v(t)-v^*(t)]'(\gamma^2\boldsymbol{I}+\boldsymbol{D}'\boldsymbol{E}'\boldsymbol{P}(t)\boldsymbol{E}\boldsymbol{D})[v(t)-v^*(t)]\}\mathrm{d}t\tag{6.4}$$

其中，$v^*(t)=\boldsymbol{K}(t)x(t)$。

又因 $\gamma^2\boldsymbol{I}+\boldsymbol{D}'\boldsymbol{E}'\boldsymbol{P}(t)\boldsymbol{E}\boldsymbol{D}>0$，由式（6.4）可得 $\boldsymbol{J}^{\mathrm{T}}(0;v)\geqslant0$，并且 $\boldsymbol{J}^{\mathrm{T}}(0;v)=0$ 当且仅当 $v(t)=v^*(t)$。将 $v(t)=v^*(t)$ 代入系统式（6.1）中，当初始条件 $x_0=0$ 时，必然有 $x(t)\equiv0$，从而有 $v^*(t)\equiv0$。由此，得 $\boldsymbol{J}^{\mathrm{T}}(0;v)=0$ 当且仅当 $v=v^*=0$，这与假设 $v\neq0$ 矛盾。所以，式（6.4）中 v 不能达到 v^*，也就是说，对任意 $v\neq0$，都有 $\boldsymbol{J}^{\mathrm{T}}(0;v)>0$。再由 $\boldsymbol{J}^{\mathrm{T}}(0;v)$ 和 $\|L_T\|$ 之间的关系不难得到（1）成立。

（1）→（2）：

利用“动态规划法”来证明。根据动态规划原理，值函数 $V(t,x)$ 满足如下 HJB 方程：

$$V_t(t,x)+\min_v\{v'\boldsymbol{R}v-x'\boldsymbol{Q}'\boldsymbol{Q}x+(\boldsymbol{A}x+\boldsymbol{B}v)'V_x(t,x)+$$
$$(\boldsymbol{C}x+\boldsymbol{D}v)'V_{xx}(t,x)(\boldsymbol{C}x+\boldsymbol{D}v)\}=0 \tag{6.5}$$

取二次型值函数 $V(t,x)$，如式（6.6）所示：

$$V(t,x)=x'(t)\boldsymbol{E}'\boldsymbol{P}(t)\boldsymbol{E}x(t) \tag{6.6}$$

其中，$\boldsymbol{P}(t)\in C(0,T;\mathbf{S}^n)$。将式（6.6）代入（6.5）得

$$x'(t)(\boldsymbol{E}'\dot{\boldsymbol{P}}(t)\boldsymbol{E}+\boldsymbol{E}'\boldsymbol{P}(t)\boldsymbol{A}+\boldsymbol{A}'\boldsymbol{P}(t)\boldsymbol{E}+\boldsymbol{C}'\boldsymbol{E}'\boldsymbol{P}(t)\boldsymbol{E}\boldsymbol{C}-\boldsymbol{Q}'\boldsymbol{Q})x(t)+$$
$$\min_v[v'(t)(\gamma^2\boldsymbol{I}+\boldsymbol{D}'\boldsymbol{E}'\boldsymbol{P}(t)\boldsymbol{E}\boldsymbol{D})v(t)+2v'(t)(\boldsymbol{B}'\boldsymbol{P}(t)\boldsymbol{E}+\boldsymbol{D}'\boldsymbol{E}'\boldsymbol{P}(t)\boldsymbol{E}\boldsymbol{C})x(t)]=0 \tag{6.7}$$

式（6.7）中左边的第 2 项取最小值，当且仅当

$$\frac{\partial}{\partial v}[v'(t)(\boldsymbol{R}+\boldsymbol{D}'\boldsymbol{E}'\boldsymbol{P}(t)\boldsymbol{E}\boldsymbol{D})v(t)+2v'(t)(\boldsymbol{B}'\boldsymbol{P}(t)\boldsymbol{E}+\boldsymbol{D}'\boldsymbol{E}'\boldsymbol{P}(t)\boldsymbol{E}\boldsymbol{C})x(t)]=0$$

即

$$(\gamma^2\boldsymbol{I}+\boldsymbol{D}'\boldsymbol{E}'\boldsymbol{P}(t)\boldsymbol{E}\boldsymbol{D})v(t)+(\boldsymbol{B}'\boldsymbol{P}(t)\boldsymbol{E}+\boldsymbol{D}'\boldsymbol{E}'\boldsymbol{P}(t)\boldsymbol{E}\boldsymbol{C})x(t)=0$$
$$v^*(t)=(\gamma^2\boldsymbol{I}+\boldsymbol{D}'\boldsymbol{E}'\boldsymbol{P}(t)\boldsymbol{E}\boldsymbol{D})^{-1}(\boldsymbol{B}'\boldsymbol{P}(t)\boldsymbol{E}+\boldsymbol{D}'\boldsymbol{E}'\boldsymbol{P}(t)\boldsymbol{E}\boldsymbol{C})x(t)=\boldsymbol{K}(t)x(t) \tag{6.8}$$

把式（6.8）代入式（6.7），得

$$x(t)[\boldsymbol{E}'\dot{\boldsymbol{P}}(t)\boldsymbol{E}+\boldsymbol{E}'\boldsymbol{P}(t)\boldsymbol{A}+\boldsymbol{A}'\boldsymbol{P}(t)\boldsymbol{E}+\boldsymbol{C}'\boldsymbol{E}'\boldsymbol{P}(t)\boldsymbol{E}\boldsymbol{C}+$$
$$\boldsymbol{K}'(t)(\boldsymbol{B}'\boldsymbol{P}(t)\boldsymbol{E}+\boldsymbol{D}'\boldsymbol{E}'\boldsymbol{P}(t)\boldsymbol{E}\boldsymbol{C})-\boldsymbol{Q}'\boldsymbol{Q}]x(t)=0 \tag{6.9}$$

由 $x(t)$的任意性，得

$$\boldsymbol{E}'\dot{\boldsymbol{P}}(t)\boldsymbol{E}+\boldsymbol{E}'\boldsymbol{P}(t)\boldsymbol{A}+\boldsymbol{A}'\boldsymbol{P}(t)\boldsymbol{E}+\boldsymbol{C}'\boldsymbol{E}'\boldsymbol{P}(t)\boldsymbol{E}\boldsymbol{C}+\boldsymbol{K}'(t)(\boldsymbol{B}'\boldsymbol{P}(t)\boldsymbol{E}+\boldsymbol{D}'\boldsymbol{E}'\boldsymbol{P}(t)\boldsymbol{E}\boldsymbol{C})-\boldsymbol{Q}'\boldsymbol{Q}=0$$

同时，由式（6.4）可知 $\gamma^2\boldsymbol{I}+\boldsymbol{D}'\boldsymbol{E}'\boldsymbol{P}(t)\boldsymbol{E}\boldsymbol{D}>0$，从而可知 $\boldsymbol{P}(t)\in C(0,T;\mathbf{S}^n)$是方程（6.9）的解。

定理 6.1 证毕。

6.2.2　连续时间广义随机线性系统的 H_∞ 鲁棒控制策略

1. 问题描述

考虑式（6.10）所示广义随机线性系统的 H_∞ 鲁棒控制策略：

$$\begin{cases} \boldsymbol{E}\dot{x}(t) = [\boldsymbol{A}x(t) + \boldsymbol{B}u(t) + \boldsymbol{C}v(t)]\mathrm{d}t + \boldsymbol{A}_1 x(t)\mathrm{d}w(t) \\ z(t) = \boldsymbol{Q}x(t) + u(t) \\ x(0) = x_0 \end{cases} \tag{6.10}$$

其中，x_0是系统的初始状态，$\boldsymbol{E}$是给定的奇异矩阵，$\mathrm{rank}(\boldsymbol{E}) < n$；$z(t)$为系统的输出向量；$w(t)$是定义在完备概率空间$(\Omega, F, \{F_t|t \geqslant 0\}, P)$上的一维标准 Wiener 过程；$v(t)$表示一类能量有界的系统干扰输入向量；$\boldsymbol{A}$、$\boldsymbol{B}$、$\boldsymbol{C}$、$\boldsymbol{A}_1$等都为适当维数的常数矩阵。

引入表示干扰抑制水平的标量$\gamma > 0$，给出如下性能指标函数：

$$\boldsymbol{J}(u,v) = \varepsilon\int_0^T \{\gamma^2 \|v\|^2 - \|z\|^2\}\mathrm{d}t \tag{6.11}$$

博弈论方法应用于鲁棒控制设计的基本思路是：将控制策略设计者和随机性（或不确定性）干扰分别视为博弈的双方P_1和P_2，那么鲁棒控制问题就是控制策略设计者（P_1）如何在预期到随机性（或不确定性，P_2）的各种干扰策略情形下设计自己的策略，在使得自己的目标最优的同时又实现与P_2的均衡，从而将鲁棒控制问题转化为两人博弈问题。因此，系统（6.10）的H_∞鲁棒控制问题的设计思路是：当最差扰动信号集$v^*(t)$作用于系统时，$u^*(t)$能通过调节状态$x(t)$使得输出能量极小化，即在满足以下均衡条件的基础上，求解博弈双方的均衡策略$u^*(t,x)$、$v^*(t,x)$：

$$\boldsymbol{J}(u^*,v) \leqslant \boldsymbol{J}(u^*,v^*) \leqslant \boldsymbol{J}(u,v^*)$$

可见，求解（6.10）的H_∞鲁棒控制问题就是求解两人零和动态博弈问题（6.10）和（6.11）的均衡策略，下面利用第 3 章中的理论和方法，给出最优控制策略。

2. 主要结论

定理 6.2 给定干扰抑制水平γ>0，0<T<∞，假设系统（6.10）是均方容许的，那么系统（6.10）的有限时域随机H_∞控制问题存在解(u^*，v^*)，其中，

$$u^*(t) = \boldsymbol{B}'\boldsymbol{P}(t)\boldsymbol{E}x(t)$$

$$v^*(t) = -\frac{1}{\gamma^2}\boldsymbol{C}'\boldsymbol{P}(t)\boldsymbol{E}x(t)$$

当且仅当下述耦合 Riccati 微分方程（6.12）存在解 $\boldsymbol{P}(t) \in C(0,T;S^n)$

$$\begin{cases} \boldsymbol{E}'\dot{\boldsymbol{P}}(t)\boldsymbol{E}+\boldsymbol{E}'\boldsymbol{P}(t)\boldsymbol{A}+\boldsymbol{A}'\boldsymbol{P}(t)\boldsymbol{E}+\boldsymbol{A}_1'\boldsymbol{E}'\boldsymbol{P}(t)\boldsymbol{E}\boldsymbol{A}_1+\boldsymbol{K}_1'(t)\boldsymbol{K}_1(t)- \\ \gamma^2\boldsymbol{K}_2'(t)\boldsymbol{K}_2(t)-\boldsymbol{Q}'\boldsymbol{Q}=0 \\ \boldsymbol{K}_1(t)=\boldsymbol{B}'\boldsymbol{P}(t)\boldsymbol{E} \\ \boldsymbol{K}_2(t)=-\dfrac{1}{\gamma^2}\boldsymbol{C}'\boldsymbol{P}(t)\boldsymbol{E} \end{cases} \tag{6.12}$$

证明：首先，设存在 $\boldsymbol{P}(t) \in C(0,T;S^n)$，对系统（6.10）应用 Itô 积分公式，有

$$\begin{aligned} & \mathrm{d}x'(t)\boldsymbol{E}'\boldsymbol{P}(t)\boldsymbol{E}x(t) \\ = & \{x'(t)(\boldsymbol{E}'\boldsymbol{P}(t)\boldsymbol{A}+\boldsymbol{A}'\boldsymbol{P}(t)\boldsymbol{E}+\boldsymbol{E}'\dot{\boldsymbol{P}}(t)\boldsymbol{E}+\boldsymbol{A}_1'\boldsymbol{E}'\boldsymbol{P}(t)\boldsymbol{E}\boldsymbol{A}_1)x(t)+ \\ & 2u'(t)\boldsymbol{B}'\boldsymbol{P}(t)\boldsymbol{E}x(t)+2v'(t)\boldsymbol{C}\boldsymbol{P}(t)\boldsymbol{E}x(t)\}\mathrm{d}t+\{\cdots\}\mathrm{d}w(t) \end{aligned} \tag{6.13}$$

对式（6.13）在[0 ,T]上积分，两边取期望得

$$\begin{aligned} & x'(T)\boldsymbol{E}'\boldsymbol{P}(T)\boldsymbol{E}x(T)-x_0'\boldsymbol{E}'\boldsymbol{P}(0)\boldsymbol{E}x_0 \\ = & \varepsilon\int_0^T\{x'(t)(\boldsymbol{E}'\boldsymbol{P}(t)\boldsymbol{A}+\boldsymbol{A}'\boldsymbol{P}(t)\boldsymbol{E}+\boldsymbol{E}'\dot{\boldsymbol{P}}(t)\boldsymbol{E}+\boldsymbol{A}_1'\boldsymbol{E}'\boldsymbol{P}(t)\boldsymbol{E}\boldsymbol{A}_1)x(t)+ \\ & 2u'(t)\boldsymbol{B}'\boldsymbol{P}\boldsymbol{E}x(t)+2v'(t)\boldsymbol{C}\boldsymbol{P}(t)\boldsymbol{E}x(t)\}\mathrm{d}t \end{aligned} \tag{6.14}$$

把式（6.14）加到式（6.11），有

$$\begin{aligned} \boldsymbol{J}(x_0;u,v)= & \varepsilon\int_0^T\{x'(t)(\boldsymbol{E}'\boldsymbol{P}(t)\boldsymbol{A}+\boldsymbol{A}'\boldsymbol{P}(t)\boldsymbol{E}+\boldsymbol{E}'\dot{\boldsymbol{P}}(t)\boldsymbol{E}+\boldsymbol{A}_1'\boldsymbol{E}'\boldsymbol{P}(t)\boldsymbol{E}\boldsymbol{A}_1-\boldsymbol{Q}'\boldsymbol{Q})x(t)+ \\ & 2u'(t)\boldsymbol{B}'\boldsymbol{P}(t)\boldsymbol{E}x(t)+2v'(t)\boldsymbol{C}'\boldsymbol{P}(t)\boldsymbol{E}x(t)-u'(t)u(t)+\gamma^2v'(t)v(t)\}\mathrm{d}t- \\ & x'(T)\boldsymbol{E}'\boldsymbol{P}(T)\boldsymbol{E}x(T)+x_0'\boldsymbol{E}'\boldsymbol{P}(0)\boldsymbol{E}x_0 \end{aligned} \tag{6.15}$$

对式（6.15）利用“配方法”，得

$$\begin{aligned} & \boldsymbol{J}(x_0;u,v) \\ = & -x'(T)\boldsymbol{E}'\boldsymbol{P}(T)\boldsymbol{E}x(T)+x_0'\boldsymbol{E}'\boldsymbol{P}(0)\boldsymbol{E}x_0+ \\ & \varepsilon\int_0^T\{x'(t)(\boldsymbol{E}'\boldsymbol{P}(t)\boldsymbol{A}+\boldsymbol{A}'\boldsymbol{P}(t)\boldsymbol{E}+\boldsymbol{E}'\dot{\boldsymbol{P}}(t)\boldsymbol{E}+\boldsymbol{A}_1'\boldsymbol{E}'\boldsymbol{P}(t)\boldsymbol{E}\boldsymbol{A}_1-\boldsymbol{Q}'\boldsymbol{Q}+\boldsymbol{K}_1'(t)\boldsymbol{K}_1(t)- \\ & \gamma^2\boldsymbol{K}_2'(t)\boldsymbol{K}_2(t))x(t)-(u(t)-\boldsymbol{K}_1(t)x(t))'(u(t)-\boldsymbol{K}_1(t)x(t))+ \\ & \gamma^2(v(t)+\boldsymbol{K}_2(t)x(t))'(v(t)+\boldsymbol{K}_2(t)x(t))\}\mathrm{d}t \end{aligned} \tag{6.16}$$

其中，$\boldsymbol{K}_1(t)=\boldsymbol{B}'\boldsymbol{P}(t)\boldsymbol{E}$；$\boldsymbol{K}_2(t)=-\dfrac{1}{\gamma^2}\boldsymbol{C}'\boldsymbol{P}(t)\boldsymbol{E}$。

根据式（6.12），当 $u(t)=u^*(t)=\boldsymbol{K}_1(t)x(t)$ 和 $x_0=0$ 时，得

$$J(0;u^*,v)=\varepsilon\int_0^T\{\gamma^2(v(t)+\boldsymbol{K}_2(t)x(t))'(v(t)+\boldsymbol{K}_2(t)x(t))\}\mathrm{d}t \tag{6.17}$$

又因 $\gamma^2>0$，由式（6.17）可得 $\boldsymbol{J}^{\mathrm{T}}(0;v)\geqslant 0$，并且 $\boldsymbol{J}^{\mathrm{T}}(0;v)=0$ 当且仅当 $v(t)=v^*(t)$。将 $v(t)=v^*(t)$ 代入系统方程（6.10）中，当初始条件 $x_0=0$ 时，必然有 $x(t)\equiv 0$，从而有 $v^*(t)\equiv 0$。由此，得 $\boldsymbol{J}(0;v)=0$ 当且仅当 $v=v^*=0$，这与假设 $v\neq 0$ 矛盾。所以，式（6.14）中 v 不能达到 v^*，也就是说，对任意 $v\neq 0$，都有 $\boldsymbol{J}(0;v)>0$。再由 $J(0;v)=0$ 和 $\|L_T\|$ 之间的关系不难得到（1）成立。

此时：$v^*(t)=-\boldsymbol{K}_2(t)x(t)=-\dfrac{1}{\gamma^2}\boldsymbol{C}'\boldsymbol{P}(t)\boldsymbol{E}x(t)$ 为最坏干扰，$u^*(t)=\boldsymbol{K}_1(t)x(t)=\boldsymbol{B}'\boldsymbol{P}(t)\boldsymbol{E}x(t)$ 为鲁棒控制策略。

定理 6.2 证毕。

3. 数值算例

为检验结论的正确性，给出以下数值算例。在系统（6.10）和（6.11）中，各系数矩阵的取值如下：

$$\boldsymbol{E}=\begin{bmatrix}1&0\\0&0\end{bmatrix},\ \boldsymbol{A}=\begin{bmatrix}-2&0\\1&1\end{bmatrix},\ \boldsymbol{A}_1=\begin{bmatrix}1&0\\0&2\end{bmatrix},\ \boldsymbol{B}=\begin{bmatrix}1\\0\end{bmatrix},\ \boldsymbol{C}=\begin{bmatrix}1\\0\end{bmatrix},\ \boldsymbol{Q}=\begin{bmatrix}\sqrt{2}&0\\0&0\end{bmatrix},\ \gamma^2=\frac{1}{3}$$

令 $\boldsymbol{P}(t)=\begin{bmatrix}\boldsymbol{P}_1(t)&\boldsymbol{P}_2(t)\\\boldsymbol{P}_3(t)&\boldsymbol{P}_4(t)\end{bmatrix}$，根据式（6.12）计算可得如下结果：

$$\begin{cases}\dot{\boldsymbol{P}}_1(t)-2\boldsymbol{P}_1^2(t)-3\boldsymbol{P}_1(t)-2=0\\\boldsymbol{P}_1(T)=0\end{cases}$$

进一步可得

$$\boldsymbol{P}(t)=\begin{bmatrix}\dfrac{\sqrt{7}}{4}\tan\dfrac{\sqrt{7}}{2}\left(t-T+\arctan\dfrac{3\sqrt{7}}{7}\right)&0\\0&0\end{bmatrix}$$

从而可得鲁棒控制策略为

$$u^*(t)=\begin{bmatrix}\dfrac{\sqrt{7}}{4}\tan\dfrac{\sqrt{7}}{2}\left(t-T+\arctan\dfrac{3\sqrt{7}}{7}\right)&0\end{bmatrix}x(t)$$

最坏干扰为

$$v^*(t) = -\left[\frac{3\sqrt{7}}{4}\tan\frac{\sqrt{7}}{2}\left(t-T+\arctan\frac{3\sqrt{7}}{7}\right) \quad 0\right]x(t)$$

可见，通过计算可以得到系统（6.10）和（6.11）的鲁棒控制策略，说明该结论是有效的。

6.2.3 连续时间广义随机线性系统的 H_2/H_∞ 混合鲁棒控制策略

1. 问题描述

考虑式（6.18）所示广义随机线性系统的 H_2/H_∞ 混合鲁棒控制策略。

$$\begin{cases} \boldsymbol{E}\dot{x}(t) = [\boldsymbol{A}x(t)+\boldsymbol{B}u(t)+\boldsymbol{C}v(t)]\mathrm{d}t+[\boldsymbol{A}_1x(t)+\boldsymbol{B}_1u(t)+\boldsymbol{C}_1v(t)]\mathrm{d}w(t) \\ z(t)=\boldsymbol{Q}x(t)+\boldsymbol{D}u(t) \\ x(0)=x_0 \end{cases} \tag{6.18}$$

其中，$x_0 \in \mathbf{R}^n$ 是系统的初始状态；$\boldsymbol{E}$ 是给定的奇异矩阵，$\mathrm{rank}(\boldsymbol{E})<n$；$z(t)$ 为系统的输出向量；$w(t)$是定义在完备概率空间$(\Omega, F, \{F_t|t\geqslant 0\}, P)$上的一维标准 Wiener 过程，表示一类能量有界的系统干扰输入向量；$\boldsymbol{A}$、$\boldsymbol{B}$、$\boldsymbol{C}$、$\boldsymbol{D}$、$\boldsymbol{H}$ 和 $\boldsymbol{Q}$ 为适当维数的常数矩阵。

通过设计使得系统在保持鲁棒稳定性的条件下实现动态性能指标的最优化，换言之，设计目标就是使系统在效用值的赢得值最大。引入表示干扰抑制水平的标量 $\gamma>0$，系统性能指标函数定义为

$$\boldsymbol{J}_2^{\mathrm{T}}(u,v)=\varepsilon\int_0^T z'(t)z(t)\mathrm{d}t \tag{6.19}$$

$$J_\infty^{\mathrm{T}}(u,v)=\varepsilon\int_0^T [\gamma^2 v'(t)v(t)-z'(t)z(t)]dt \tag{6.20}$$

由式（6.19）和（6.20）定义的性能指标 $\boldsymbol{J}_2$、$\boldsymbol{J}_\infty$ 分别对应于系统（6.18）的 H_2 范数和 H_∞ 范数。

根据博弈方法应用于鲁棒控制的基本思想，在控制策略设计者（P_1）和随机性（或不确定性，P_2）之间设计一个非零和微分博弈问题，即把广义随机线性系统的 H_2/H_∞ 混合控制问题转化为相应的非零和微分博弈问题，然后利用 Nash 均

衡策略求解系统的 H_2/H_∞ 控制策略。

从而，系统（6.18）的鲁棒控制问题转换为求解系统（6.18）～（6.20）博弈问题的 Nash 均衡策略。即在系统（6.18）～（6.20）中，寻找可行控制 $(u^*(t),v^*(t))$，使下式成立

$$J_2(u^*,v^*)\leqslant J_2(u,v^*),J_\infty(u^*,v^*)\geqslant J_\infty(u^*,v)$$

2. 主要结论

根据第 3 章所得广义随机线性系统非合作微分博弈理论，可得以下结论。

定理 6.3 给定干扰抑制水平 $\gamma>0$，$0<T<\infty$，系统（6.18）的有限时域 H_2/H_∞ 鲁棒混合控制问题存在解 (u^*,v^*)，其中

$$u^*(t)=K_1(t)x(t)=(D'E'P_1(t)ED+B_1'E'P_1(t)EB_1)^{-1}(B'P_1(t)E+B_1'E'P_1(t)E\tilde{A}_1)x(t)$$

$$v^*(t)=K_2(t)x(t)=-(\gamma^2I+C_1'E'P_2(t)EC_1)^{-1}(C'P_2(t)E+C_1'E'P_2(t)E\bar{A}_1)x(t)$$

当且仅当下述（6.21）～（6.24）的 4 个耦合 Riccati 微分方程存在解 $P_1(t)\in C(0,T;S^n)$，$P_2(t)\in C(0,T;S^n)$：

$$\begin{cases}E'P_1(t)\tilde{A}+\tilde{A}'P_1(t)E+E'\dot{P}_1(t)E+\tilde{A}_1'E'P_1(t)E\tilde{A}_1+\\ Q'Q+K_1'(t)(B'P_1(t)E+B_1'E'P_1(t)E\tilde{A}_1)=0\\ EP_1(T)E=0\\ D'E'P_1(t)ED+B_1'E'P(t)EB_1>0\end{cases}\tag{6.21}$$

$$K_1(t)=-(D'E'P_1(t)ED+B_1'E'P_1(t)EB_1)^{-1}(B'P_1(t)E+B_1'E'P_1(t)E\tilde{A}_1)\tag{6.22}$$

$$\begin{cases}E'P_2(t)\bar{A}+\bar{A}'P_2(t)E+E'\dot{P}_2(t)E+A_1'E'P_2(t)E\bar{A}_1-\\ \bar{Q}'\bar{Q}+K_2'(t)(C'P_2(t)E+C_1'E'P_2(t)E\bar{A}_1)=0\\ EP_2(T)E=0\\ \gamma^2I+C_1'E'P_2(t)EC_1>0\end{cases}\tag{6.23}$$

$$K_2(t)=-(\gamma^2I+C_1'E'P_2(t)EC_1)^{-1}(C'P_2(t)E+C_1'E'P_2(t)E\bar{A}_1)\tag{6.24}$$

其中，

$$\bar{A}=A+BK_1(t),\bar{A}_1=A_1+B_1K_1(t),\bar{Q}=Q+DK_1(t)$$
$$\tilde{A}=A+CK_1(t),\tilde{A}_1=A_1+C_1K_1(t)$$

证明： 首先证明充分性。将 $u(t)=\boldsymbol{K}_1(t)x(t)$ 代入式（6.18），得

$$\begin{cases}\boldsymbol{E}\dot{x}(t)=[\bar{\boldsymbol{A}}x(t)+\boldsymbol{C}v]\mathrm{d}t+[\bar{\boldsymbol{A}}_1x+\boldsymbol{C}_1v]\mathrm{d}w(t)\\ z(t)=\bar{\boldsymbol{Q}}x(t)\,,\ x(0)=x_0\in\mathbf{R}^n\end{cases}\tag{6.25}$$

对系统（6.25），根据定理 6.2 和式（6.23），可以推出对所有非零的 $v(\cdot)$，$(x_0,t)\in\mathbf{R}^n\times[0,T]$，有 $\|L_T\|<\gamma$ 成立，同时注意到 $\boldsymbol{P}_2(t)$ 满足（6.23），由引理 6.1，并利用配方法，得

$$\begin{aligned}&\boldsymbol{J}_\infty^{\mathrm{T}}(u_T^*,v;x_0)=\varepsilon\left[\int_0^T\left[\gamma^2\|v(t)\|^2-\|z(t)\|^2\right]\mathrm{d}t\right]\\&=x_0'\boldsymbol{P}_2(t)x_0+\varepsilon\{\int_0^T(v(t)-v^*(t))'(\gamma^2\boldsymbol{I}+\boldsymbol{C}_1'\boldsymbol{E}'\boldsymbol{P}_2(t)\boldsymbol{E}\boldsymbol{C}_1)(v(t)-v^*(t))\mathrm{d}t\}\\&\geqslant\boldsymbol{J}_\infty^{\mathrm{T}}(u^*,v^*;x_0)=x_0'\boldsymbol{P}_2(t)x_0\end{aligned}$$

其中，$v^*(t)=\boldsymbol{K}_2(t)x(t)$，$\boldsymbol{K}_2(t)$ 由式（6.24）给出。上式说明对任意的 $x_0\in\mathbf{R}^n$，$\boldsymbol{J}_\infty^{\mathrm{T}}(u^*,v;x_0)$ 在 $v(t)=v^*(t)$ 时达到最小值，因此 $v^*(t)$ 就是最坏干扰。

进一步，利用式（6.23）和配方法，得

$$\begin{aligned}&\boldsymbol{J}_2^{\mathrm{T}}(u^*,v;x_0)\\&=\varepsilon\int_0^T z'(t)z(t)\mathrm{d}t\\&=x_0'\boldsymbol{P}_1(t)x_0+\varepsilon\{\int_0^T[(u(t)-u^*(t))'(\boldsymbol{D}'\boldsymbol{E}'\boldsymbol{P}_1(t)\boldsymbol{E}\boldsymbol{D}+\boldsymbol{B}_1'\boldsymbol{E}'\boldsymbol{P}_1(t)\boldsymbol{E}\boldsymbol{B}_1)(u(t)-u^*(t))]\mathrm{d}t\}\\&\geqslant\boldsymbol{J}_2^{\mathrm{T}}(u^*,v^*;x_0)=x_0'\boldsymbol{P}_1(t)x_0\end{aligned}$$

其中，$u^*(t)=\boldsymbol{K}_1x(t)$，$\boldsymbol{K}_1(t)$ 由式（6.22）给出。

说明对任意的 $x_0\in\mathbf{R}^n$，$\boldsymbol{J}_2^{\mathrm{T}}(u,v^*;x_0)$ 在 $u(t)=u^*(t)$ 时达到最小值，因此（u^*,v^*）是系统（6.18）的有限时间 H_2/H_∞ 控制问题的解，充分性证明完毕。

接下来证明必要性：设形如 $u^*(t)=\boldsymbol{K}_1x(t)$，$v^*(t)=\boldsymbol{K}_2(t)x(t)$ 的 (u^*,v^*) 是随机 H_2/H_∞ 控制的解，将 $u^*(t)=\boldsymbol{K}_1(t)x(t)$ 代入式（6.18），得

$$\begin{cases}\boldsymbol{E}\dot{x}(t)=[\bar{\boldsymbol{A}}x(t)+\boldsymbol{C}v(t)]\mathrm{d}t+[\bar{\boldsymbol{A}}_1x(t)+\boldsymbol{C}_1v(t)]\mathrm{d}w(t)\\ z(t)=\bar{\boldsymbol{Q}}x(t),\ x(0)=x_0\in\mathbf{R}^n\end{cases}\tag{6.26}$$

对系统（6.26），根据定理 6.1，得 $\boldsymbol{P}_2(t)\in C(0,T;S^n)$ 满足式（6.23）。由充分性的证明可知，最坏干扰为 $v^*(t)=\boldsymbol{K}_2(t)x(t)$，故将 $v^*(t)=\boldsymbol{K}_2(t)x(t)$ 代入（6.18），得

$$\begin{cases} \boldsymbol{E}\dot{x}(t) = [\tilde{\boldsymbol{A}}x(t) + \boldsymbol{B}u(t)]\mathrm{d}t + [\tilde{\boldsymbol{A}}_1 x(t) + \boldsymbol{B}_1 u(t)]\mathrm{d}w(t) \\ z(t) = \boldsymbol{Q}x(t) + \boldsymbol{D}u(t), \\ x(0) = x_0 \in \mathbf{R}^n \end{cases} \tag{6.27}$$

由假设知，$u^*(t)$是式（6.27）的约束下最小化$\boldsymbol{J}_2^{\mathrm{T}}(u,v^*;x_0)$问题的最优解：

$$\begin{aligned} & \min_{u\in L_F^2([0,T],\mathbf{R}^{n_u})} \boldsymbol{J}_2^{\mathrm{T}}(u,v^*;x_0) \\ & = \boldsymbol{J}_2^{\mathrm{T}}(u^*,v^*;x_0) \\ & = \varepsilon\{\int_0^{\mathrm{T}}[x'(t)\boldsymbol{Q}'\boldsymbol{Q}x(t) + u'(t)\boldsymbol{D}'\boldsymbol{D}u(t)]\mathrm{d}t\} \end{aligned} \tag{6.28}$$

这是一个标准的随机 LQ 问题，应用引理 6.1，结合配方法，易证 $\boldsymbol{P}_1(t) \in C(0,T;S^n)$是方程（6.21）的解。

定理 6.3 证毕。

6.3 离散广义随机线性系统的鲁棒控制策略

6.3.1 相关引理与定理

考虑如下离散广义随机线性系统：

$$\begin{cases} \boldsymbol{E}x(t+1) = \boldsymbol{A}x(t) + \boldsymbol{B}v(t) + (\boldsymbol{C}x(t) + \boldsymbol{D}v(t))\mathrm{d}w(t) \\ z(t) = \boldsymbol{Q}x(t), x(t_0) = x_0 \end{cases} \tag{6.29}$$

其中，$x_0 \in \mathbf{R}^n$是系统的初始状态；$\boldsymbol{E}$是给定的奇异矩阵，$\mathrm{rank}(\boldsymbol{E}) < n$；$z \in R^q$为系统的输出向量；$w(t)$是定义在完备概率空间$(\Omega,\ F,\ \{F_t|t \geqslant 0\},\ P)$上的一维标准 Wiener 过程，表示一类能量有界的系统干扰输入向量。

对于系统（6.29），我们定义与H_∞性能指标密切相关的泛函：

$$\boldsymbol{J}^{\mathrm{T}}(x_0;v) = \gamma^2\varepsilon\left[\sum_{t=0}^{T}\|v\|^2\right] - \varepsilon\left[\sum_{t=0}^{T}\|z\|^2\right]$$

称使得$\boldsymbol{J}^{\mathrm{T}}(x_0;v)$达到最小值的$v^*$为最坏干扰。

接下来，我们证明几个结论，它们在后面的定理证明中起着重要的作用。

引理 6.2 设$\boldsymbol{P}(t) \in C(0,T;S^n)$给定，对具有初始条件$(x_0,\ t_0) \in \mathbf{R}^n \times [0,\ T]$的系

统（6.29），有

$$
\begin{aligned}
&\boldsymbol{J}^{\mathrm{T}}(x_0;v)\\
&=\varepsilon\sum_{t=0}^{T}\{x'(t)(\boldsymbol{A}'\boldsymbol{P}(t+1)\boldsymbol{A}+\boldsymbol{C}'\boldsymbol{P}(t+1)\boldsymbol{C}-\boldsymbol{E}'\boldsymbol{P}(t)\boldsymbol{E}-\boldsymbol{Q}'\boldsymbol{Q})x(t)+\\
&2v'(t)(\boldsymbol{B}'\boldsymbol{P}(t+1)\boldsymbol{A}+\boldsymbol{D}'\boldsymbol{P}(t+1)\boldsymbol{C})x(t)+\\
&v'(t)(\boldsymbol{B}'\boldsymbol{P}(t+1)\boldsymbol{B}+\boldsymbol{D}'\boldsymbol{E}'\boldsymbol{P}(t+1)\boldsymbol{E}\boldsymbol{D}+\gamma^2\boldsymbol{I})v(t)\}-\\
&x'(T)\boldsymbol{E}'\boldsymbol{P}(T)\boldsymbol{E}x(T)+x_0'\boldsymbol{E}'\boldsymbol{P}(0)\boldsymbol{E}x_0
\end{aligned}
$$

证明： 设 $\boldsymbol{P}(t)\in C(0,T;S^n)$ 给定，对系统（6.29），有

$$
\begin{aligned}
&x'(t+1)\boldsymbol{E}'\boldsymbol{P}(t+1)\boldsymbol{E}x(t+1)-x'(t)\boldsymbol{E}'\boldsymbol{P}(t)\boldsymbol{E}x(t)\\
&=x'(t)(\boldsymbol{A}'\boldsymbol{P}(t+1)\boldsymbol{A}+\boldsymbol{C}'\boldsymbol{P}(t+1)\boldsymbol{C}-\boldsymbol{E}'\boldsymbol{P}(t)\boldsymbol{E})x(t)+\\
&2v'(t)\boldsymbol{B}'\boldsymbol{P}(t+1)\boldsymbol{A}x(t)+2v'(t)\boldsymbol{D}'\boldsymbol{P}(t+1)\boldsymbol{C}x(t)+v'(t)\boldsymbol{B}'\boldsymbol{P}(t+1)\boldsymbol{B}v(t)+\\
&v'(t)\boldsymbol{D}'\boldsymbol{P}(t+1)\boldsymbol{D}v(t)+\{\cdots\}w(t)
\end{aligned}\tag{6.30}
$$

对式（6.30）在[0 ,T]求和，取期望，得

$$
\begin{aligned}
&\varepsilon\sum_{t=0}^{T-1}[x'(t+1)\boldsymbol{E}'\boldsymbol{P}(t+1)\boldsymbol{E}x(t+1)-x'(t)\boldsymbol{E}'\boldsymbol{P}(t)\boldsymbol{E}x(t)]\\
&=\varepsilon\sum_{t=0}^{T-1}[x'(t)(\boldsymbol{A}'\boldsymbol{P}(t+1)\boldsymbol{A}+\boldsymbol{C}'\boldsymbol{P}(t+1)\boldsymbol{C}-\boldsymbol{E}'\boldsymbol{P}(t)\boldsymbol{E})x(t)+2v'(t)\boldsymbol{B}'\boldsymbol{P}(t+1)\boldsymbol{A}x(t)+\\
&2v'(t)\boldsymbol{D}'\boldsymbol{P}(t+1)\boldsymbol{C}x(t)+v'(t)\boldsymbol{B}'\boldsymbol{P}(t+1)\boldsymbol{B}v(t)+v'(t)\boldsymbol{D}'\boldsymbol{P}(t+1)\boldsymbol{D}v(t)]\\
&=x'(T)\boldsymbol{E}'\boldsymbol{P}(T)\boldsymbol{E}x(T)-x_0'\boldsymbol{E}'\boldsymbol{P}(0)\boldsymbol{E}x_0
\end{aligned}
$$

有

$$
\begin{aligned}
&\boldsymbol{J}^{\mathrm{T}}(x_0;v)\\
&=\varepsilon\sum_{t=0}^{T}\{x'(t)(\boldsymbol{A}'\boldsymbol{P}(t+1)\boldsymbol{A}+\boldsymbol{C}'\boldsymbol{P}(t+1)\boldsymbol{C}-\boldsymbol{E}'\boldsymbol{P}(t)\boldsymbol{E}-\boldsymbol{Q}'\boldsymbol{Q})x(t)+\\
&2v'(t)(\boldsymbol{B}'\boldsymbol{P}(t+1)\boldsymbol{A}+\boldsymbol{D}'\boldsymbol{P}(t+1)\boldsymbol{C})x(t)+\\
&v'(t)(\boldsymbol{B}'\boldsymbol{P}(t+1)\boldsymbol{B}+\boldsymbol{D}'\boldsymbol{E}'\boldsymbol{P}(t+1)\boldsymbol{E}\boldsymbol{D}+\gamma^2\boldsymbol{I})v(t)\}-\\
&x'(T)\boldsymbol{E}'\boldsymbol{P}(T)\boldsymbol{E}x(T)+x_0'\boldsymbol{E}'\boldsymbol{P}(0)\boldsymbol{E}x_0
\end{aligned}
$$

引理 6.2 得证。

定理 6.4　对于线性随机系统（6.29）和一个给定的扰动衰减水平 $\gamma>0$，下面的两个表述是等价的：

（1）$\|L_T\|<\gamma$，其中

$$\|L_T\|=\frac{\left\{\varepsilon\left\{\sum_{t=0}^{T}\left[z'(t)z(t)\right]\right\}\right\}^{1/2}}{\left\{\varepsilon\left\{\sum_{t=0}^{T}\left[v'(t)v(t)\right]\right\}\right\}^{1/2}}$$

（2）对任意的 $t\in[0,T]$，以下广义 Riccati 差分方程：

$$\begin{cases}\boldsymbol{A}'\boldsymbol{P}(t+1)\boldsymbol{A}+\boldsymbol{C}'\boldsymbol{P}(t+1)\boldsymbol{C}-\boldsymbol{E}'\boldsymbol{P}(t)\boldsymbol{E}+\\ \boldsymbol{K}'(t)(\boldsymbol{B}'\boldsymbol{P}(t+1)\boldsymbol{A}+\boldsymbol{D}'\boldsymbol{P}(t+1)\boldsymbol{C})-\boldsymbol{Q}'\boldsymbol{Q}=0\\ \boldsymbol{E}'\boldsymbol{P}(T)\boldsymbol{E}=0\\ \boldsymbol{K}(t)=-(\gamma^2\boldsymbol{I}+\boldsymbol{B}'\boldsymbol{P}(t+1)\boldsymbol{B}+\boldsymbol{D}'\boldsymbol{P}(t+1)\boldsymbol{D})^{-1}(\boldsymbol{B}'\boldsymbol{P}(t+1)\boldsymbol{A}+\boldsymbol{D}'\boldsymbol{P}(t+1)\boldsymbol{C})\end{cases}\tag{6.31}$$

有解 $\boldsymbol{P}(t)\in C(0,T;S^n)$。

证明：

（2）→（1）：假设对 $t=0,\cdots,T$,（2）成立，则对任意非零 v，及 $x_0=0$，由引理 6.2 得

$$\begin{aligned}&\boldsymbol{J}^{\mathrm{T}}(x_0;v)\\ &=\varepsilon\sum_{t=0}^{T}\{x'(t)(\boldsymbol{A}'\boldsymbol{P}(t+1)\boldsymbol{A}+\boldsymbol{C}'\boldsymbol{P}(t+1)\boldsymbol{C}-\boldsymbol{E}'\boldsymbol{P}(t)\boldsymbol{E}-\boldsymbol{Q}'\boldsymbol{Q})x(t)+\\ &\quad 2v'(t)(\boldsymbol{B}'\boldsymbol{P}(t+1)\boldsymbol{A}+\boldsymbol{D}'\boldsymbol{P}(t+1)\boldsymbol{C})x(t)+\\ &\quad v'(t)(\boldsymbol{B}'\boldsymbol{P}(t+1)\boldsymbol{B}+\boldsymbol{D}'\boldsymbol{E}'\boldsymbol{P}(t+1)\boldsymbol{E}\boldsymbol{D}+\gamma^2\boldsymbol{I})v(t)\}-\\ &\quad x'(T)\boldsymbol{E}'\boldsymbol{P}(T)\boldsymbol{E}x(T)+x_0'\boldsymbol{E}'\boldsymbol{P}(0)\boldsymbol{E}x_0\end{aligned}$$

利用配方法，得

$$\begin{aligned}&\boldsymbol{J}^{\mathrm{T}}(0;v)\\ &=\varepsilon\sum_{t=0}^{T}\{[v(t)-v^*(t)](\gamma^2\boldsymbol{I}+\boldsymbol{B}'\boldsymbol{P}(t+1)\boldsymbol{B}+\boldsymbol{D}'\boldsymbol{P}(t+1)\boldsymbol{D})[v(t)-v^*(t)]\}\end{aligned}\tag{6.32}$$

其中，$v^*(t)=\boldsymbol{K}(t)x(t)$。

又因 $\gamma^2\boldsymbol{I}+\boldsymbol{B}'\boldsymbol{P}(t+1)\boldsymbol{B}+\boldsymbol{D}'\boldsymbol{P}(t+1)\boldsymbol{D}>0$，由式（6.32）可得 $\boldsymbol{J}^{\mathrm{T}}(0;v)\geqslant 0$，并且 $\boldsymbol{J}^{\mathrm{T}}(0;v)=0$ 当且仅当 $v(t)=v^*(t)$。将 $v(t)=v^*(t)$ 代入系统方程（6.29）中，当初始条件 $x_0=0$ 时，必然有 $x(t)\equiv 0$，从而有 $v^*(t)\equiv 0$。由此，得 $\boldsymbol{J}^{\mathrm{T}}(0;v)=0$ 当且仅当 $v=v^*=0$，

这与假设 $v\neq 0$ 矛盾。所以，式（6.32）中 v 不能达到 v^*，也就是说，对任意 $v\neq 0$，都有 $\boldsymbol{J}^{\mathrm{T}}(0;v)>0$。再由 $\boldsymbol{J}^{\mathrm{T}}(0;v)$ 和 $\|L_T\|$ 之间的关系不难得到（1）成立。

（1）→（2）：

取二次型值函数 $V(t,x)$，如式（6.33）所示：

$$V(t,x)=x'(t)\boldsymbol{E}'\boldsymbol{P}(t)\boldsymbol{E}x(t) \tag{6.33}$$

根据引理 6.2，有

$$\begin{aligned}
&\boldsymbol{J}^{\mathrm{T}}(x_0;v)\\
&=\varepsilon\sum_{t=0}^{T}\{x'(t)(\boldsymbol{A}'\boldsymbol{P}(t+1)\boldsymbol{A}+\boldsymbol{C}'\boldsymbol{P}(t+1)\boldsymbol{C}-\boldsymbol{E}'\boldsymbol{P}(t)\boldsymbol{E}-\boldsymbol{Q}'\boldsymbol{Q})x(t)+\\
&\quad 2v'(t)(\boldsymbol{B}'\boldsymbol{P}(t+1)\boldsymbol{A}+\boldsymbol{D}'\boldsymbol{P}(t+1)\boldsymbol{C})x(t)+\\
&\quad v'(t)(\boldsymbol{B}'\boldsymbol{P}(t+1)\boldsymbol{B}+\boldsymbol{D}'\boldsymbol{E}'\boldsymbol{P}(t+1)\boldsymbol{E}\boldsymbol{D}+\gamma^2\boldsymbol{I})v(t)\}-\\
&\quad x'(T)\boldsymbol{E}'\boldsymbol{P}(T)\boldsymbol{E}x(T)+x_0'\boldsymbol{E}'\boldsymbol{P}(0)\boldsymbol{E}x_0
\end{aligned} \tag{6.34}$$

利用配方法，得

$$\begin{aligned}
&\boldsymbol{J}^{\mathrm{T}}(0;v)\\
&=\varepsilon\sum_{t=0}^{T}\{[v(t)-v^*(t)](\gamma^2\boldsymbol{I}+\boldsymbol{B}'\boldsymbol{P}(t+1)\boldsymbol{B}+\boldsymbol{D}'\boldsymbol{P}(t+1)\boldsymbol{D})[v(t)-v^*(t)]+\\
&\quad x'(t)\big(\boldsymbol{A}'\boldsymbol{P}(t+1)\boldsymbol{A}+\boldsymbol{C}'\boldsymbol{P}(t+1)\boldsymbol{C}+\boldsymbol{K}'(t)(\boldsymbol{B}'\boldsymbol{P}(t+1)\boldsymbol{A}+\boldsymbol{D}'\boldsymbol{P}(t+1)\boldsymbol{C})-\\
&\quad \boldsymbol{E}'\boldsymbol{P}(t)\boldsymbol{E}-\boldsymbol{Q}'\boldsymbol{Q})x(t)\}-x'(T)\boldsymbol{E}'\boldsymbol{P}(T)\boldsymbol{E}x(T)+x_0'\boldsymbol{E}'\boldsymbol{P}(0)\boldsymbol{E}x_0
\end{aligned} \tag{6.35}$$

其中

$$v^*(t)=\boldsymbol{K}(t)x(t)=-(\gamma^2\boldsymbol{I}+\boldsymbol{D}'\boldsymbol{E}'\boldsymbol{P}(t)\boldsymbol{E}\boldsymbol{D})^{-1}(\boldsymbol{B}'\boldsymbol{P}(t)\boldsymbol{E}+\boldsymbol{D}'\boldsymbol{E}'\boldsymbol{P}(t)\boldsymbol{E}\boldsymbol{C})x(t)$$

由于对任意的 $x(t)$ 都有 $\|L_T\|<\gamma$，从而得

$$\begin{cases}
\boldsymbol{A}'\boldsymbol{P}(t+1)\boldsymbol{A}+\boldsymbol{C}'\boldsymbol{P}(t+1)\boldsymbol{C}-\boldsymbol{E}'\boldsymbol{P}(t)\boldsymbol{E}+\\
\boldsymbol{K}'(t)(\boldsymbol{B}'\boldsymbol{P}(t+1)\boldsymbol{A}+\boldsymbol{D}'\boldsymbol{P}(t+1)\boldsymbol{C})-\boldsymbol{Q}'\boldsymbol{Q}=0\\
\boldsymbol{E}'\boldsymbol{P}(T)\boldsymbol{E}=0\\
\boldsymbol{K}(t)=-(\gamma^2\boldsymbol{I}+\boldsymbol{B}'\boldsymbol{P}(t+1)\boldsymbol{B}+\boldsymbol{D}'\boldsymbol{P}(t+1)\boldsymbol{D})^{-1}(\boldsymbol{B}'\boldsymbol{P}(t+1)\boldsymbol{A}+\boldsymbol{D}'\boldsymbol{P}(t+1)\boldsymbol{C})
\end{cases} \tag{6.36}$$

同时，由式（6.31）可知 $\gamma^2\boldsymbol{I}+\boldsymbol{B}'\boldsymbol{P}(t+1)\boldsymbol{B}+\boldsymbol{D}'\boldsymbol{P}(t+1)\boldsymbol{D}>0$，从而可知 $\boldsymbol{P}(t)\in C(0,T;S^n)$ 是方程（6.36）的解。

定理 6.4 得证。

6.3.2 离散广义随机线性系统的 H_∞ 鲁棒控制

1. 问题描述

考虑如下离散时间广义随机线性系统的 H_∞ 鲁棒控制策略：

$$\begin{cases} x(t+1) = \boldsymbol{A}x(t) + \boldsymbol{B}u(t) + \boldsymbol{C}v(t) + \boldsymbol{A}_1 x(t)w(t) \\ z(t) = \boldsymbol{Q}x(t) + u(t) \\ x(0) = x_0 \end{cases} \tag{6.37}$$

其中，x_0 是系统的初始状态；$\boldsymbol{E}$ 是给定的奇异矩阵，$\mathrm{rank}(\boldsymbol{E}) < n$；$z(t)$ 为系统的输出向量；$w(t)$ 是定义在完备概率空间$(\Omega,\ F,\ \{F_t|t\geqslant 0\},\ P)$上的一维标准 Wiener 过程；$u(t)$ 是容许控制过程；$v(t)$ 表示一类能量有界的系统干扰输入向量；$\boldsymbol{A}$、$\boldsymbol{B}$、$\boldsymbol{C}$、$\boldsymbol{A}_1$ 等都为适当维数的常数矩阵。

系统（6.37）的 H_∞ 鲁棒控制可以定义如下：

定义 6.3[287]给定干扰抑制水平$\gamma>0$，设计状态反馈控制器 $u(\cdot)=\boldsymbol{K}x(\cdot)$，使得：

对于 $x(0)=x_0\in\mathbf{R}^n$，对于任意非零干扰 $v(t)$，如果存在 $u^*(t)=u^*(x,t)$，使得

$$\varepsilon\left[\sum_{t=0}^{T}\|z(t)\|^2\right]<\gamma^2\varepsilon\left[\sum_{t=0}^{T}\|v(t)\|^2\right] \tag{6.38}$$

当上述的 $u^*(t)$存在时，我们称随机 H_∞ 控制问题是可解的。

根据定义 6.3，我们定义如式（6.39）所示的性能指标函数：

$$\boldsymbol{J}(u,v)=\varepsilon\sum_{t=0}^{T}\left[\gamma^2\|v\|^2-\|z\|^2\right] \tag{6.39}$$

根据非合作微分博弈应用于鲁棒控制设计的基本思路，系统（6.37）的 H_∞ 鲁棒控制问题是：当最差扰动信号集 $v^*(t)$作用于系统时，$u^*(t)$能通过调节状态 $x(t)$使得输出能量极小化，即在满足式（6.39）均衡条件的基础上，求解博弈双方的均衡策略 $u^*(t,x)$、$v^*(t,x)$：

$$\boldsymbol{J}(u^*,v)\leqslant\boldsymbol{J}(u^*,v^*)\leqslant\boldsymbol{J}(u,v^*) \tag{6.40}$$

可见，求解（6.37）的 H_∞ 鲁棒控制问题就是求解两人零和动态博弈问题（6.37）和（6.39）的鞍点均衡策略，下面利用此方法，给出最优控制策略。

2. 主要结论

根据随机微分博弈的相关理论，我们可以得到定理 6.5.

定理 6.5　给定干扰抑制水平 $\gamma>0$，$0<T<\infty$，假设系统（6.37）是均方容许的，那么系统（6.37）的 H_∞ 鲁棒控制问题存在解$(u^*,\ v^*)$，其中，

$$\bar{u}^*(t)=(u^{*\prime}(t)\quad v^{*\prime}(t))'=\boldsymbol{K}x(t)=-\boldsymbol{R}^{-1}(P)\boldsymbol{L}(\boldsymbol{P})x(t)$$

当且仅当下述耦合 Riccati 差分方程（6.41）存在解 $\boldsymbol{P}(t)\in S^n$：

$$\begin{cases}\boldsymbol{N}(\boldsymbol{P})-\boldsymbol{E}'\boldsymbol{P}(t)\boldsymbol{E}-\boldsymbol{L}'(\boldsymbol{P})\boldsymbol{R}^{-1}(\boldsymbol{P})\boldsymbol{L}(\boldsymbol{P})=0\\ \boldsymbol{P}(T)=0\end{cases}\tag{6.41}$$

其中

$$\begin{cases}\boldsymbol{N}(\boldsymbol{P})=\boldsymbol{A}'\boldsymbol{P}(t+1)\boldsymbol{A}-\boldsymbol{Q}'\boldsymbol{Q}+\boldsymbol{A}_1'\boldsymbol{P}(t+1)\boldsymbol{A}_1\\ \boldsymbol{R}(\boldsymbol{P})=\begin{bmatrix}\boldsymbol{B}'\boldsymbol{P}(t+1)\boldsymbol{B} & \boldsymbol{B}'\boldsymbol{P}(t+1)\boldsymbol{C}\\ \boldsymbol{C}'\boldsymbol{P}(t+1)\boldsymbol{B} & \boldsymbol{C}'\boldsymbol{P}(t+1)\boldsymbol{C}+\gamma^2\boldsymbol{I}\end{bmatrix}\\ \boldsymbol{L}(\boldsymbol{P})=\begin{bmatrix}\boldsymbol{B}'\boldsymbol{P}(t+1)\boldsymbol{A}\\ \boldsymbol{C}'\boldsymbol{P}(t+1)\boldsymbol{A}\end{bmatrix}\end{cases}$$

证明： 设 $\boldsymbol{P}(t)\in S^n$ 给定，对系统（6.37），有

$$\begin{aligned}&x'(t+1)\boldsymbol{E}'\boldsymbol{P}(t+1)\boldsymbol{E}x(t+1)-x'(t)\boldsymbol{E}'\boldsymbol{P}(t)\boldsymbol{E}x(t)\\ =&x'(t)(\boldsymbol{A}'\boldsymbol{P}(t+1)\boldsymbol{A}+\boldsymbol{A}_1'\boldsymbol{P}(t+1)\boldsymbol{A}_1-\boldsymbol{E}'\boldsymbol{P}(t)\boldsymbol{E})x(t)+\\ &2u'(t)\boldsymbol{B}'\boldsymbol{P}(t+1)\boldsymbol{A}x(t)+2v(t)\boldsymbol{C}'\boldsymbol{P}(t+1)\boldsymbol{A}x(t)+u'(t)\boldsymbol{B}'\boldsymbol{P}(t+1)\boldsymbol{B}u(t)+\\ &v'(t)\boldsymbol{C}'\boldsymbol{P}(t+1)\boldsymbol{C}v(t)]+\{\cdots\}w(t)\end{aligned}\tag{6.42}$$

对式（6.42）在$[0,T]$上求和，两边取期望，并除以 2，得

$$\begin{aligned}&\frac{1}{2}\varepsilon[x'(T)\boldsymbol{E}'\boldsymbol{P}(T)\boldsymbol{E}x(T)]-\frac{1}{2}x_0'\boldsymbol{E}'\boldsymbol{P}(0)\boldsymbol{E}x_0\\ =&\frac{1}{2}\sum_{t=0}^{T-1}\varepsilon[x'(t+1)\boldsymbol{E}'\boldsymbol{P}(t+1)\boldsymbol{E}x(t+1)-x'(t)\boldsymbol{E}'\boldsymbol{P}(t)\boldsymbol{E}x(t)]\\ =&\frac{1}{2}\varepsilon\sum_{t=0}^{T-1}[x'(t)(\boldsymbol{A}'\boldsymbol{P}(t+1)\boldsymbol{A}+\boldsymbol{A}_1'\boldsymbol{P}(t+1)\boldsymbol{A}_1-\boldsymbol{E}'\boldsymbol{P}(t)\boldsymbol{E})x(t)+\\ &2u'(t)\boldsymbol{B}'\boldsymbol{P}(t+1)\boldsymbol{A}x(t)+2v(t)\boldsymbol{C}'\boldsymbol{P}(t+1)\boldsymbol{A}x(t)+u'(t)\boldsymbol{B}'\boldsymbol{P}(t+1)\boldsymbol{B}u(t)+\\ &v'(t)\boldsymbol{C}'\boldsymbol{P}(t+1)\boldsymbol{C}v(t)]\end{aligned}\tag{6.43}$$

根据式（6.43），利用“配方法”，得

$$\begin{aligned}&\boldsymbol{J}(x_0;\overline{u})\\&=-x'(T)\boldsymbol{E}'\boldsymbol{P}(T)\boldsymbol{E}x(T)+x_0'\boldsymbol{E}'\boldsymbol{P}(0)\boldsymbol{E}x_0+\\&\varepsilon\{x'(t)[\boldsymbol{N}(\boldsymbol{P})-\boldsymbol{E}'\boldsymbol{P}(t)\boldsymbol{E}-\boldsymbol{L}'(\boldsymbol{P})\boldsymbol{R}^{-1}(\boldsymbol{P})\boldsymbol{L}(\boldsymbol{P})]x(t).\\&[\overline{u}+\boldsymbol{R}^{-1}(\boldsymbol{P})\boldsymbol{L}(\boldsymbol{P})x(t)]'\boldsymbol{R}(\boldsymbol{P})[\overline{u}+\boldsymbol{R}^{-1}(\boldsymbol{P})\boldsymbol{L}(\boldsymbol{P})x(t)]\}\end{aligned}\tag{6.44}$$

其中，$\overline{u}=\begin{bmatrix}u\\v\end{bmatrix}$。

根据式（6.44），当 $\overline{u}(t)=\overline{u}^*(t)=\boldsymbol{R}^{-1}(\boldsymbol{P})\boldsymbol{L}(\boldsymbol{P})x(t)$ 和 $x_0=0$ 时，得

$$\boldsymbol{J}(0;u^*,v^*)=\varepsilon\sum_{t=0}^{T}[\overline{u}+\boldsymbol{R}^{-1}(\boldsymbol{P})\boldsymbol{L}(\boldsymbol{P})x(t)]'\boldsymbol{R}(\boldsymbol{P})[\overline{u}+\boldsymbol{R}^{-1}(\boldsymbol{P})\boldsymbol{L}(\boldsymbol{P})x(t)]\tag{6.45}$$

又因 $\boldsymbol{C}'\boldsymbol{P}(t+1)\boldsymbol{C}+\gamma^2\boldsymbol{I}>0$，由式（6.45）可得 $\boldsymbol{J}(0;u,v)\geqslant 0$，并且 $\boldsymbol{J}^{\mathrm{T}}(0;u,v)=0$ 当且仅当 $\overline{u}(t)=\overline{u}^*(t)$。将 $\overline{u}(t)=\overline{u}^*(t)$ 代入系统方程（6.37）中，当初始条件 $x_0=0$ 时，必然有 $x(t)\equiv 0$，从而有 $\overline{u}^*(t)\equiv 0$。由此，我们得到 $\boldsymbol{J}(0;u,v)=0$ 当且仅当 $\overline{u}(t)=\overline{u}^*(t)=0$，这与假设 $v\neq 0$ 矛盾。所以，式（6.45）中 v 不能达到 v^*，也就是说，对任意 $v\neq 0$，都有 $\boldsymbol{J}(0;v)>0$。再由 $\boldsymbol{J}(0;v)=0$ 和 $\|L_T\|$ 之间的关系不难得到（1）成立。

定理 6.5 证毕。

6.3.3 离散广义随机线性系统的随机 H_2/H_∞ 控制

考虑如式（6.46）所示离散广义随机线性系统：

$$\begin{cases}\boldsymbol{E}x(t+1)=\boldsymbol{A}x(t)+\boldsymbol{B}u(t)+\boldsymbol{C}v(t)+\boldsymbol{A}_1x(t)w(t)\\x(0)=x_0\in\mathbf{R}^n\\z(t)=\boldsymbol{Q}x(t)+u(t)\end{cases}\tag{6.46}$$

式中，$x(t)\in\mathbf{R}^n$（$t=0,1,2,\cdots,T$）是状态变量；$u(t)$ 是容许控制过程；$v(t)$ 表示外界干扰，$\boldsymbol{A}$、$\boldsymbol{A}_1$、$\boldsymbol{B}$、$\boldsymbol{Q}$ 为适维常数矩阵；其他符号含义如上文。

关于有限时间随机 H_2/H_∞ 控制，我们给出以下的定义。

定义 6.4[34] 对于任意给定的 $\gamma>0$，$0<T<\infty$ 以及 $v(t)\in V[0,T]$，寻找一个控制 $u^*(t)\in U[0,T]$，使得：

（1）$\forall v(t)\in[0,T]$，初始状态 $x(0)=x_0$ 的闭环系统（6.46）的状态过程满足：

$$\varepsilon\sum_{t=0}^{T}\|z(t)\|^2=\varepsilon\sum_{t=0}^{T}\left[\|\boldsymbol{Q}x(t)\|^2+\|u^*(t)\|^2\right]\leqslant\gamma^2\varepsilon\sum_{t=0}^{T}\|v(t)\|^2$$

（2）当最坏干扰 $v^*(t)\in V[0,T]$ 存在时，把 $v^*(t)$ 代入系统，同时使用性能泛函 $\varepsilon\sum_{t=0}^{T}\|z(t)\|^2=\varepsilon\sum_{t=0}^{T}\left[x'(t)\boldsymbol{Q}'\boldsymbol{Q}x(t)+\|u(t)\|^2\right]$ 达到最小。

引入表示干扰抑制水平的标量 $\gamma>0$，定义如下的两个性能泛函

$$\begin{aligned}&\boldsymbol{J}_0(x_0;u(\cdot),v(\cdot))\\&=\varepsilon\sum_{t=0}^{T}\left(\|z(t)\|^2-\gamma^2\|v(t)\|^2\right)\\&=\varepsilon\sum_{t=0}^{T}(x'(t)\boldsymbol{Q}'\boldsymbol{Q}x(t)+u'(t)u(t)-\gamma^2v'(t)v(t))\end{aligned}$$

$$\begin{aligned}&\boldsymbol{J}_1(x_0;u(\cdot),v(\cdot))\\&=\varepsilon\sum_{t=0}^{T}\|z(t)\|^2=\varepsilon\sum_{t=0}^{T}[x'(t)\boldsymbol{Q}'\boldsymbol{Q}x(t)+u'(t)u(t)]\end{aligned}$$

其中，$\boldsymbol{Q}\geqslant 0\in S^n$。

很明显，$(u^*(\cdot),v(\cdot))$ 就是上述两个性能泛函的 Nash 均衡点，且满足

$$\begin{aligned}&\boldsymbol{J}_0(x_0;u^*(\cdot),v^*(\cdot))\leqslant\boldsymbol{J}_0(x_0;u^*(\cdot),v(\cdot))\\&\boldsymbol{J}_1(x_0;u^*(\cdot),v^*(\cdot))\leqslant\boldsymbol{J}_1(x_0;u(\cdot),v^*(\cdot))\end{aligned}$$

因此，利用定义 6.4，可得如下定理 6.6。

定理 6.6　对有限时间随机 H_2/H_∞ 控制问题，如果 Riccati 方程组（6.47）和（6.48）存在解集 $(\boldsymbol{P},\boldsymbol{P}_1,\boldsymbol{P}_2,\cdots,\boldsymbol{P}_N)\in S^n\times S^n\times\cdots\times S^n$。

$$\begin{cases}\tilde{\boldsymbol{A}}'\boldsymbol{P}_1(t+1)\tilde{\boldsymbol{A}}+\boldsymbol{Q}'\boldsymbol{Q}+\boldsymbol{A}_1'\boldsymbol{P}_1(t+1)\boldsymbol{A}_1-\boldsymbol{E}'\boldsymbol{P}_1(t)\boldsymbol{E}+\\\boldsymbol{K}_1'\boldsymbol{B}'\boldsymbol{P}_1(t+1)\tilde{\boldsymbol{A}}=0\\\boldsymbol{B}'\boldsymbol{P}_1(t+1)\boldsymbol{B}+\boldsymbol{I}>0\\\boldsymbol{K}_1=-[\boldsymbol{B}'\boldsymbol{P}_1(t+1)\boldsymbol{B}+\boldsymbol{R}_1]^{-1}\boldsymbol{B}'\boldsymbol{P}_1(t+1)\tilde{\boldsymbol{A}}\\\tilde{\boldsymbol{A}}=\boldsymbol{A}+\boldsymbol{C}\boldsymbol{K}_0\end{cases}\qquad(6.47)$$

$$\begin{cases}\hat{A}'P_0(t+1)\hat{A}+(Q+BK)'(Q+BK)+A_1'P_0(t+1)A_1-E'P_0(t)E+\\ K_0'(t)C'P_0(t+1)\hat{A}=0\\ C'P_0(t+1)C-\gamma^2 I>0\\ K_0=-[C'P_0(t+1)C-\gamma^2 I]^{-1}C'P_0(t+1)\hat{A}\\ \hat{A}=A+BK\end{cases} \tag{6.48}$$

则形如 $u^*(t)=K_1x(t)$ 的策略是有限时间随机 H_2/H_∞ 控制集，且对应的最坏干扰为 $v^*(t)=K_0x(t)$。

证明： 首先证明充分性。将 $u(t)=K_1x(t)$ 代入式（6.46），得

$$\begin{cases}Ex(t+1)=\hat{A}x(t)+Cv(t)+A_1x(t)w(t)\\ z(t)=(Q+BK_1)x(t)\\ x(0)=x_0\in\mathbf{R}^n\end{cases} \tag{6.49}$$

对系统（6.49），根据定义 6.4 和式（6.47），可以推出对所有非零的 $v(\cdot)$，$(x_0,\ t)\in\mathbf{R}^n\times[0,T]$，有 $\|L_T\|<\gamma$ 成立，同时注意到 $P_0(t)$ 满足（6.47），由引理 6.2，并利用配方法，可得

$$\begin{aligned}&J_0(x_0;v(\cdot))\\ &=-x'(T)E'P_0(T)Ex(T)+x_0'E'P_0(0)Ex_0+\sum_{t=0}^{T-1}\{x'(t)[\hat{A}'P_0(t+1)\hat{A}+A_1'P_0(t+1)A_1-\\ &\quad E'P_0(t)E+(Q+KB)'(Q+KB)+2K'B'P_0(t+1)A]x(t)+\\ &\quad 2v'(t)C'P_0(t+1)\hat{A}x(t)+v'(t)(C'P_0(t+1)C-\gamma^2)v(t)\}\\ &=-x'(T)E'P_0(T)Ex(T)+x_0'E'P_0(0)Ex_0+\sum_{t=0}^{T-1}\{x'(t)[\hat{A}'P_0(t+1)\hat{A}+A_1'P_0(t+1)A_1-\\ &\quad E'P_0(t)E+(Q+KB)'(Q+KB)+2K'B'P_0(t+1)A+K_0'(t)B'P_0(t+1)\hat{A}]x(t)+\\ &\quad [v(t)-K_0(t)x(t)]'(C'P_0(t+1)C-\gamma^2)[v(t)-K_0(t)x(t)]\}\end{aligned} \tag{6.50}$$

其中，$v^*(t)=K_0(t)x(t)$，$K_0(t)$ 由式（6.48）给出。上式说明对任意的 $x_0\in\mathbf{R}^n$，$J_\infty^{\mathrm{T}}(u^*,v;x_0)$ 在 $v(t)=v^*(t)$ 时达到最小值，因此 $v^*(t)$ 就是最坏干扰。

进一步，利用式（6.47）和配方法，得

$$
\begin{aligned}
&\boldsymbol{J}_1^{\mathrm{T}}(u^*,v;x_0)\\
&=\varepsilon\sum_{t=0}^{T}z'(t)z(t)\\
&=-x'(T)\boldsymbol{E}'\boldsymbol{P}_1(T)\boldsymbol{E}x(T)+x_0'\boldsymbol{E}'\boldsymbol{P}_1(0)\boldsymbol{E}x_0+\sum_{t=0}^{T-1}\{x'(t)[\tilde{\boldsymbol{A}}'\boldsymbol{P}_1(t+1)\tilde{\boldsymbol{A}}+\\
&\boldsymbol{A}_1'\boldsymbol{P}_1(t+1)\boldsymbol{A}_1-\boldsymbol{E}'\boldsymbol{P}_1(t)\boldsymbol{E}+\boldsymbol{Q}'\boldsymbol{Q}+\boldsymbol{K}_1'(t)\boldsymbol{C}'\boldsymbol{P}_1(t+1)\tilde{\boldsymbol{A}}]x(t)+\\
&[u(t)-\boldsymbol{K}_1(t)x(t)]'(\boldsymbol{I}+\boldsymbol{B}'\boldsymbol{P}_1(t+1)\boldsymbol{B})[u(t)-\boldsymbol{K}_1(t)x(t)]\}\geqslant\\
&\boldsymbol{J}_2^{\mathrm{T}}(u^*,v^*;x_0)=x_0'\boldsymbol{E}'\boldsymbol{P}_1(0)\boldsymbol{E}x_0
\end{aligned}
\tag{6.51}
$$

其中，$u^*(t)=\boldsymbol{K}_1x(t)$，$\boldsymbol{K}_1(t)$由式（6.47）给出。

说明对任意的 $x_0\in\mathbf{R}^n$，$\boldsymbol{J}_1^{\mathrm{T}}(u,v^*;x_0)$在 $u(t)=u^*(t)$时达到最小值，因此（u^*,v^*）是系统（6.46）的有限时间 H_2/H_∞ 控制问题的解，充分性证明完毕。

接下来证明必要性：设形如 $u^*(t)=\boldsymbol{K}_1x(t)$，$v^*(t)=\boldsymbol{K}_0(t)x(t)$ 的(u^*, v^*)是随机 H_2/H_∞ 控制的解，将 $u^*(t)=\boldsymbol{K}_1x(t)$代入式（6.46），得

$$
\begin{cases}
\boldsymbol{E}x(t+1)=\hat{\boldsymbol{A}}x(t)+\boldsymbol{C}v(t)+\boldsymbol{A}_1x(t)w(t)\\
z(t)=(\boldsymbol{Q}+\boldsymbol{K}_1\boldsymbol{B})x(t)\\
x(0)=x_0\in\mathbf{R}^n
\end{cases}
\tag{6.52}
$$

对系统（6.52），根据定理 6.4，得到 $\boldsymbol{P}_0(t)\in C(0,T;S^n)$满足式（6.47）。由充分性的证明可知，最坏干扰为 $v^*(t)=\boldsymbol{K}_0(t)x(t)$，故将 $v^*(t)=\boldsymbol{K}_0(t)x(t)$ 代入（6.46），得

$$
\begin{cases}
\boldsymbol{E}x(t+1)=\tilde{\boldsymbol{A}}x(t)+\boldsymbol{B}u(t)+\boldsymbol{A}_1w(t)\\
z(t)=\boldsymbol{Q}x(t)+u(t)\\
x(0)=x_0\in\mathbf{R}^n
\end{cases}
\tag{6.53}
$$

由假设知，$u^*(t)$是式（6.53）的约束下最小化 $\boldsymbol{J}_2^{\mathrm{T}}(u,v^*;x_0)$问题的最优解：

$$
\begin{aligned}
&\min_{u\in L_F^2([0,T],\mathbf{R}^{n_u})}\boldsymbol{J}_1^{\mathrm{T}}(u,v^*;x_0)\\
&\quad=\boldsymbol{J}_1^{\mathrm{T}}(u^*,v^*;x_0)\\
&\quad=\varepsilon\sum_{t=0}^{T}[x'(t)\boldsymbol{Q}'\boldsymbol{Q}x(t)+u'(t)u(t)]
\end{aligned}
\tag{6.54}
$$

这是一个标准的随机 LQ 问题，应用引理 6.2，结合配方法，易证 $\boldsymbol{P}_1(t)\in C(0,T;S^n)$

是方程（6.54）的解。

定理 6.6 证毕。

6.4 离散广义随机线性 Markov 切换系统的鲁棒控制策略

6.4.1 相关引理与定理

考虑如下离散时间广义随机线性 Markov 切换系统：

$$\begin{cases} \boldsymbol{E}x(t+1)=\boldsymbol{A}(r_t)x(t)+\boldsymbol{B}(r_t)v(t)+(\boldsymbol{C}(r_t)x(t)+\boldsymbol{D}(r_t)v(t))w(t) \\ z(t)=\boldsymbol{Q}(r_t)x(t) \\ x(0)=x_0 \end{cases} \tag{6.55}$$

其中，$x(t)\in\Re^n$ 是状态变量；$w(t)$是定义在完备概率空间$(\Omega, F, \{F_t|t \geqslant 0\}, P)$上的一维标准 Wiener 过程，表示一类能量有界的系统干扰输入向量；$u(t)$表示控制过程；$v(t)$表示外界不确定性干扰；$(x_0, r_0)\in\Re^n\times\Xi$ 是初始状态；$\boldsymbol{E}$ 是给定的广义矩阵，$\mathrm{rank}(\boldsymbol{E})\leqslant n$；$\boldsymbol{A}(r_t)$、$\boldsymbol{C}(r_t)$ 为适维常数矩阵，当 $r_t=i,i\in\Xi$，$\boldsymbol{A}(r_t)=\boldsymbol{A}(i)$，$\boldsymbol{C}(r_t)=\boldsymbol{C}(i)$, $\boldsymbol{D}(r_t)=\boldsymbol{D}(i)$。

为叙述方便，令 $\hat{\boldsymbol{P}}(i)=\sum_{j=1}^{l}\pi_{ij}\boldsymbol{P}(j),\hat{\boldsymbol{P}}(t,i)=\sum_{j=1}^{l}\pi_{ij}\boldsymbol{P}(t,j)$。

对于系统（6.55），我们定义与 H_∞ 性能指标密切相关的泛函：

$$\boldsymbol{J}^{\mathrm{T}}(x_0;v)=\gamma^2\varepsilon\left[\sum_{t=0}^{T}\|v\|^2\right]-\varepsilon\left[\sum_{t=0}^{T}\|z\|^2\right] \tag{6.56}$$

称使得 $\boldsymbol{J}^{\mathrm{T}}(x_0;v)$ 达到最小值的 v^* 为最坏干扰。

接下来，我们证明几个结论，它们在后面的定理证明中起着重要的作用。

引理 6.3 设 $\boldsymbol{P}(t)\in C(0,T;S^n)$ 给定，对具有初始条件$(x_0, t_0)\in\Re^n\times[0,T]$的系统（6.55），有

$$\begin{aligned}
&\boldsymbol{J}^{\mathrm{T}}(x_0;v) \\
&=\varepsilon\sum_{t=0}^{T}\{x'(t)(\boldsymbol{A}'(i)\hat{\boldsymbol{P}}(i)\boldsymbol{A}(i)+\boldsymbol{C}'(i)\hat{\boldsymbol{P}}(i)\boldsymbol{C}(i)-\boldsymbol{E}'\boldsymbol{P}(i)\boldsymbol{E}-\boldsymbol{Q}'(i)\boldsymbol{Q}(i))x(t)+ \\
&2v'(t)(\boldsymbol{B}'(i)\hat{\boldsymbol{P}}(i)\boldsymbol{A}(i)+\boldsymbol{D}'(i)\hat{\boldsymbol{P}}(i)\boldsymbol{C}(i))x(t)+ \\
&v'(t)(\boldsymbol{B}'(i)\hat{\boldsymbol{P}}(i)\boldsymbol{B}(i)+\boldsymbol{D}'(i)\hat{\boldsymbol{P}}(i)\boldsymbol{D}(i)+\gamma^2\boldsymbol{I})v(t)\}- \\
&x'(T)\boldsymbol{E}'\boldsymbol{P}(T)\boldsymbol{E}x(T)+x_0'\boldsymbol{E}'\boldsymbol{P}(0)\boldsymbol{E}x_0
\end{aligned}$$

证明： 设 $\boldsymbol{P}(t)\in C(0,T;S^n)$ 给定，对系统（6.55），有

$$\begin{aligned}&x'(t+1)\boldsymbol{E}'\boldsymbol{P}(t+1)\boldsymbol{E}x(t+1)-x'(t)\boldsymbol{E}'\boldsymbol{P}(t)\boldsymbol{E}x(t)\\&=[x'(t)(\boldsymbol{A}'(i)\hat{\boldsymbol{P}}(i)\boldsymbol{A}(i)+\boldsymbol{C}'(i)\hat{\boldsymbol{P}}(i)\boldsymbol{C}(i)-\boldsymbol{E}'\boldsymbol{P}(i)\boldsymbol{E})x(t)+\\&2v'(t)\boldsymbol{B}'(i)\hat{\boldsymbol{P}}(i)\boldsymbol{A}(i)x(t)+2v'(t)\boldsymbol{D}'(i)\hat{\boldsymbol{P}}(i)\boldsymbol{C}(i)x(t)+v'(t)\boldsymbol{B}'(i)\hat{\boldsymbol{P}}(i)\boldsymbol{B}(i)v(t)+\\&v'(t)\boldsymbol{D}'(i)\hat{\boldsymbol{P}}(i)\boldsymbol{D}(i)v(t)]+\{\cdots\}w(t)\end{aligned}\tag{6.57}$$

对式（6.58）在[0 ,T]求和，取期望，得

$$\begin{aligned}&\varepsilon\sum_{t=0}^{T-1}[x'(t+1)\boldsymbol{E}'\boldsymbol{P}(t+1)\boldsymbol{E}x(t+1)-x'(t)\boldsymbol{E}'\boldsymbol{P}(t)\boldsymbol{E}x(t)]\\&=\varepsilon\sum_{t=0}^{T-1}\Big[x'(t)(\boldsymbol{A}'(i)\hat{\boldsymbol{P}}(i)\boldsymbol{A}(i)+\boldsymbol{C}'(i)\hat{\boldsymbol{P}}(i)\boldsymbol{C}(i)-\boldsymbol{E}'\boldsymbol{P}(i)\boldsymbol{E})x(t)+2v'(t)\boldsymbol{B}'(i)\hat{\boldsymbol{P}}(i)\boldsymbol{A}(i)x(t)+\\&2v'(t)\boldsymbol{D}'(i)\hat{\boldsymbol{P}}(i)\boldsymbol{C}(i)x(t)+v'(t)\boldsymbol{B}'(i)\hat{\boldsymbol{P}}(i)\boldsymbol{B}(i)v(t)+v'(t)\boldsymbol{D}'(i)\hat{\boldsymbol{P}}(i)\boldsymbol{D}(i)v(t)]\\&=x'(T)\boldsymbol{E}'\boldsymbol{P}(T)\boldsymbol{E}x(T)-x_0'\boldsymbol{E}'\boldsymbol{P}(0)\boldsymbol{E}x_0\end{aligned}\tag{6.58}$$

从而有

$$\begin{aligned}&\boldsymbol{J}^{\mathrm{T}}(x_0;v)\\&=\varepsilon\sum_{t=0}^{T}\{x'(t)(\boldsymbol{A}'(i)\hat{\boldsymbol{P}}(i)\boldsymbol{A}(i)+\boldsymbol{C}'(i)\hat{\boldsymbol{P}}(i)\boldsymbol{C}(i)-\boldsymbol{E}'\boldsymbol{P}(i)\boldsymbol{E}-\boldsymbol{Q}'(i)\boldsymbol{Q}(i))x(t)+\\&2v'(t)(\boldsymbol{B}'(i)\hat{\boldsymbol{P}}(i)\boldsymbol{A}(i)+\boldsymbol{D}'(i)\hat{\boldsymbol{P}}(i)\boldsymbol{C}(i))x(t)+\\&v'(t)(\boldsymbol{B}'(i)\hat{\boldsymbol{P}}(i)\boldsymbol{B}(i)+\boldsymbol{D}'(i)\hat{\boldsymbol{P}}(i)\boldsymbol{D}(i)+\gamma^2\boldsymbol{I})v(t)\}-\\&x'(T)\boldsymbol{E}'\boldsymbol{P}(T)\boldsymbol{E}x(T)+x_0'\boldsymbol{E}'\boldsymbol{P}(0)\boldsymbol{E}x_0\end{aligned}$$

引理 6.3 得证。

定理 6.7　对于线性随机系统（6.55）和一个给定的扰动衰减水平 $\gamma>0$，下面的两个表述是等价的：

（1）$\|L_T\|<\gamma$，其中

$$\|L_T\|=\frac{\left\{\varepsilon\left\{\sum_{t=0}^{T}\left[z'(t)z(t)\right]\right\}\right\}^{1/2}}{\left\{\varepsilon\left\{\sum_{t=0}^{T}\left[v'(t)v(t)\right]\right\}\right\}^{1/2}}$$

（2）对任意的 $t\in[0,T]$,以下广义 Riccati 差分方程：

$$\begin{cases}\boldsymbol{A}'(i)\hat{\boldsymbol{P}}(i)\boldsymbol{A}(i)+\boldsymbol{C}'(i)\hat{\boldsymbol{P}}(i)\boldsymbol{C}(i)-\boldsymbol{E}'\boldsymbol{P}(t)\boldsymbol{E}+\\ \boldsymbol{K}'(i)(\boldsymbol{B}'(i)\hat{\boldsymbol{P}}(i)\boldsymbol{A}(i)+\boldsymbol{D}'(i)\hat{\boldsymbol{P}}(i)\boldsymbol{C}(i))-\boldsymbol{Q}'(i)\boldsymbol{Q}(i)=0\\ \boldsymbol{E}'\boldsymbol{P}(T)\boldsymbol{E}=0\\ \boldsymbol{K}(i)=-(\gamma^2\boldsymbol{I}+\boldsymbol{B}'(i)\hat{\boldsymbol{P}}(i)\boldsymbol{B}(i)+\boldsymbol{D}'(i)\hat{\boldsymbol{P}}(i)\boldsymbol{D}(i))^{-1}(\boldsymbol{B}'(i)\hat{\boldsymbol{P}}(i)\boldsymbol{A}(i)+\boldsymbol{D}'(i)\hat{\boldsymbol{P}}(i)\boldsymbol{C}(i))\end{cases} \tag{6.59}$$

有解 $\boldsymbol{P}(t)\in C(0,T;S^n)$。

证明：（2）→（1）

假设对 $t=T,\cdots,0$，（2）成立，则对任意非零 v，及 $x_0=0$，由引理 6.3 得

$$\begin{aligned}&\boldsymbol{J}^{\mathrm{T}}(x_0;v)\\ &=\varepsilon\sum_{t=0}^{T}\{x'(t)(\boldsymbol{A}'(i)\hat{\boldsymbol{P}}(i)\boldsymbol{A}(i)+\boldsymbol{C}'(i)\hat{\boldsymbol{P}}(i)\boldsymbol{C}(i)-\boldsymbol{E}'\boldsymbol{P}(i)\boldsymbol{E}-\boldsymbol{Q}'(i)\boldsymbol{Q}(i))x(t)+\\ &\quad 2v'(t)(\boldsymbol{B}'(i)\hat{\boldsymbol{P}}(i)\boldsymbol{A}(i)+\boldsymbol{D}'(i)\hat{\boldsymbol{P}}(i)\boldsymbol{C}(i))x(t)+\\ &\quad v'(t)(\boldsymbol{B}'(i)\hat{\boldsymbol{P}}(i)\boldsymbol{B}(i)+\boldsymbol{D}'(i)\hat{\boldsymbol{P}}(i)\boldsymbol{D}(i)+\gamma^2\boldsymbol{I})v(t)\}-\\ &\quad x'(T)\boldsymbol{E}'\boldsymbol{P}(T)\boldsymbol{E}x(T)+x_0'\boldsymbol{E}'\boldsymbol{P}(0)\boldsymbol{E}x_0\end{aligned} \tag{6.60}$$

利用配方法，结合式（6.59）可得

$$\begin{aligned}&\boldsymbol{J}^{\mathrm{T}}(0;v)\\ &=\varepsilon\sum_{t=0}^{T}\{[v(t)-v^*(t)](\gamma^2\boldsymbol{I}+\boldsymbol{B}'(i)\hat{\boldsymbol{P}}(i)\boldsymbol{B}(i)+\boldsymbol{D}'(i)\hat{\boldsymbol{P}}(i)\boldsymbol{D}(i))[v(t)-v^*(t)]\}\end{aligned} \tag{6.61}$$

其中，$v^*(t)=\boldsymbol{K}(i)x(t)$。

又因 $\gamma^2\boldsymbol{I}+\boldsymbol{B}'(i)\hat{\boldsymbol{P}}(i)\boldsymbol{B}(i)+\boldsymbol{D}'(i)\hat{\boldsymbol{P}}(i)\boldsymbol{D}(i)>0$，由式（6.61）可得 $\boldsymbol{J}^{\mathrm{T}}(0;v)\geqslant 0$，并且 $\boldsymbol{J}^{\mathrm{T}}(0;v)=0$ 当且仅当 $v(t)=v^*(t)$。将 $v(t)=v^*(t)$ 代入系统式（6.55）中，当初始条件 $x_0=0$ 时，必然有 $x(t)\equiv 0$，从而有 $v^*(t)\equiv 0$。由此，得 $\boldsymbol{J}^{\mathrm{T}}(0;v)=0$ 当且仅当 $v=v^*=0$，这与假设 $v\neq 0$ 矛盾。所以，式（6.61）中 v 不能达到 v^*，也就是说，对任意 $v\neq 0$，都有 $\boldsymbol{J}^{\mathrm{T}}(0;v)>0$。再由 $\boldsymbol{J}^{\mathrm{T}}(0;v)$ 和 $\|L_T\|$ 之间的关系不难得到（1）成立。

（1）→（2）：

取二次型值函数 $\boldsymbol{V}(t,x)$，如式（6.62）所示：

$$\boldsymbol{V}(t,x)=x'(t)\boldsymbol{E}'\boldsymbol{P}(t)\boldsymbol{E}x(t) \tag{6.62}$$

根据引理 6.3 有

$$
\begin{aligned}
&\boldsymbol{J}^{\mathrm{T}}(x_0;v)\\
&=\varepsilon\sum_{t=0}^{T}\{x'(t)(\boldsymbol{A}'(i)\hat{\boldsymbol{P}}(i)\boldsymbol{A}(i)+\boldsymbol{C}'(i)\hat{\boldsymbol{P}}(i)\boldsymbol{C}(i)-\boldsymbol{E}'\boldsymbol{P}(i)\boldsymbol{E}-\boldsymbol{Q}'(i)\boldsymbol{Q}(i))x(t)+\\
&2v'(t)(\boldsymbol{B}'(i)\hat{\boldsymbol{P}}(i)\boldsymbol{A}(i)+\boldsymbol{D}'(i)\hat{\boldsymbol{P}}(i)\boldsymbol{C}(i))x(t)+v'(t)(\boldsymbol{B}'(i)\hat{\boldsymbol{P}}(i)\boldsymbol{B}(i)+\\
&\boldsymbol{D}'(i)\hat{\boldsymbol{P}}(i)\boldsymbol{D}(i)+\gamma^2\boldsymbol{I})v(t)\}-x'(T)\boldsymbol{E}'\boldsymbol{P}(T)\boldsymbol{E}x(T)+x_0'\boldsymbol{E}'\boldsymbol{P}(0)\boldsymbol{E}x_0
\end{aligned}
\tag{6.63}
$$

利用配方法，得

$$
\begin{aligned}
&\boldsymbol{J}^{\mathrm{T}}(0;v)\\
&=\varepsilon\sum_{t=0}^{T}\{[v(t)-v^*(t)](\gamma^2\boldsymbol{I}+\boldsymbol{B}'(i)\hat{\boldsymbol{P}}(i)\boldsymbol{B}(i)+\boldsymbol{D}'(i)\hat{\boldsymbol{P}}(i)\boldsymbol{D}(i))[v(t)-v^*(t)]+\\
&x'(t)(\boldsymbol{A}'(i)\hat{\boldsymbol{P}}(i)\boldsymbol{A}(i)+\boldsymbol{C}'(i)\hat{\boldsymbol{P}}(i)\boldsymbol{C}(i)+\boldsymbol{K}'(i)(\boldsymbol{B}'(i)\hat{\boldsymbol{P}}(i)\boldsymbol{A}(i)+\\
&\boldsymbol{D}'(i)\hat{\boldsymbol{P}}(i)\boldsymbol{C}(i))-\boldsymbol{E}'\boldsymbol{P}(i)\boldsymbol{E}-\boldsymbol{Q}'(i)\boldsymbol{Q}(i))x(t)\}-x'(T)\boldsymbol{E}'\boldsymbol{P}(T)\boldsymbol{E}x(T)+x_0'\boldsymbol{E}'\boldsymbol{P}(0)\boldsymbol{E}x_0
\end{aligned}
\tag{6.64}
$$

其中，

$$
v^*(t)=\boldsymbol{K}(i)x(t)=-(\gamma^2\boldsymbol{I}+\boldsymbol{B}'(i)\hat{\boldsymbol{P}}(i)\boldsymbol{B}(i)+\boldsymbol{D}'(i)\hat{\boldsymbol{P}}(i)\boldsymbol{D}(i))^{-1}(\boldsymbol{B}'(i)\hat{\boldsymbol{P}}(i)\boldsymbol{A}(i)+\boldsymbol{D}'(i)\hat{\boldsymbol{P}}(i)\boldsymbol{C}(i))x(t)
$$

由于对任意的 $x(t)$都有 $\|L_T\|<\gamma$，从而可得

$$
\begin{cases}
\boldsymbol{A}'(i)\hat{\boldsymbol{P}}(i)\boldsymbol{A}(i)+\boldsymbol{C}'(i)\hat{\boldsymbol{P}}(i)\boldsymbol{C}(i)-\boldsymbol{E}'\boldsymbol{P}(i)\boldsymbol{E}+\\
\boldsymbol{K}'(i)(\boldsymbol{B}'(i)\hat{\boldsymbol{P}}(i)\boldsymbol{A}(i)+\boldsymbol{D}'(i)\hat{\boldsymbol{P}}(i)\boldsymbol{C}(i))-\boldsymbol{Q}'(i)\boldsymbol{Q}(i)=0\\
\boldsymbol{E}'\boldsymbol{P}(\boldsymbol{T})\boldsymbol{E}=0\\
\boldsymbol{K}(i)=-(\gamma^2\boldsymbol{I}+\boldsymbol{B}'(i)\hat{\boldsymbol{P}}(i)\boldsymbol{B}(i)+\boldsymbol{D}'(i)\hat{\boldsymbol{P}}(i)\boldsymbol{D}(i))^{-1}(\boldsymbol{B}'(i)\hat{\boldsymbol{P}}(i)\boldsymbol{A}(i)+\boldsymbol{D}'(i)\hat{\boldsymbol{P}}(i)\boldsymbol{C}(i))
\end{cases}
\tag{6.65}
$$

同时，由于 $\gamma^2\boldsymbol{I}+\boldsymbol{B}'(i)\hat{\boldsymbol{P}}(i)\boldsymbol{B}(i)+\boldsymbol{D}'(i)\hat{\boldsymbol{P}}(i)\boldsymbol{D}(i)>0$，从而可知 $\boldsymbol{P}(i)\in C(0,T;S^n)$是方程（6.59）的解。

定理 6.7 得证。

6.4.2 离散广义随机线性 Markov 切换系统的 H_∞鲁棒控制

考虑如下的受控系统

$$
\begin{cases}
\boldsymbol{E}x(t+1)=\boldsymbol{A}(r_t)x(t)+\boldsymbol{B}(r_t)u(t)+\boldsymbol{C}(r_t)v(t)+\boldsymbol{A}_1(r_t)x(t)w(t)\\
x(0)=x_0\in\mathbf{R}^n
\end{cases}
\tag{6.66}
$$

受控输出是一个向量

$$z(t)=\begin{bmatrix} Q(r_t)x(t) \\ u(t) \end{bmatrix}$$

式中，$x(t)\in\Re^n$是状态变量；$u(t)\in L_F^2(0,T;\Re^{n_u})$是容许控制过程；$v(t)\in L_F^2(0,T;\Re^{n_v})$表示外界干扰；$\boldsymbol{A}(r_t)$、$\boldsymbol{A}_1(r_t)$、$\boldsymbol{B}(r_t)$、$\boldsymbol{Q}(r_t)$为适维常数矩阵，当$r_t=i,i\in\Xi$，系数矩阵$\boldsymbol{A}(r_t)=\boldsymbol{A}(i)$，$\boldsymbol{A}_1(r_t)=\boldsymbol{A}_1(i)$、$\boldsymbol{Q}(r_t)=\boldsymbol{Q}(i)$、$\boldsymbol{B}(r_t)=\boldsymbol{B}(i)$；其他符号含义同上文。

下面给出有限时间随机H_∞控制的定义：

定义 6.5[12] 对于任意给定的$\gamma>0$，$0<T<\infty$以及$v(t)\in L_F^2(0,T,\Re^v)$，寻找一个控制$u^*(t)\in L_F^2(0,T;\Re^{n_u})$，使得初始状态$x(0)=x_0\in\mathbf{R}^n$的闭环系统（6.66）的状态过程满足：

$$\varepsilon\sum_{t=0}^{T}\|z(t)\|^2=\varepsilon\sum_{t=0}^{T}\left[\|\boldsymbol{Q}(r_t)x(t)\|^2+\|u^*(t)\|^2\right]\leqslant\gamma^2\varepsilon\sum_{t=0}^{T}\|v(t)\|^2$$

那么我们称控制$u^*(\cdot)\in L_F^2(0,T;\Re^{n_u})$是系统（6.66）的一个$H_\infty$控制。

引入表示干扰抑制水平的标量$\gamma>0$，定义如下指标性能泛函：

$$\begin{aligned}
&\boldsymbol{J}(x_0,i;u(\cdot),v(\cdot))\\
&=\varepsilon\sum_{t=0}^{T}\left(\|z(t)\|^2-\gamma^2\|v(t)\|^2\right)\\
&=\varepsilon\left[\sum_{t=0}^{T}(x'(t)\boldsymbol{Q}'(r_t)\boldsymbol{Q}(r_t)x(t)+u'(t)u(t)-\gamma^2v'(t)v(t))\middle|r_0=i\right]
\end{aligned}\tag{6.67}$$

很明显，$(u^*(\cdot),v^*(\cdot))$就是指标性能泛函（6.66）的鞍点均衡点，即满足$\boldsymbol{J}(x_0,i;u^*(\cdot),v(\cdot))\leqslant\boldsymbol{J}(x_0,i;u^*(\cdot),v^*(\cdot))\leqslant\boldsymbol{J}(x_0,i;u(\cdot),v^*(\cdot))$利用定理 6.7，不难得到有限时间随机$H_\infty$控制的最优控制的结果如定理 6.8 所示。

定理 6.8 对系统（6.37），如果下述差分 Riccati 方程（6.68）存在解$\boldsymbol{P}(i)\geqslant0\in S_l^n,(i,j\in\Xi)$

$$\begin{cases}\boldsymbol{N}(i,\boldsymbol{P})-\boldsymbol{E}'\boldsymbol{P}(i)\boldsymbol{E}-\boldsymbol{L}'(i,\boldsymbol{P})\boldsymbol{R}^{-1}(i,\boldsymbol{P})\boldsymbol{L}(i,\boldsymbol{P})=0\\ \boldsymbol{P}(T)=0\end{cases}\tag{6.68}$$

其中

$$\begin{cases} \boldsymbol{N}(i,\boldsymbol{P}) = \boldsymbol{A}'(i)\hat{\boldsymbol{P}}(i)\boldsymbol{A}(i) - \boldsymbol{Q}'(i)\boldsymbol{Q}(i) + \boldsymbol{A}_1'(i)\hat{\boldsymbol{P}}(i)\boldsymbol{A}_1(i) \\ \boldsymbol{R}(i,\boldsymbol{P}) = \begin{bmatrix} \boldsymbol{B}'(i)\hat{\boldsymbol{P}}(i)\boldsymbol{B}(i) & \boldsymbol{B}'(i)\hat{\boldsymbol{P}}(i)\boldsymbol{C}(i) \\ \boldsymbol{C}'(i)\hat{\boldsymbol{P}}(i)\boldsymbol{B}(i) & \boldsymbol{C}'(i)\hat{\boldsymbol{P}}(i)\boldsymbol{C}(i) + \gamma^2 \boldsymbol{I} \end{bmatrix} \\ \boldsymbol{L}(i,\boldsymbol{P}) = \begin{bmatrix} \boldsymbol{B}'(i)\hat{\boldsymbol{P}}(i)\boldsymbol{A}(i) \\ \boldsymbol{C}'(i)\hat{\boldsymbol{P}}(i)\boldsymbol{A}(i) \end{bmatrix} \end{cases}$$

证明： 设 $\boldsymbol{P}(t) \in S^n$ 给定，对系统（6.66），有

$$\begin{aligned} & x'(t+1)\boldsymbol{E}'\hat{\boldsymbol{P}}(i)\boldsymbol{E}x(t+1) - x'(t)\boldsymbol{E}'\boldsymbol{P}(i)\boldsymbol{E}x(t) \\ = & [x'(t)(\boldsymbol{A}'\hat{\boldsymbol{P}}(i)\boldsymbol{A} + \boldsymbol{A}_1'(i)\hat{\boldsymbol{P}}(i)\boldsymbol{A}_1(i) - \boldsymbol{E}'\boldsymbol{P}(i)\boldsymbol{E})x(t) + \\ & 2u'(t)\boldsymbol{B}'(i)\hat{\boldsymbol{P}}(i)\boldsymbol{A}(i)x(t) + 2v(t)\boldsymbol{C}'(i)\hat{\boldsymbol{P}}(i)\boldsymbol{A}(i)x(t) + \\ & u'(t)\boldsymbol{B}'(i)\hat{\boldsymbol{P}}(i)\boldsymbol{B}(i)u(t) + v'(t)\boldsymbol{C}'(i)\hat{\boldsymbol{P}}(i)\boldsymbol{C}(i)v(t)] + \{\cdots\}w(t) \end{aligned} \tag{6.69}$$

对式（6.69）在$[0, T]$上求和，两边取期望，并除以 2，得

$$\begin{aligned} & \frac{1}{2}\varepsilon[x'(T)\boldsymbol{E}'\boldsymbol{P}(T)\boldsymbol{E}x(T)] - \frac{1}{2}x_0'\boldsymbol{E}'\boldsymbol{P}(0)\boldsymbol{E}x_0 \\ = & \frac{1}{2}\varepsilon\sum_{t=0}^{T-1}[x'(t)(\boldsymbol{A}'(i)\hat{\boldsymbol{P}}(i)\boldsymbol{A}(i) + \boldsymbol{A}_1'(i)\hat{\boldsymbol{P}}(i)\boldsymbol{A}_1(i) - \boldsymbol{E}'\boldsymbol{P}(i)\boldsymbol{E})x(t) + \\ & 2u'(t)\boldsymbol{B}'(i)\hat{\boldsymbol{P}}(i)\boldsymbol{A}(i)x(t) + 2v(t)\boldsymbol{C}'(i)\hat{\boldsymbol{P}}(i)\boldsymbol{A}(i)x(t) + \\ & u'(t)\boldsymbol{B}'(i)\hat{\boldsymbol{P}}(i)\boldsymbol{B}(i)u(t) + v'(t)\boldsymbol{C}'(i)\hat{\boldsymbol{P}}(i)\boldsymbol{C}(i)v(t)] \end{aligned} \tag{6.70}$$

根据式（6.70），利用“配方法”，得

$$\begin{aligned} & \boldsymbol{J}(x_0;\overline{u}) \\ = & -x'(T)\boldsymbol{E}'\boldsymbol{P}(T)\boldsymbol{E}x(T) + x_0'\boldsymbol{E}'\boldsymbol{P}(0)\boldsymbol{E}x_0 + \\ & \varepsilon\{x'(t)[\boldsymbol{N}(i,\boldsymbol{P}) - \boldsymbol{E}'\boldsymbol{P}(t)\boldsymbol{E} - \boldsymbol{L}'(\boldsymbol{P})\boldsymbol{R}^{-1}(i,\boldsymbol{P})\boldsymbol{L}(i,\boldsymbol{P})]x(t)\cdot \\ & [\overline{u} + \boldsymbol{R}^{-1}(i,\boldsymbol{P})\boldsymbol{L}(i,\boldsymbol{P})x(t)]'\boldsymbol{R}(i,\boldsymbol{P})[\overline{u} + \boldsymbol{R}^{-1}(i,\boldsymbol{P})\boldsymbol{L}(i,\boldsymbol{P})x(t)]\} \end{aligned} \tag{6.71}$$

其中，$\overline{u} = \begin{bmatrix} u \\ v \end{bmatrix}$。

根据式（6.68），当 $\overline{u}(t) = \overline{u}^*(t) = \boldsymbol{R}^{-1}(i,\boldsymbol{P})\boldsymbol{L}(i,\boldsymbol{P})x(t)$ 和 $x_0 = 0$ 时，得

$$\begin{aligned} & \boldsymbol{J}(0;u^*,v^*) \\ = & \varepsilon\sum_{t=0}^{T}[\overline{u} + \boldsymbol{R}^{-1}(i,\boldsymbol{P})\boldsymbol{L}(i,\boldsymbol{P})x(t)]'\boldsymbol{R}(i,\boldsymbol{P})[\overline{u} + \boldsymbol{R}^{-1}(i,\boldsymbol{P})\boldsymbol{L}(i,\boldsymbol{P})x(t)] \end{aligned} \tag{6.72}$$

又因 $C'P(t+1)C+\gamma^2 I>0$，由式（6.72）可得 $J(0;u,v)\geqslant 0$，并且 $J^{\mathrm{T}}(0;u,v)=0$ 当且仅当 $\bar{u}(t)=\bar{u}^*(t)$。将 $\bar{u}(t)=\bar{u}^*(t)$ 代入系统方程（6.66）中，当初始条件 $x_0=0$ 时，必然有 $x(t)\equiv 0$，从而有 $\bar{u}^*(t)\equiv 0$。由此，得 $J(0;u,v)=0$ 当且仅当 $\bar{u}(t)=\bar{u}^*(t)=0$，这与假设 $v\neq 0$ 矛盾。所以，式（6.72）中 v 不能达到 v^*，也就是说，对任意 $v\neq 0$，都有 $J(0;v)>0$。再由 $J(0;v)=0$ 和 $\|L_T\|$ 之间的关系不难得到（1）成立。

定理 6.8 证毕。

6.4.3 广义随机线性 Markov 切换系统的 H_2/H_∞ 鲁棒控制

借鉴前人研究成果，将上述所得结论应用于离散随机广义 Markov 跳变系统的混合 H_2/H_∞ 控制问题。为简单起见，只分析有限时间离散随机广义 Markov 跳变系统的混合 H_2/H_∞ 控制，无限时间的分析方法与其类似，不再赘述。

考虑式（6.73）~（6.75）所示系统：

$$\begin{cases} \boldsymbol{E}x(t+1)=\boldsymbol{A}(t,r_t)x(t)+\boldsymbol{B}(t,r_t)u(t)+\boldsymbol{C}(t,r_t)v(t)+ \\ \qquad\qquad \boldsymbol{A}_1(t,r_t)x(t)w(t) \\ z(t)=\begin{bmatrix} \boldsymbol{Q}(t,r_t)x(t) \\ u(t) \end{bmatrix} \\ x(0)=x_0\in\mathbf{R}^n \end{cases} \tag{6.73}$$

$$\boldsymbol{J}_1(u,v)=\varepsilon\left\{\sum_{t=0}^{T}[z'(t)z(t)-\gamma^2 v'(t)v(t)]\right\} \tag{6.74}$$

$$\boldsymbol{J}_2(u,v)=\varepsilon\left\{\sum_{t=0}^{T}[z'(t)z(t)]\right\} \tag{6.75}$$

其中，$x(t)\in\Re^n$ 是状态向量；$(x_0,\ r_0)\in\Re^n\times\Xi$ 是初始状态，$u(t)\in\Re^{m_2}$ 是控制输入；$v(t)\in\Re^{m_1}$ 是外界不确定性干扰；当 $r_t=i,i\in\Xi$，系数矩阵 $\boldsymbol{A}(t,r_t)=\boldsymbol{A}(t,i)$，$\boldsymbol{A}_1(t,r_t)=A_1(t,i)\in L^\infty(0,T;\Re^{n\times n})$，$\boldsymbol{B}(t,r_t)=\boldsymbol{B}(t,i)\in L^\infty(0,T;\Re^{n\times n_u})$，$\boldsymbol{C}(t,r_t)=\boldsymbol{C}(t,i)\in L^\infty(0,T;\Re^{n\times n_v})$。

有限时间离散广义随机 Markov 切换系统的混合 H_2/H_∞ 控制定义如下。

定义 6.6[70] 给定干扰抑制水平 $\gamma>0$，如果存在 $(u^*,\ v^*)\in U[0,\ T]\ \times V[0,\ T]$，使得

（1）$|L_{u^*}|_T<\gamma$，其中

$$|L_{u*}|_T = \sup_{\substack{v\in U_1[0,T) \\ v\neq 0, u=u^*, x_0=0}} \frac{\left\{\varepsilon\left\{\sum_{t=0}^{T}\left[z'(t)z(t)\right]\right\}\right\}^{1/2}}{\left\{\varepsilon\left\{\sum_{t=0}^{T}\left[v'(t)v(t)\right]\right\}\right\}^{1/2}}$$

（2）假设存在最坏干扰 $v^*(t)\in V[0, T]$，将其带入系统（6.73），$u^*(t)$最小化输出能量

$$\boldsymbol{J}_2(u,v^*) = \varepsilon\left\{\sum_{t=0}^{T}\left[z'(t)z(t)\right]\right\}。$$

当上述的(u^*, v^*)存在时，我们称有限时间 H_2/H_∞ 控制问题是可解的。

定理 6.9 对有限时间随机 H_2/H_∞ 控制问题（6.73）～（6.75），如果 Riccati 方程组（6.76）和（6.77）存在解 $\boldsymbol{P}_1(t,i),\boldsymbol{P}_2(t,i)$

$$\begin{cases}\tilde{\boldsymbol{A}}'(t,i)\hat{\boldsymbol{P}}_1(t,i)\tilde{\boldsymbol{A}}(t,i)+\boldsymbol{Q}'(t,i)\boldsymbol{Q}(t,i)+\boldsymbol{A}_1'(t,i)\hat{\boldsymbol{P}}_1(t,i)\boldsymbol{A}_1(t,i)-\boldsymbol{E}'\boldsymbol{P}_1(t,i)\boldsymbol{E}+ \\ \boldsymbol{K}_1'(t,i)\boldsymbol{B}'(t,i)\hat{\boldsymbol{P}}_1(t,i)\tilde{\boldsymbol{A}}(t,i)=0 \\ \boldsymbol{K}_1(t,i)=-[\boldsymbol{B}'(t,i)\hat{\boldsymbol{P}}_1(t,i)\boldsymbol{B}(t,i)+I]^{-1}\boldsymbol{B}'(t,i)\hat{\boldsymbol{P}}_1(t,i)\tilde{\boldsymbol{A}}(t,i) \\ \tilde{\boldsymbol{A}}(t,i)=\boldsymbol{A}(t,i)+\boldsymbol{C}(t,i)\boldsymbol{K}_2(t,i)\end{cases} \tag{6.76}$$

$$\begin{cases}\hat{\boldsymbol{A}}'(t,i)\hat{\boldsymbol{P}}_2(t,i)\hat{\boldsymbol{A}}(t,i)+(\boldsymbol{Q}(t,i)+\boldsymbol{B}(t,i)\boldsymbol{K}_1(t,i))'(\boldsymbol{Q}(t,i)+\boldsymbol{B}(t,i)\boldsymbol{K}_1(t,i)) \\ +\boldsymbol{A}_1'(t,i)\hat{\boldsymbol{P}}_2(t,i)\boldsymbol{A}_1(t,i)-\boldsymbol{E}'\boldsymbol{P}_2(t,i)\boldsymbol{E}+\boldsymbol{K}_2'(t,i)\boldsymbol{C}'(t,i)\hat{\boldsymbol{P}}_2(t,i)\hat{\boldsymbol{A}}(t,i)=0 \\ \boldsymbol{C}'(t,i)\hat{\boldsymbol{P}}_2(t,i)\boldsymbol{C}(t,i)-\gamma^2\boldsymbol{I}>0 \\ \boldsymbol{K}_2(t,i)=-[\boldsymbol{C}'(t,i)\hat{\boldsymbol{P}}_2(t,i)\boldsymbol{C}(t,i)-\gamma^2\boldsymbol{I}]^{-1}\boldsymbol{C}'(t,i)\hat{\boldsymbol{P}}_2(t,i)\hat{\boldsymbol{A}}(t,i) \\ \hat{\boldsymbol{A}}(t,i)=\boldsymbol{A}(t,i)+\boldsymbol{B}(t,i)\boldsymbol{K}_1(t,i)\end{cases} \tag{6.77}$$

则形如 $u^*(t)=\boldsymbol{K}_1x(t)$ 的策略是有限时间随机 H_2/H_∞ 控制集，且对应的最坏干扰为 $v^*(t)=\boldsymbol{K}_2x(t)$。

证明： 首先证明充分性。将 $u(t)=\boldsymbol{K}_1x(t)$ 代入式（6.73），得

$$\begin{cases}\boldsymbol{E}x(t+1)=\hat{\boldsymbol{A}}(t,r_t)x(t)+\boldsymbol{C}(t,r_t)v(t)+\boldsymbol{A}_1(t,r_t)x(t)w(t) \\ z(t)=(\boldsymbol{Q}(t,r_t)+\boldsymbol{B}(t,r_t)\boldsymbol{K}_1(t,r_t))x(t) \\ x(0)=x_0\in\mathbf{R}^n\end{cases} \tag{6.78}$$

对系统（6.78），根据定义 6.4 和式（6.76），可以推出对所有非零的 $v(\cdot)$，$(x_0, t)\in\mathbf{R}^n$

$\times[0,T]$，有 $\|L_T\|<\gamma$ 成立，同时注意到 $\boldsymbol{P}_2(t,i)$ 满足（6.76），由引理 6.3，并利用配方法，可得

$$
\begin{aligned}
&\boldsymbol{J}_1(x_0;v(\cdot))\\
&=-x'(T)\boldsymbol{E}'\boldsymbol{P}_2(T)\boldsymbol{E}x(T)+x_0'\boldsymbol{E}'\boldsymbol{P}_2(0)\boldsymbol{E}x_0+\sum_{t=0}^{T-1}\{x'(t)[\hat{\boldsymbol{A}}'(t,i)\hat{\boldsymbol{P}}_2(t,i)\hat{\boldsymbol{A}}(t,i)+\\
&\boldsymbol{A}_1'(t,i)\hat{\boldsymbol{P}}_2(t,i)\boldsymbol{A}_1(t,i)-\boldsymbol{E}'\boldsymbol{P}_2(t,i)\boldsymbol{E}+(\boldsymbol{Q}(t,i)+\boldsymbol{B}(t,i)\boldsymbol{K}_1(t,i))'(\boldsymbol{Q}(t,i)+\boldsymbol{B}(t,i)\boldsymbol{K}_1(t,i))]x(t)+\\
&2v'(t)\boldsymbol{C}'(t,i)\hat{\boldsymbol{P}}_2(t,i)\hat{\boldsymbol{A}}(t,i)x(t)+v'(t)(\boldsymbol{C}'(t,i)\hat{\boldsymbol{P}}_2(t,i)\boldsymbol{C}(t,i)-\gamma^2)v(t)\}\\
&=-x'(T)\boldsymbol{E}'\boldsymbol{P}_2(T)\boldsymbol{E}x(T)+x_0'\boldsymbol{E}'\boldsymbol{P}_2(0)\boldsymbol{E}x_0+\sum_{t=0}^{T-1}\{x'(t)[\hat{\boldsymbol{A}}'(t,i)\hat{\boldsymbol{P}}_2(t,i)\hat{\boldsymbol{A}}(t,i)+\boldsymbol{A}_1'(t,i)\hat{\boldsymbol{P}}_2(t,i)\boldsymbol{A}_1(t,i)-\\
&\boldsymbol{E}'\boldsymbol{P}_1(t,i)\boldsymbol{E}+(\boldsymbol{Q}(t,i)+\boldsymbol{B}(t,i)\boldsymbol{K}_1(t,i))'(\boldsymbol{Q}(t,i)+\boldsymbol{B}(t,i)\boldsymbol{K}_1(t,i))+\\
&\boldsymbol{K}_1(t,i)\boldsymbol{C}'(t,i)\hat{\boldsymbol{P}}_2(t,i)\hat{\boldsymbol{A}}(t,i)]x(t)+\\
&[v(t)-\boldsymbol{K}_2(t,i)x(t)]'(\boldsymbol{C}'(t,i)\hat{\boldsymbol{P}}_2(t,i)\boldsymbol{C}(t,i)-\gamma^2)[v(t)-\boldsymbol{K}_2(t,i)x(t)]\}
\end{aligned}
\tag{6.79}
$$

其中，$v^*(t)=\boldsymbol{K}_2(t,i)x(t)$，$\boldsymbol{K}_2(t,i)$ 由式（6.77）给出。上式说明对任意的 $x_0\in\mathbf{R}^n$，$\boldsymbol{J}_1^{\mathrm{T}}(u^*,v;x_0)$ 在 $v(t)=v^*(t)$ 时达到最小值，因此 $v^*(t)$ 就是最坏干扰。

进一步，利用式（6.76）和配方法，得

$$
\begin{aligned}
&\boldsymbol{J}_2^{\mathrm{T}}(u^*,v;x_0)\\
&=\varepsilon\sum_{t=0}^{T}z'(t)z(t)\\
&=-x'(T)\boldsymbol{E}'\boldsymbol{P}_1(T)\boldsymbol{E}x(T)+x_0'\boldsymbol{E}'\boldsymbol{P}_1(0)\boldsymbol{E}x_0+\sum_{t=0}^{T-1}\{x'(t)[\tilde{\boldsymbol{A}}'(t,i)\hat{\boldsymbol{P}}_1(t,i)\tilde{\boldsymbol{A}}(t,i)+\\
&\boldsymbol{A}_1'(t,i)\hat{\boldsymbol{P}}_1(t,i)\boldsymbol{A}_1(t,i)-\boldsymbol{E}'\boldsymbol{P}_1(t,i)\boldsymbol{E}+\boldsymbol{Q}'(t,i)\boldsymbol{Q}(t,i)+\boldsymbol{K}_1'(t,i)B'(t,i)\hat{\boldsymbol{P}}_1(t,i)\tilde{\boldsymbol{A}}(t,i)]x(t)+\\
&[u(t)-\boldsymbol{K}_1(t,i)x(t)]'(I+\boldsymbol{B}'(t,i)\hat{\boldsymbol{P}}_1(t,i)\boldsymbol{B}(t,i))[u(t)-\boldsymbol{K}_1(t,i)x(t)]\}\\
&\geqslant\boldsymbol{J}_2^{\mathrm{T}}(u^*,v^*;x_0)=x_0'\boldsymbol{E}'\boldsymbol{P}_1(0)\boldsymbol{E}x_0
\end{aligned}
\tag{6.80}
$$

其中，$u^*(t)=\boldsymbol{K}_1(t,i)x(t)$，$\boldsymbol{K}_1(t,i)$ 由式（6.76）给出。

说明对任意的 $x_0\in\mathbf{R}^n$，$\boldsymbol{J}_1^{\mathrm{T}}(u,v^*;x_0)$ 在 $u(t)=u^*(t)$ 时达到最小值，因此（u^*,v^*）是系统（6.73）的有限时间 H_2/H_∞ 控制问题的解，充分性证明完毕。

接下来证明必要性：设形如 $u^*(t)=\boldsymbol{K}_1(t,i)x(t)$，$v^*(t)=\boldsymbol{K}_2(t,i)x(t)$ 的(u^*，v^*)是随机 H_2/H_∞ 控制的解，将 $u^*(t)=\boldsymbol{K}_1(t,i)x(t)$ 代入式（6.73），得

$$\begin{cases}\boldsymbol{E}x(t+1)=\hat{\boldsymbol{A}}(t,r_t)x(t)+\boldsymbol{C}(t,r_t)v(t)+\boldsymbol{A}_1(t,r_t)x(t)w(t)\\ z(t)=(\boldsymbol{Q}(t,r_t)+\boldsymbol{B}(t,r_t)\boldsymbol{K}_1(t,r_t))x(t)\\ x(0)=x_0\in\mathbf{R}^n\end{cases}\tag{6.81}$$

对系统（6.81），根据定理 6.7，得到 $\boldsymbol{P}_2(t,i)\in C(0,T;S^n)$ 满足式（6.76）。由充分性的证明可知，最坏干扰为 $v^*(t)=\boldsymbol{K}_2(t,i)x(t)$，故将 $v^*(t)=\boldsymbol{K}_2(t,i)x(t)$ 代入（6.73），得

$$\begin{cases}\boldsymbol{E}x(t+1)=\tilde{\boldsymbol{A}}(t,r_t)x(t)+\boldsymbol{B}(t,r_t)u(t)+\boldsymbol{A}_1(t,r_t)w(t)\\ z(t)=\boldsymbol{Q}(t,r_t)x(t)+u(t)\\ x(0)=x_0\in\mathbf{R}^n\end{cases}\tag{6.82}$$

由假设知，$u^*(t)$ 是式（6.82）的约束下最小化 $\boldsymbol{J}_2^{\mathrm{T}}(u,v^*;x_0)$ 问题的最优解：

$$\begin{aligned}&\min_{u\in L_F^2([0,T],\mathbf{R}^{n_u})}\boldsymbol{J}_2^{\mathrm{T}}(u,v^*;x_0)\\ &=\boldsymbol{J}_2^{\mathrm{T}}(u^*,v^*;x_0)\\ &=\varepsilon\sum_{t=0}^{T}[x'(t)\boldsymbol{Q}'(t,i)\boldsymbol{Q}(t,i)x(t)+u'(t)u(t)]\end{aligned}\tag{6.83}$$

这是一个标准的随机 LQ 问题，应用引理 6.3，结合配方法，易证 $\boldsymbol{P}_1(t,i)\in C(0,T;S^n)$ 是方程（6.83）的解。

定理 6.9 证毕。

第 7 章　随机非合作微分博弈理论在动态投入产出问题上的应用

投入产出分析是用来研究经济系统各个产业部门之间相互依存关系的一种数量分析方法，是经济学和数学相结合的产物。用投入产出分析方法可以清楚准确地描述一个国家的经济体系中不同部门间的相互关系。

投入产出分析法的创始人美国经济学家、计量学家 W.Leontief 在 20 世纪 30 年代提出了投入产出经济学。早期的投入产出表及其模型比较简单，只是静态的产品投入产出表及其模型。随后，Leontief 将投入产出模型由静态发展到动态模型。由于动态投入产出模型更能反映经济实际，近百年来在信息经济、收入分配、国民经济核算等领域都得到了广泛的应用，得到学者们的广泛研究。张金水教授在文献[48]和[232]中系统地研究了闭环动态投入产出系统的结构稳定性、动态投入产出系统消费跟踪的鲁棒生产策略以及产出跟踪的鲁棒消费策略等；尹红婷、闫九喜、陈奕琳等研究了奇异动态经济系统的最优跟踪和最优消费跟踪问题[16]。然而，以上研究都是针对确定性系统的，由于国民经济投入产出是一个规模庞大、关系复杂、目标多样、因素众多的大系统，系统本身含有无法确定的随机因素，因此要做到较为真实地定量模拟和分析宏观经济发展，就有必要考虑随机因素。陈木法探讨了随机模型的必要性，从概率的角度研究了随机经济模型大稳定性，建议使用失调时代替崩溃时[273]。Guy West 等将正态分布应用于随机投入产出模型中[270]；李亮用现代概率分析及马氏过程等工具研究随机动态投入产出模型[271]；文献[33]则提出用马尔可夫跳变系统来描述固定资产的动态变化过程并就其特性进行了分析。

另一方面，博弈论在很多情况下反映了决策者的理性思维方式，在社会经济系统中有着广泛应用背景，因此博弈分析方法已成为经济分析中一种重要方法，尤其是随机微分博弈[230, 231]。Mataramvura 和 Øksendal、Elliott 和 Siu 运用随机微分博弈的方法分别研究了资产价格服从几何布朗运动、Markov 跳扩散过程情形下的风险最小化投资组合问题[294-296]； Elliott 和 Siu 则通过把最优投资问题转化为保险公司同市场之间的两人零和随机微分博弈，通过求解均衡策略得到保险公司的最优投资策略[279]。朱怀念等利用博弈论的思想，把动态投入产出系统抽象为鞍点均衡博弈模型，运用鞍点均衡策略设计出求解动态投入产出问题的新方法[17]。

而通过文献调研，笔者发现，目前用非合作微分博弈理论研究基于随机系统的动态投入产出最优控制问题的相关研究工作还不充分。基于此，本章将所得随机线性 Markov 切换系统和广义随机线性系统的非合作微分博弈理论应用于动态投入产出系统的最优策略设计问题，为求解动态投入产出问题提供新方法和新结果。

7.1 一般随机线性系统动态投入产出问题研究

7.1.1 模型的建立

1953 年，美国经济学家 Leontief 提出的离散时间动态投入产出模型可以概括为下述方程[14]：

$$x(k)=\boldsymbol{A}x(k)+\boldsymbol{B}(x(k+1)-x(k))+y(k) \tag{7.1}$$

其中，$x(k)$、$y(k)$分别表示为规划期内第 k 期各部门生产量、最终消费量（净产值）构成的列向量；$\boldsymbol{A}$、$\boldsymbol{B}$ 分别为直接消耗系数矩阵、投资系数矩阵，可为常数矩阵也可为时变矩阵，本节考虑为时变矩阵 $\boldsymbol{A}(k)$、$\boldsymbol{B}(k)$，且 $\boldsymbol{B}(k)$为非奇异矩阵。

为更好地模拟实际，朱怀念等通过把国民经济中的随机不确定因素用一维标准布朗运动 $w(k)$来表示，对模型（7.1）对应的连续型动态投入产出系统进行了修正，得到了连续型随机动态投入产出模型，参照文献[17]，可得相应的离散型随机动态投入产出模型如式（6.2）所示：

$$x(k)=\boldsymbol{A}(k)x(k)+\boldsymbol{B}(k)(x(k+1)-x(k))+y(k)+w(k) \tag{7.2}$$

根据文献[17]，直接取控制变量为 $u(k)=x(k+1)-x(k)$，即各期各部门生产量的增量为决策控制变量。因此，可将上述动态投入产出模型（7.2）转化为如式（7.3）的模型：

$$\begin{cases} x(k+1)=x(k)+u(k) \\ x(0)=x_0 \\ x(k)=\boldsymbol{A}(k)x(k)+\boldsymbol{B}(k)u(k)+y(k)+w(k) \end{cases} \tag{7.3}$$

利用博弈论的思想，首先将各部门的投资变化率 $u(k)$视为博弈人 P_1 的决策控制变量，随机变量 $w(k)$看作博弈人 P_2 的决策控制变量，$x(k)$、$y(k)$分别为系统的状态变量和输出变量。假设社会需求（消费）可用已知的函数向量 $h(k)$表示。当国民经济处于动态的平衡时，社会需求向量 $h(k)$与系统的输出向量 $y(k)$是相等的。然而，供过于求或供大于求的不平衡现象是很难完全避免的。这时，博弈人 P_1 和 P_2 通过调整各自的控制变量 $u(k)$和 $w(k)$使性能指标 $\boldsymbol{J}(u,w)$达到均衡，即通过调整使国民经济处于相对的平衡状态，其中

$$\boldsymbol{J}(u,w)=\frac{1}{2}\sum_{k=0}^{T}[(y(k)-h(k))'\boldsymbol{Q}(k)(y(k)-h(k))+u'(k)\boldsymbol{R}(k)u(k)-\gamma^2 w'(k)w(k)] \tag{7.4}$$

式中，$\gamma>0$ 表示干扰抑制水平的标量；$\boldsymbol{Q}(k)$和 $\boldsymbol{R}(k)$都是对称矩阵，且 $\boldsymbol{Q}(k)\geqslant 0$，$\boldsymbol{R}(k)>0$,它们的实际意义是为区分对各个部门提供的最终消费产品数量与社会需求之差，以及各部门产出能力的变化所要求的主次程度的差异而进行的加权。这样就建立了一个完整的一般随机线性动态投入产出系统的博弈模型，从而可以通过求解鞍点均衡策略得到最优控制策略，所得结果将更加接近现实。

7.1.2 模型求解

显然，上述模型是一个正常线性二次型微分博弈模型，针对线性二次型微分博弈问题,很多学者进行了研究,下面将结合第 4 章和第 6 章的内容对模型(7.3）和（7.4）进行求解。

给定矩阵 $\boldsymbol{P}\in S^n$ 和 g，对系统（7.3）和（7.4），取值函数 $f(x)$。

$$f(x)=\frac{1}{2}x'(k)'\boldsymbol{P}(k)x(k)+x'(k)g(k) \tag{7.5}$$

有

$$\sum_{k=0}^{T}\Delta f(x)$$

$$=\sum_{k=0}^{T}\left[\frac{1}{2}x'(k+1)\boldsymbol{P}(k+1)x(k+1)+x'(k+1)g(k+1)-\frac{1}{2}x'(k)\boldsymbol{P}(k)x(k)-x'(k)g(k)\right]$$

$$=\sum_{k=0}^{T}\frac{1}{2}\{[x'(k)\boldsymbol{P}(k+1)x(k)+2x'(k)\boldsymbol{P}(k+1)u(k)+u'(k)\boldsymbol{P}(k+1)u(k)-$$

$$x'(k)\boldsymbol{P}(k)x(k)]+2x'(k)g(k+1)+2u'(k)g(k+1)-2x'(k)g(k)\}$$

$$=\frac{1}{2}x'(T+1)\boldsymbol{P}(T+1)x(T+1)+x'(T+1)g(T+1)-\frac{1}{2}x'(0)\boldsymbol{P}(0)x(0)-x'(0)g(0) \quad (7.6)$$

把式（7.6）加到式（7.4）的右边，得（为书写的简单，以下省略 k）

$$\boldsymbol{J}(u,w)=\frac{1}{2}\sum_{k=0}^{T}[(y-h)'\boldsymbol{Q}(y-h)+u'\boldsymbol{R}u-\gamma^2w'w+\Delta f(x)]+$$

$$\frac{1}{2}x(0)'\boldsymbol{P}(0)x(0)+x(0)'g(0)-\frac{1}{2}x'(T+1)\boldsymbol{P}(T+1)x(T+1)-x'(T+1)g(T+1)$$

$$=\frac{1}{2}\sum_{k=0}^{T}\{x'[(\boldsymbol{I}-\boldsymbol{A})'\boldsymbol{Q}(\boldsymbol{I}-\boldsymbol{A})+\boldsymbol{P}(k+1)-\boldsymbol{P}(k)]x+u'(\boldsymbol{B}'\boldsymbol{Q}\boldsymbol{B}+\boldsymbol{R}+\boldsymbol{P}(k+1))u+$$

$$2x'[\boldsymbol{P}(k+1)-(\boldsymbol{I}-\boldsymbol{A})'\boldsymbol{Q}\boldsymbol{B}]u+2x'[g(k+1)-(\boldsymbol{I}-\boldsymbol{A})'\boldsymbol{Q}h-g(k)]+$$

$$2u'(g(k+1)+\boldsymbol{B}'\boldsymbol{Q}h)+w'(\boldsymbol{Q}+\gamma^2\boldsymbol{I})w-2x'(\boldsymbol{I}-\boldsymbol{A})'\boldsymbol{Q}w+2u'\boldsymbol{B}'\boldsymbol{Q}w+$$

$$2w'\boldsymbol{Q}h+h'\boldsymbol{Q}h\}+\frac{1}{2}x(0)'\boldsymbol{P}(0)x(0)+x(0)'g(0)-$$

$$\frac{1}{2}x'(T+1)\boldsymbol{P}(T+1)x(T+1)-x'(T+1)g(T+1) \quad (7.7)$$

对式（7.7），利用配方法，得

$$\boldsymbol{J}(\overline{u})=\frac{1}{2}\sum_{k=0}^{T}\{x'(\boldsymbol{H}(\boldsymbol{P},g)-\boldsymbol{P}(t)-\boldsymbol{L}'(\boldsymbol{P})\boldsymbol{M}^{-1}(\boldsymbol{P})\boldsymbol{L}(\boldsymbol{P}))x+$$

$$2x'[g(k+1)-(\boldsymbol{I}-\boldsymbol{A})'\boldsymbol{Q}h-g(k)-\boldsymbol{L}(\boldsymbol{P})\boldsymbol{M}^{-1}(\boldsymbol{P})\boldsymbol{N}(g)]+$$

$$h'\boldsymbol{Q}h-\boldsymbol{N}'(\boldsymbol{P})\boldsymbol{M}^{-1}(\boldsymbol{P})\boldsymbol{N}(\boldsymbol{P})\}+(\overline{u}+\boldsymbol{M}^{-1}(\boldsymbol{P})\boldsymbol{L}(\boldsymbol{P})x)'\boldsymbol{M}(\boldsymbol{P})\times$$

$$(\overline{u}+\boldsymbol{M}^{-1}(\boldsymbol{P})\boldsymbol{L}(\boldsymbol{P})x)+\frac{1}{2}x(0)'\boldsymbol{P}(0)x(0)+x(0)'g(0)-$$

$$\frac{1}{2}x'(T+1)\boldsymbol{P}(T+1)x(T+1)-x'(T+1)g(T+1) \quad (7.8)$$

其中，

$$\bar{u}=\begin{bmatrix}u\\w\end{bmatrix}$$

$$\boldsymbol{H}(\boldsymbol{P},g)=(\boldsymbol{I}-\boldsymbol{A})'\boldsymbol{Q}(\boldsymbol{I}-\boldsymbol{A})+\boldsymbol{P}(k+1)$$

$$\boldsymbol{M}(\boldsymbol{P})=\begin{bmatrix}\boldsymbol{B}'\boldsymbol{Q}\boldsymbol{B}+\boldsymbol{R}+\boldsymbol{P}(k+1) & \boldsymbol{B}'\boldsymbol{Q}\\ \boldsymbol{Q}\boldsymbol{B} & \boldsymbol{Q}-\gamma^2\boldsymbol{I}\end{bmatrix}$$

$$\boldsymbol{L}(\boldsymbol{P})=\begin{bmatrix}\boldsymbol{P}(k+1)-\boldsymbol{B}'\boldsymbol{Q}(\boldsymbol{I}-\boldsymbol{A})\\ \boldsymbol{Q}(\boldsymbol{I}-\boldsymbol{A})\end{bmatrix}$$

$$\boldsymbol{N}(g)=\begin{bmatrix}g(k+1)+\boldsymbol{B}'\boldsymbol{Q}h\\ \boldsymbol{Q}h\end{bmatrix}$$

从式（7.8）可知，当式（7.9）成立时

$$\begin{cases}\boldsymbol{H}(\boldsymbol{P},g)-\boldsymbol{P}(k)-\boldsymbol{L}'(\boldsymbol{P})\boldsymbol{M}^{-1}(\boldsymbol{P})\boldsymbol{L}(P)=0\\ g(k+1)-(\boldsymbol{I}-\boldsymbol{A})'\boldsymbol{Q}h-g(k)-\boldsymbol{L}(\boldsymbol{P})\boldsymbol{M}^{-1}(\boldsymbol{P})\boldsymbol{N}(g)=0\\ \boldsymbol{P}(T+1)=0\\ g(T+1)=0\end{cases}\tag{7.9}$$

系统（7.3）和（7.4）存在均衡解 $\bar{u}^*(k)$：

$$\bar{u}^*(k)=\begin{pmatrix}u^*(k)\\w^*(k)\end{pmatrix}=-\boldsymbol{M}^{-1}(\boldsymbol{P},g)\big(\boldsymbol{L}(\boldsymbol{P})x(k)+\boldsymbol{N}(g)\big)$$

可见，式（7.9）的两个差分矩阵迭代有解时存在精确解，下面我们给出这一迭代算法，通过这一算法可以精确求解差分方程（7.9）[249]。

具体迭代步骤如下：

（1）对 $k=T$，$\boldsymbol{P}(T)$和 $\boldsymbol{g}(T)$可以由终值条件 $\boldsymbol{P}(T+1)=0$ 和 $\boldsymbol{g}(T+1)=0$ 得到。

（2）对 $k=T-1$，把 $\boldsymbol{P}(T)$和 $\boldsymbol{g}(T)$代入式（7.9），可以得到 $\boldsymbol{P}(T-1)$和 $\boldsymbol{g}(T-1)$。

（3）重复上面的过程，对 $k=T-1$，$k=T-2$，…，0，可以计算出 $\boldsymbol{P}(0)$和 $\boldsymbol{g}(0)$。

7.1.3 数值仿真算例

为检验结论的正确性，对系统（7.3）和（7.4），参考文献[289]中的模型取，参数如下：

$$x_0 = (2690.7,\ 2172.3,\ 3845),\ t_0 = 0,\ \boldsymbol{T} = 8$$

$$\boldsymbol{A} = \begin{bmatrix} 0.1500 & 0.2700 & 0.0398 \\ 0.0500 & 0.2700 & 0.0502 \\ 0.1000 & 0.1000 & 0.4000 \end{bmatrix},\ \boldsymbol{B} = \begin{bmatrix} 0.1000 & 0.2100 & 0.0401 \\ 0.0200 & 0.2010 & 0.2050 \\ 0.2000 & 0.0030 & 0.2055 \end{bmatrix}$$

$$\boldsymbol{Q} = 10^{-4}\boldsymbol{I},\quad \boldsymbol{R} = 10^{-3}\boldsymbol{I},\quad \boldsymbol{h} = (1510,\ 1805,\ 2155)'$$

根据上述迭代方法，利用 Matlab 编程，得

$$\boldsymbol{P} = \begin{bmatrix} 0.2968 & -0.0676 & -0.0261 \\ -0.0676 & 0.2696 & -0.0295 \\ -0.0261 & -0.0295 & 0.1940 \end{bmatrix} \qquad \boldsymbol{g} = \begin{bmatrix} -0.5313 & 0 & 0 \\ -0.4553 & 0 & 0 \\ -0.6976 & 0 & 0 \end{bmatrix}$$

进一步地，设 $x(k) = (x_1(k)\quad x_2(k)\quad x_3(k))'$，得

$$\bar{u}^*(k) = -\begin{bmatrix} -0.2200x_1(k) + 0.0399x_2(k) + 0.0274x_3(k) \\ 0.0552x_1(k) - 0.2013x_2(k) + 0.0203x_3(k) \\ 0.0192x_1(k) + 0.0309x_2(k) - 0.1512x_3(k) \end{bmatrix} + \begin{bmatrix} 385.5679 \\ 332.0030 \\ 520.7714 \end{bmatrix}$$

可见，通过该方法可以得到系统（7.3）和（7.4）的最优控制策略。

7.2　随机线性 Markov 切换系统固定资产投入产出问题研究

7.2.1　模型的建立

林凤玺等以固定资产的产生、折旧、消亡的动态变化过程为研究对象，把固定资产的形成和消耗所受外界影响因素归结为以下 4 个：环境因素、生产技术更新、新产品出现、扩大再生产[33]。在此基础上，应用马尔科夫跳变系统，建立了固定资产和国民生产总值的动态变化过程的 Markov 切换模型：

$$\begin{cases} \boldsymbol{x}(k+1) = \boldsymbol{A}(r_k)\boldsymbol{x}(k) + \boldsymbol{B}(r_k)\boldsymbol{u}(k) \\ \boldsymbol{y}(k) = \boldsymbol{C}(r_k)\boldsymbol{x}(k) \end{cases} \tag{7.10}$$

其中，$\boldsymbol{A}(r_k)$为固定资产的留存矩阵；$\boldsymbol{B}(r_k)$为新增固定资产的形成矩阵，$\boldsymbol{x}(k)$为固定资产状态向量；$\boldsymbol{u}(k)$为固定资产控制输入向量；$\boldsymbol{y}(k)$为国民生产总值。$\{r_k\}$是一个取值于状态空间 $\Xi = \{1, 2, 3, 4\}$的 Markov 过程$\{r_k\}$，1、2、3、4 分别代表上述 4

种突变因素，4 种因素间的转移概率为：$p(i,j)=p\{r_{k+1}=j|r_k=i\}=p_{ij},i,j\in\Xi$，相应的转移概率矩阵为

$$\boldsymbol{p}=\begin{bmatrix} p_{11} & p_{12} & p_{13} & p_{14} \\ p_{21} & p_{22} & p_{23} & p_{24} \\ p_{31} & p_{32} & p_{33} & p_{34} \\ p_{41} & p_{42} & p_{43} & p_{44} \end{bmatrix}$$

其中，

$$\begin{cases} \sum_{s=1}^{4} p_{1s}=1,\sum_{s=1}^{4} p_{2s}=1,\sum_{s=1}^{4} p_{3s}=1,\sum_{s=1}^{4} p_{4s}=1 \\ 0<p_{ij}<1,i,j\in\Xi \end{cases}$$

文献[33]就系统（7.10）的能控性进行了分析，给出了系统能控的条件。基于此，张成科教授在文献[34]中提出可构建多部门固定资产动态投入产出分析模型：

$$\boldsymbol{x}(k)=\boldsymbol{A}(r_k)\boldsymbol{x}(k)+\boldsymbol{B}(r_k)[\boldsymbol{x}(k+1)-\boldsymbol{x}(k)]+\boldsymbol{y}(k) \tag{7.11}$$

模型（7.11）虽然考虑了现实中的 4 种突变因素，但经济投入产出系统庞大而复杂，系统本身含有无法确定的随机因素，因此，为更好地描述实际，在式（7.11）的基础上，考虑随机因素的影响，引入随机干扰变量 $\boldsymbol{w}(k)$[96]，可得如式（7.12）式所示的模型：

$$\boldsymbol{x}(k)=\boldsymbol{A}(r_k)\boldsymbol{x}(k)+\boldsymbol{B}(r_k)[\boldsymbol{x}(k+1)-\boldsymbol{x}(k)]+\boldsymbol{y}(k)+\boldsymbol{w}(k) \tag{7.12}$$

根据文献[17]，直接取控制变量为 $\boldsymbol{u}(k)=\boldsymbol{x}(k+1)-\boldsymbol{x}(k)$，可将上述多部门固定资产动态投入产出模型（7.12）转化为如式（7.13）的模型：

$$\begin{cases} \boldsymbol{x}(k+1)=\boldsymbol{x}(k)+\boldsymbol{u}(k) \\ \boldsymbol{x}(k)=\boldsymbol{A}(r_k)\boldsymbol{x}(k)+\boldsymbol{B}(r_k)\boldsymbol{u}(k)+\boldsymbol{y}(k)+\boldsymbol{w}(k) \end{cases} \tag{7.13}$$

由于固定资产的数量和质量是决定国民收入水平及其增长的客观物质条件，因此，为促进国民经济稳定增长、均衡发展，有必要对固定资产的增长情况进行控制。特别地当经济发展的战略目标既定之后，那么固定资产的增长目标也就确定了。因此，假设计划期内固定资产的增长目标为 $h(k)$，那么本节所讨论的固定资产动态投入产出问题就是：在动态系统（7.13）的约束下，一方面希望通过调

整控制变量 $u(k)$使性能指标 $J(u, w)$取得极小值，另一方面希望在随机因素 $w(k)$的最坏干扰下，使得性能指标 $J(u, w)$取极大值，其中：

$$\boldsymbol{J}(u,w;i)=\frac{1}{2}\sum_{k=0}^{T}\{[(y(k)-h(k))'\boldsymbol{Q}(r_k)(y(k)-h(k))+ u'(k)\boldsymbol{R}(r_k)u(k)-\gamma^2 w'(k)w(k)]\big|r_0=i\} \tag{7.14}$$

式中，$\boldsymbol{Q}(r_k)$和 $\boldsymbol{R}(r_k)$分别是 n 阶正定对称矩阵，其实际意义是为区分各个部门固定资产总量与目标量之差，以及各部门固定资产量变化所要求的主次程度的差异而进行的加权；$\gamma>0$表示干扰抑制水平的标量。

此时，一个基于随机 Markov 跳变系统的固定资产动态投入产出博弈模型就形成了，其经济解释是：在对经济发展进行决策时，在计划期内，如何制定策略 $u(k)$，使得在政策变量发生波动及存在不确定性因素干扰的情况下，每年固定资产总量与目标量之间的缺口最小。对于上述模型，可以用求解鞍点均衡策略的方法进行求解。

7.2.2　模型求解

上述模型是一个线性二次型微分博弈模型，下面对模型（7.13）和（7.14）进行求解。

为了使表述更紧凑，引入以下记号：令 $\boldsymbol{P}, \boldsymbol{g}$ 表示由时刻 k 和模式 i 标注的对称矩阵的集合，即 $P(k)=(\boldsymbol{P}^{(1)}(k),\boldsymbol{P}^{(2)}(k),\cdots,\boldsymbol{P}^{(l)}(k))$，$\boldsymbol{g}(k)=(\boldsymbol{g}^{(1)}(k),\boldsymbol{g}^{(2)}(k),\cdots,\boldsymbol{g}^{(l)}(k))$。对 $\boldsymbol{P}, \boldsymbol{g}$ 和 $i\in\Xi$，记 $\overline{\boldsymbol{P}}^{(i)}(k+1)=\sum_{j=1}^{l}\pi_{ij}(k)\boldsymbol{P}^{(j)}(k+1)$，$\overline{\boldsymbol{g}}^{(i)}(k+1)=\sum_{j=1}^{l}\pi_{ij}(k)\boldsymbol{g}^{(j)}(k+1)$。

首先，给定矩阵 $\boldsymbol{P}(k)=(\boldsymbol{P}^{(1)}(k),\boldsymbol{P}^{(2)}(k),\cdots,\boldsymbol{P}^{(l)}(k))\in\mathbb{S}^n$，$\boldsymbol{g}(k)=(g^{(1)}(k),g^{(2)}(k),\cdots,g^{(l)}(k))$，取值函数 $f(x)$：$f(x)=\frac{1}{2}x(k)'\boldsymbol{P}(r_k)x(k)+x(k)'\boldsymbol{g}(r_k)$，固定 $r_k=i$，则有

$$\begin{aligned}
&\sum_{k=0}^{T}\Delta f(x)\\
&=\sum_{k=0}^{T}\left[\frac{1}{2}x'(k+1)\boldsymbol{P}^{r_{k+1}}(k+1)x(k+1)+x'(k+1)\boldsymbol{g}^{r_{k+1}}(k+1)-\frac{1}{2}x'(k)\boldsymbol{P}^{r_k}(k)x(k)-x'(k)\boldsymbol{g}^{r_k}(k)\right]\\
&=\sum_{k=0}^{T}\frac{1}{2}\{[x'(k)\overline{\boldsymbol{P}}^{(i)}(k+1)x(k)+2x'(k)\overline{\boldsymbol{P}}^{(i)}(k+1)u(k)+u'(k)\overline{\boldsymbol{P}}^{(i)}(k+1)u(k)-\\
&\quad x'(k)\boldsymbol{P}^{(i)}(k)x(k)]+2x'(k)\overline{\boldsymbol{g}}^{(i)}(k+1)+2u'(k)\overline{\boldsymbol{g}}^{(i)}(k+1)-2x'(k)\boldsymbol{g}^{(i)}(k)\}
\end{aligned}$$

$$=\frac{1}{2}x'(T+1)\boldsymbol{P}(T+1)x(T+1)+x'(T+1)\boldsymbol{g}(T+1)-\frac{1}{2}x'(0)\boldsymbol{P}^{(i)}(0)x(0)-x'(0)\boldsymbol{g}^{(i)}(0) \quad (7.15)$$

把式（7.15）加到式（7.14）的两边，可得（为书写的简单，以下省略 k）

$$\boldsymbol{J}(u,w;i)=\frac{1}{2}\sum_{k=0}^{T}[(y-h)'\boldsymbol{Q}(i)(y-h)+u'\boldsymbol{R}(i)u-\gamma^2w'w+\Delta f(x)]+\frac{1}{2}x(0)'\boldsymbol{P}^{(i)}(0)x(0)+$$
$$x(0)'\boldsymbol{g}^{(i)}(0)-\frac{1}{2}x'(T+1)\boldsymbol{P}(T+1)x(T+1)-x'(T+1)\boldsymbol{g}(T+1)$$
$$=\frac{1}{2}\sum_{k=0}^{T}\{x'[(\boldsymbol{I}-\boldsymbol{A}(i))'\boldsymbol{Q}(i)(\boldsymbol{I}-\boldsymbol{A}(i))+\overline{\boldsymbol{P}}^{(i)}(k+1)-\boldsymbol{P}^{(i)}(k)]x+u'(\boldsymbol{B}'(i)\boldsymbol{Q}(i)\boldsymbol{B}(i)+$$
$$\boldsymbol{R}(i)+\overline{\boldsymbol{P}}^{(i)}(k+1))u+2x'[\overline{\boldsymbol{P}}^{(i)}(k+1)-(\boldsymbol{I}-\boldsymbol{A}(i))'\boldsymbol{Q}(i)\boldsymbol{B}(i)]u+2x'[\overline{\boldsymbol{g}}^{(i)}(k+1)-$$
$$(\boldsymbol{I}-\boldsymbol{A}(i))'\boldsymbol{Q}(i)h-\boldsymbol{g}^{(i)}(k)]+2u'(\overline{\boldsymbol{g}}^{(i)}(k+1)+\boldsymbol{B}'(i)\boldsymbol{Q}(i)h)+w'(\boldsymbol{Q}(i)+\gamma^2\boldsymbol{I})w-$$
$$2x'(\boldsymbol{I}-\boldsymbol{A}(i))'\boldsymbol{Q}(i)w+2u'\boldsymbol{B}'(i)\boldsymbol{Q}(i)w+2w'\boldsymbol{Q}(i)h+h'\boldsymbol{Q}(i)h\}+\frac{1}{2}x(0)'\boldsymbol{P}^{(i)}(0)x(0)+$$
$$x(0)'\boldsymbol{g}^{(i)}(0)-\frac{1}{2}x'(T+1)\boldsymbol{P}(T+1)x(T+1)-x'(T+1)\boldsymbol{g}(T+1)$$

利用配方法，得

$$\boldsymbol{J}(\bar{u};i)=\frac{1}{2}\sum_{k=0}^{T}\{x'(\boldsymbol{H}(\boldsymbol{P},i)-\boldsymbol{P}^{(i)}(k)-\boldsymbol{L}'(\boldsymbol{P},i)\boldsymbol{M}^{-1}(\boldsymbol{P},i)\boldsymbol{L}(\boldsymbol{P},i))x+$$
$$2x'[\overline{\boldsymbol{g}}^{(i)}(k+1)-(\boldsymbol{I}-\boldsymbol{A}(i))'\boldsymbol{Q}(i)h-\boldsymbol{g}^{(i)}(k)-\boldsymbol{L}(\boldsymbol{P},i)\boldsymbol{M}^{-1}(\boldsymbol{P},i)\boldsymbol{N}(\boldsymbol{g},i)]+$$
$$h'\boldsymbol{Q}(i)h-\boldsymbol{N}'(\boldsymbol{P},i)\boldsymbol{M}^{-1}(\boldsymbol{P},i)\boldsymbol{N}(\boldsymbol{P},i)\}+(\bar{u}+\boldsymbol{M}^{-1}(\boldsymbol{P},i)\boldsymbol{L}(\boldsymbol{P},i)x)'\boldsymbol{M}(\boldsymbol{P},i)\times$$
$$(\bar{u}+\boldsymbol{M}^{-1}(\boldsymbol{P},i)\boldsymbol{L}(\boldsymbol{P},i)x)+\frac{1}{2}x(0)'\boldsymbol{P}^{(i)}(0)x(0)+x(0)'\boldsymbol{g}^{(i)}(0)-$$
$$\frac{1}{2}x'(T+1)\boldsymbol{P}(T+1)x(T+1)+x'(T+1)g(T+1) \quad (7.16)$$

其中，

$$\bar{u}=\begin{bmatrix}u\\w\end{bmatrix}$$
$$\boldsymbol{H}(\boldsymbol{P},i)=(\boldsymbol{I}-\boldsymbol{A}(i))'\boldsymbol{Q}(i)(\boldsymbol{I}-\boldsymbol{A}(i))+\overline{\boldsymbol{P}}^{(i)}(k+1)$$
$$\boldsymbol{M}(\boldsymbol{P},i)=\begin{bmatrix}\boldsymbol{B}'(i)\boldsymbol{Q}(i)\boldsymbol{B}(i)+\boldsymbol{R}(i)+\overline{\boldsymbol{P}}^{(i)}(k+1) & \boldsymbol{B}'(i)\boldsymbol{Q}(i)\\ \boldsymbol{Q}(i)\boldsymbol{B}(i) & \boldsymbol{Q}(i)-\gamma^2\boldsymbol{I}\end{bmatrix}$$

$$L(P,i)=\begin{bmatrix}\bar{P}^{(i)}(k+1)-B'(i)Q(i)(I-A(i))\\ Q(i)(I-A(i))\end{bmatrix}$$

$$N(g,i)=\begin{bmatrix}\bar{g}^{(i)}(k+1)+B'(i)Q(i)h\\ Q(i)h\end{bmatrix},i\in\Xi$$

可知，当式（7.17）成立时：

$$\begin{cases}H(P,i)-P^{(i)}(k)-L'(P,i)M^{-1}(P,i)L(P,i)=0\\ \bar{g}^{(i)}(k+1)-(I-A(i))'Q(i)h-g^{(i)}(k)-L(P,i)M^{-1}(P,i)N(g,i)=0\\ P(T+1)=0,g(T+1)=0\end{cases}\quad(7.17)$$

系统（7.13）和（7.14）取得均衡解，且此时：

$$\bar{u}^*(k)=\begin{pmatrix}u^*(k)\\ w^*(k)\end{pmatrix}=-M^{-1}(P,i)(L(P,i)x(k)+N(g,i))$$

可见，只要求解方程（7.17）中的 $P(k)$、$g(k)$，就可得到该投入产出问题的均衡解。关于方程（7.17）的求解方法，可参照文献[249]的迭代算法。

（1）对 $k=T$，$i\in\Xi$，$P^{(i)}(T)$和 $g^{(i)}(T)$可以由终值条件 $P(T+1)=0$ 和 $g(T+1)=0$ 代入式（7.17）得到。

（2）对 $k=T-1$，$i\in\Xi$，把 $P^{(i)}(T)$和 $g^{(i)}(T)$代入式（7.17），可以得到 $P^{(i)}(T-1)$ 和 $g^{(i)}(T-1)$。

（3）重复上面的过程，对 $k=T-1, k=T-2,\cdots,0$，直到计算出 $P^{(i)}(0)$和 $g^{(i)}(0)$。

7.2.3　数值仿真算例

由于国民经济系统中较为详细的核心数据一般性调查很难获取，为验证结论的正确性，参考文献[33]，给出以下数值仿真算例。

在系统（7.12）和（7.13）中，为简单起见，取时间 $T=1$，假设固定资产的形成和消耗所受外界影响的 4 种因素（环境因素、生产技术更新、新产品出现、扩大再生产）所建立的固定资产的动态变化过程的转移概率矩阵为（$i=1,2,3,4$）：

$$\boldsymbol{\rho}(0)=\begin{bmatrix}0.3&0.2&0.3&0.2\\0.4&0.3&0.1&0.2\\0.5&0.2&0.2&0.1\\0.4&0.4&0.1&0.1\end{bmatrix},\quad \boldsymbol{\rho}(1)=\begin{bmatrix}0.5&0.3&0.1&0.1\\0.3&0.2&0.1&0.2\\0.5&0.3&0.1&0.1\\0.4&0.3&0.2&0.1\end{bmatrix}$$

取 $\gamma=2.5$，按上述迭代方法，利用 Matlab 编程，可得如下结果：

当 $k=1$ 和 $i=1$ 时，

$$\boldsymbol{A}=\begin{bmatrix}0.3&0.2&0.4&0.5\\0.4&0.2&0.3&0.4\\0.4&0.7&0.4&0.5\\0.3&0.6&0.4&0.6\end{bmatrix},\quad \boldsymbol{B}=\begin{bmatrix}0.6&0.2&0.4&0.5\\0.4&0.6&0.4&0.4\\0.7&0.5&0.4&0.6\\0.3&0.2&0.8&0.1\end{bmatrix},\quad \boldsymbol{h}=\begin{bmatrix}0.3&0.5&0.8&0.5\\0.6&0.4&0.6&0.4\\0.7&0.7&0.2&0.4\\0.3&0.2&0.5&0.4\end{bmatrix}$$

$$\boldsymbol{Q}=\begin{bmatrix}0.5&0.5&0.8&0.5\\0.5&0.7&0.6&0.4\\0.8&0.6&0.6&0.4\\0.5&0.4&0.4&0.2\end{bmatrix},\quad \boldsymbol{R}=\boldsymbol{I}$$

得

$$\boldsymbol{P}^1(1)=\begin{bmatrix}-0.0497&-0.0748&0.2230&0.3711\\-0.0748&0.3833&0.1936&0.6180\\0.2230&0.1936&0.0020&0.2937\\0.3711&0.6180&0.2937&1.0881\end{bmatrix}$$

$$\boldsymbol{g}^1(1)=\begin{bmatrix}-0.0066&0.0089&0.1273&0.0348\\-0.0256&0.0469&0.0891&0.0433\\0.0478&0.0147&-0.0612&-0.0082\\0.0609&0.0426&0.0244&0.0394\end{bmatrix}$$

当 $k=1$ 和 $i=2$ 时，

$$\boldsymbol{A}=\begin{bmatrix}0.3&0.2&0.4&0.5\\0.4&0.7&0.4&0.5\\0.4&0.6&0.4&0.6\\0.3&0.2&0.3&0.4\end{bmatrix},\quad \boldsymbol{B}=\begin{bmatrix}0.9&0.2&0.4&0.5\\0.5&0.4&0.6&0.4\\0.7&0.4&0.6&0.4\\0.3&0.2&0.8&0.1\end{bmatrix},$$

$$h=\begin{bmatrix}0.3&0.5&0.8&0.5\\0.6&0.4&0.6&0.4\\0.7&0.7&0.2&0.4\\0.3&0.2&0.5&0.4\end{bmatrix},\quad Q=\begin{bmatrix}0.5&0.4&0.7&0.5\\0.4&0.7&0.6&0.4\\0.7&0.6&0.6&0.4\\0.5&0.4&0.4&0.2\end{bmatrix}$$

$$R=I$$

得

$$P^2(1)=\begin{bmatrix}-0.0565&0.0552&0.2559&0.4031\\0.0552&0.4219&0.2288&0.7267\\0.2559&0.2288&0.0158&0.3412\\0.4031&0.7267&0.3412&1.2052\end{bmatrix}$$

$$g^2(1)=\begin{bmatrix}-0.0265&-0.0097&0.1107&0.0189\\-0.0107&0.0273&0.0582&0.0290\\0.0659&0.0248&-0.0534&0.0016\\0.0648&0.0412&0.0267&0.0415\end{bmatrix}$$

当 $k=1$ 和 $i=3$ 时，

$$A=\begin{bmatrix}0.3&0.2&0.4&0.5\\0.6&0.4&0.6&0.4\\0.7&0.4&0.5&0.4\\0.3&0.2&0.3&0.4\end{bmatrix},\quad B=\begin{bmatrix}0.8&0.1&0.9&0.2\\0.5&0.4&0.4&0.5\\0.7&0.4&0.6&0.4\\0.3&0.2&0.6&0.4\end{bmatrix},\quad h=\begin{bmatrix}0.3&0.5&0.8&0.5\\0.6&0.4&0.6&0.4\\0.7&0.7&0.2&0.4\\0.3&0.2&0.5&0.4\end{bmatrix}$$

$$Q=I,\quad R=I$$

得

$$P^3(1)=\begin{bmatrix}-0.0523&0.0560&0.2537&0.3999\\0.0560&0.4191&0.2300&0.7245\\0.2537&0.2300&0.0165&0.3445\\0.3999&0.7245&0.3445&1.2083\end{bmatrix}$$

$$g^3(1)=\begin{bmatrix}-0.0278&-0.0119&0.1071&0.0170\\-0.0185&0.0190&0.0502&0.0221\\0.0736&0.0330&-0.0444&0.0087\\0.0672&0.0438&0.0315&0.0442\end{bmatrix}$$

当 $k=1$ 和 $i=4$ 时，

$$A=\begin{bmatrix}0.3 & 0 & 0.8 & 0.5\\ 0.3 & 0.4 & 0.6 & 0.4\\ 0.7 & 0.4 & 0.5 & 0.4\\ 0.3 & 0.2 & 0.6 & 0.4\end{bmatrix},\quad B=\begin{bmatrix}0.8 & 0 & 0.9 & 0.2\\ 0.5 & 0.4 & 0.6 & 0.4\\ 0.7 & 0.4 & 0.5 & 0.4\\ 0.3 & 0.2 & 0.6 & 0.4\end{bmatrix},\quad h=\begin{bmatrix}0.3 & 0.5 & 0.8 & 0.5\\ 0.6 & 0.4 & 0.6 & 0.4\\ 0.7 & 0.7 & 0.2 & 0.4\\ 0.3 & 0.2 & 0.5 & 0.4\end{bmatrix}$$

$$Q=0.5I,\quad R=I$$

得

$$P^4(1)=\begin{bmatrix}-0.0247 & -0.1617 & 0.7942 & 0.5273\\ -0.1617 & 0.0344 & 0.0269 & 0.0236\\ 0.7942 & 0.0269 & 1.1839 & 0.9206\\ 0.5273 & 0.0236 & 0.9206 & 0.6334\end{bmatrix}$$

$$g^4(1)=\begin{bmatrix}-0.0518 & -0.0188 & 0.1258 & 0.0171\\ -0.0528 & -0.0050 & 0.0271 & -0.0005\\ 0.1231 & 0.0770 & -0.0231 & 0.0403\\ 0.0645 & 0.0382 & 0.0075 & 0.0342\end{bmatrix}$$

当 $k=0$ 和 $i=1$ 时，

$$A=\begin{bmatrix}0.8 & 0.5 & 0.8 & 0.5\\ 0.6 & 0.4 & 0.6 & 0.4\\ 0.7 & 0.4 & 0.5 & 0.4\\ 0.3 & 0.2 & 0.6 & 0.4\end{bmatrix},\quad B=\begin{bmatrix}0.6 & 0 & 0.3 & 0.2\\ 0.3 & 0 & 0.6 & 0.4\\ 0.7 & 0.4 & 0.5 & 0.4\\ 0.3 & 0.2 & 0.6 & 0.4\end{bmatrix},\quad h=\begin{bmatrix}0.3 & 0.5 & 0.8 & 0.5\\ 0.6 & 0.4 & 0.6 & 0.4\\ 0.7 & 0.7 & 0.2 & 0.4\\ 0.3 & 0.2 & 0.5 & 0.4\end{bmatrix}$$

$$Q=0.5I,\quad R=I$$

得

$$P^1(0)=\begin{bmatrix}1.3915 & 0.8717 & 1.4641 & 0.9962\\ 0.8717 & 0.5906 & 1.0136 & 0.6512\\ 1.4641 & 1.0136 & 1.7848 & 1.1391\\ 0.9962 & 0.6512 & 1.1391 & 0.7607\end{bmatrix}$$

$$g^1(0)=\begin{bmatrix}-0.5739 & -0.5710 & -0.8651 & -0.6043\\-0.4427 & -0.4440 & -0.5466 & -0.4134\\-0.8095 & -0.8031 & -0.9417 & -0.7440\\-0.4988 & -0.4827 & -0.6377 & -0.4859\end{bmatrix}$$

当 $k=0$ 和 $i=2$ 时，

$$A=\begin{bmatrix}0.2 & 0 & 0.8 & 0.5\\0.6 & 0.4 & 0.6 & 0.4\\0.7 & 0.4 & 0.5 & 0.4\\0.3 & 0 & 0.6 & 0.4\end{bmatrix},\quad B=\begin{bmatrix}0.6 & 0.4 & 0.3 & 0.2\\0 & 0 & 0.6 & 0.4\\0.7 & 0.4 & 0.5 & 0.4\\0.3 & 0.2 & 0 & 0.4\end{bmatrix},\quad h=\begin{bmatrix}0.3 & 0.5 & 0.8 & 0.5\\0.6 & 0.4 & 0.6 & 0.4\\0.7 & 0.7 & 0.2 & 0.4\\0.3 & 0.2 & 0.5 & 0.4\end{bmatrix}$$

$Q=0.5I$，$R=I$

得

$$P^2(0)=\begin{bmatrix}0.9102 & 0.4838 & 0.8448 & 0.7772\\0.4838 & 0.3925 & 0.4906 & 0.5053\\0.8448 & 0.4906 & 1.2538 & 0.9299\\0.7772 & 0.5053 & 0.9299 & 0.8229\end{bmatrix}$$

$$g^2(0)=\begin{bmatrix}-0.5162 & -0.5537 & -0.7274 & -0.5500\\-0.4819 & -0.4659 & -0.5246 & -0.4145\\-0.6320 & -0.5931 & -0.8096 & -0.6068\\-0.6342 & -0.6264 & -0.7430 & -0.5935\end{bmatrix}$$

当 $k=0$ 和 $i=3$ 时，

$$A=\begin{bmatrix}0.5 & 0.3 & 0 & 0.5\\0.6 & 0.4 & 0.6 & 0.4\\0 & 0.4 & 0.5 & 0.4\\0.3 & 0 & 0 & 0.4\end{bmatrix},\quad B=\begin{bmatrix}0.6 & 0.4 & 0.3 & 0\\0 & 0.2 & 0.6 & 0.4\\0.7 & 0.4 & 0.5 & 0.4\\0.3 & 0 & 0 & 0.4\end{bmatrix},\quad h=\begin{bmatrix}0.3 & 0.5 & 0.8 & 0.5\\0.6 & 0.4 & 0.6 & 0.4\\0.7 & 0.7 & 0.2 & 0.4\\0.3 & 0.2 & 0.5 & 0.4\end{bmatrix}$$

$Q=2I$，$R=I$

得

$$P^3(0)=\begin{bmatrix}2.6728 & 1.3287 & 1.0711 & 2.2335\\ 1.3287 & 1.1138 & 1.1552 & 1.3893\\ 1.0711 & 1.1552 & 1.6667 & 1.4645\\ 2.2335 & 1.3893 & 1.4645 & 2.4419\end{bmatrix}$$

$$g^3(0)=\begin{bmatrix}-1.5403 & -2.4482 & -2.2777 & -2.0194\\ -1.0507 & -1.1523 & -1.7629 & -1.1963\\ -1.2638 & -0.8096 & -1.9581 & -1.1980\\ -2.2121 & -2.6465 & -2.4176 & -2.2016\end{bmatrix}.$$

当 $k=0$ 和 $i=4$ 时，

$$A=\begin{bmatrix}0.5 & 0.3 & 0 & 0.5\\ 0.6 & 0.4 & 0.6 & 0.4\\ 0.8 & 0 & 0.5 & 0.4\\ 0.3 & 0.3 & 0.6 & 0.4\end{bmatrix},\quad B=\begin{bmatrix}0.6 & 0.4 & 0.3 & 0.1\\ 0.4 & 0.2 & 0.6 & 0.4\\ 0.7 & 0 & 0.5 & 0.4\\ 0.3 & 0.8 & 0 & 0.4\end{bmatrix},\quad h=\begin{bmatrix}0.3 & 0.5 & 0.8 & 0.5\\ 0.6 & 0.4 & 0.6 & 0.4\\ 0.7 & 0.7 & 0.2 & 0.4\\ 0.3 & 0.2 & 0.5 & 0.4\end{bmatrix}$$

$$Q=1.5I,\quad R=I$$

得

$$P^4(0)=\begin{bmatrix}2.6679 & 1.1019 & 1.8022 & 1.9290\\ 1.1019 & 0.8924 & 0.9792 & 0.8792\\ 1.8022 & 0.9792 & 1.4223 & 1.3614\\ 1.9290 & 0.8792 & 1.3614 & 1.5682\end{bmatrix}$$

$$g^4(0)=\begin{bmatrix}-1.6128 & -1.5034 & -2.2498 & -1.6068\\ -0.6937 & -0.4856 & -0.9542 & -0.6906\\ -1.2760 & -1.0600 & -1.4588 & -1.1385\\ -1.3945 & -1.3420 & -1.6927 & -1.3232\end{bmatrix}$$

由以上算例可知，通过迭代方法可以得到式（7.17）的解。

7.3 广义随机线性系统动态投入产出问题研究

7.3.1 模型的建立

1953 年，美国经济学家 Leontief 提出的连续时间动态投入产出模型可以概括为下述方程[14]：

$$x(t) = \boldsymbol{A}x(t) + \boldsymbol{B}\dot{x}(t) + y(t) \tag{7.18}$$

其中，$x(t)$表示控制期或规划期内的生产量；$y(t)$表示控制期或规划期内最终消费量；$\boldsymbol{A}$ 是直接消耗系数矩阵，可为常数矩阵也可为时变矩阵，本节考虑为时变矩阵 $\boldsymbol{A}(t)$；$\boldsymbol{B}$ 表示投资系数矩阵，一般为奇异矩阵，本节考虑为时变奇异矩阵 $\boldsymbol{B}(t)$。

显然模型（7.18）是在假定经济处于一种需求与消费的动态平衡基础上的，而现实实际中，过量供给与需求总是存在的，于是 Sharp 和 Perkins（1978）提出了著名的 Sharp-Perkins 模型，而国内学者尹红婷、程兆林、阎九喜等（1994，1998）结合我国实际，在 Sharp-Perkins 模型的基础上，提出直接以投资控制作为控制决策变量的思想[32, 33]，即取控制为

$$u(t) = \boldsymbol{B}\dot{x}(t) \tag{7.19}$$

得到如下以投资增长速率为控制决策变量的连续时间动态经济模型：

$$\begin{cases} \boldsymbol{B}\dot{x}(t) = u(t) \\ y(t) = (\boldsymbol{I}_n - \boldsymbol{A})x(t) - u(t) \\ e(t) = h(t) - y(t) \\ \boldsymbol{B}x(0) = a_0 \end{cases} \tag{7.20}$$

式中，$x(t)$和 $y(t)$分别是产出水平向量和有效消费供给向量；$h(t)$为外需求；$e(t)$为外需求与有效消费供给的偏差；$u(t)$为控制决策变量。

目前，在投入产出的应用研究方面，使用的主要方法是最优控制原理[238, 239]。然而，由于模型中没有考虑到外界的干扰，所得结果也只是现实情况的一种近似描述。故本书在现有研究的基础上，综合考虑国民经济中的随机不确定因素，讨论在不确定因素的最坏干扰下的广义动态投入产出模型。为此，我们对上述模型进行修正，引入一个用来表示社会经济活动中不确定因素的随机变量 $w(t)$[96]，得到如式（7.21）所示的模型。

$$\begin{cases} \boldsymbol{B}\dot{x}(t) = u(t), \boldsymbol{B}x(0) = a_0 \\ y(t) = (\boldsymbol{I}_n - \boldsymbol{A})x(t) - u(t) + w(t) \\ e(t) = h(t) - y(t) \end{cases} \tag{7.21}$$

结合博弈论的思想，首先将各部门的投资变化率 $u(t)\in \mathbf{R}^n$ 视为博弈人 P_1 的决策控制变量，随机变量 $w(t)\in \mathbf{R}^n$ 看作经济系统的不确定性即博弈人 P_2 的决策控制变量，产出水平向量 $x(t)$ 为系统的状态变量，最终消费产品向量 $y(t)$ 为系统的输出变量。

当国民经济处于动态平衡时，社会需求与有效消费供给的偏差 $e(t)$ 为 0。然而，供过于需或需大于供的现象是很难避免的。这时，博弈人 P_1 通过调整控制变量 $u(t)$ 使性能指标 $\boldsymbol{J}(u, w)$ 取得极小值，博弈人 P_2 通过调整控制变量 $w(t)$，使性能指标 $\boldsymbol{J}(u, w)$ 取极大值，其中

$$\boldsymbol{J}(u,w)=\frac{1}{2}\int_0^T[e'(t)\boldsymbol{Q}e(t)+u'(t)\boldsymbol{R}u(t)-\gamma^2 w'(t)w(t)]\mathrm{d}t \tag{7.22}$$

式中，$\gamma>0$ 表示干扰抑制水平的标量；$\boldsymbol{Q}$ 和 $\boldsymbol{R}$ 分别是 n 阶正定矩阵，它们的实际意义是为区分对各个部门提供的最终消费产品数量与社会需求之差，以及各部门产出能力的变化所要求的主次程度的差异而进行的加权。

此时，一个完整的广义随机线性动态投入产出系统的博弈模型就形成了，然后通过求解该模型的鞍点均衡策略就可得到动态投入产出系统的最优控制策略，这样得到的结果将更加接近于现实。

7.3.2 模型求解

模型（7.21）和（7.22）是一个二次型线性随机广义系统的零和微分博弈模型，下面对模型进行求解。

设 $\boldsymbol{P}\in S^n$ 和 g 给定，根据式（7.21）和（7.22），取值函数 $f(x)$（以下省略 t）

$$f(x)=\frac{1}{2}x'\boldsymbol{B}'\boldsymbol{P}\boldsymbol{B}x+x'\boldsymbol{B}'\boldsymbol{g} \tag{7.23}$$

应用伊藤积分公式有

$$\mathrm{d}f(x)=\frac{1}{2}(x'\boldsymbol{B}'\dot{\boldsymbol{P}}\boldsymbol{B}x+2u'\boldsymbol{P}\boldsymbol{B}x+2x'\boldsymbol{B}'\dot{\boldsymbol{g}}+2u'\boldsymbol{g})\mathrm{d}t \tag{7.24}$$

式（7.24）两边积分得

$$\int_0^T \mathrm{d}f(x)=\frac{1}{2}\int_0^T (x'\boldsymbol{B}'\dot{\boldsymbol{P}}\boldsymbol{B}x+2u'\boldsymbol{P}\boldsymbol{B}x'+2x'\boldsymbol{B}'\dot{\boldsymbol{g}}+2u'\boldsymbol{g})\mathrm{d}t$$
$$=\frac{1}{2}x'(T)\boldsymbol{B}'\boldsymbol{P}(T)\boldsymbol{B}x(T)+x'(T)\boldsymbol{B}'\boldsymbol{g}(T)-$$
$$\frac{1}{2}x'(0)\boldsymbol{B}'\boldsymbol{P}(0)\boldsymbol{B}x(0)-x'(0)\boldsymbol{B}'\boldsymbol{g}(0) \tag{7.25}$$

把式（7.25）加到式（7.22）的右边，得

$$\boldsymbol{J}(u,w)=\frac{1}{2}\int_0^T [e'\boldsymbol{Q}e+u'\boldsymbol{R}u-\gamma^2 w'w+\dot{f}(x)]\mathrm{d}t+$$
$$\frac{1}{2}x(0)'\boldsymbol{B}'\boldsymbol{P}(0)\boldsymbol{B}x(0)+x(0)'\boldsymbol{B}'\boldsymbol{g}(0)-\frac{1}{2}x'(T)\boldsymbol{B}'\boldsymbol{P}(T)\boldsymbol{B}x(T)-x'(T)\boldsymbol{B}'\boldsymbol{g}(T)$$
$$=\frac{1}{2}\int_{t_0}^{t_f}\{x'[(\boldsymbol{I}-\boldsymbol{A})'\boldsymbol{Q}(\boldsymbol{I}-\boldsymbol{A})+\boldsymbol{B}'\dot{\boldsymbol{P}}\boldsymbol{B}]x+u'(\boldsymbol{Q}+\boldsymbol{R})u+$$
$$2u'[\boldsymbol{P}\boldsymbol{B}-\boldsymbol{Q}(\boldsymbol{I}-\boldsymbol{A})]x+2x'[\boldsymbol{B}'\dot{\boldsymbol{g}}-(\boldsymbol{I}-\boldsymbol{A})'\boldsymbol{Q}h]+$$
$$2u'(g+\boldsymbol{Q}h)+w'(\boldsymbol{Q}-\gamma^2\boldsymbol{I})w-2x'(\boldsymbol{I}-\boldsymbol{A})'\boldsymbol{Q}w-2u'\boldsymbol{Q}w-$$
$$2w'\boldsymbol{Q}h+h'\boldsymbol{Q}h\}\mathrm{d}t+\frac{1}{2}x(0)'\boldsymbol{B}'\boldsymbol{P}(0)\boldsymbol{B}x(0)+x(0)'\boldsymbol{B}'\boldsymbol{g}(0)-$$
$$\frac{1}{2}x'(T)\boldsymbol{B}'\boldsymbol{P}(T)\boldsymbol{B}x(T)-x'(T)\boldsymbol{B}'\boldsymbol{g}(T) \tag{7.26}$$

对式（7.26），$\bar{u}=\begin{bmatrix} u \\ w \end{bmatrix}$，利用配方法，得

$$\boldsymbol{J}(\bar{u})=\frac{1}{2}\int_0^T \{x'(\boldsymbol{H}(\boldsymbol{P},\boldsymbol{g})-\boldsymbol{B}'\boldsymbol{P}\boldsymbol{B}-\boldsymbol{L}'(\boldsymbol{P})\boldsymbol{M}^{-1}(\boldsymbol{P})\boldsymbol{L}(\boldsymbol{P}))x+$$
$$2x'[\boldsymbol{B}'\dot{\boldsymbol{g}}-(\boldsymbol{I}-\boldsymbol{A})'\boldsymbol{Q}h-\boldsymbol{B}'\boldsymbol{g}-\boldsymbol{L}(\boldsymbol{P})\boldsymbol{M}^{-1}(\boldsymbol{P})\boldsymbol{N}(\boldsymbol{g})]+$$
$$(\bar{u}'+\boldsymbol{M}^{-1}(\boldsymbol{P})\boldsymbol{L}(\boldsymbol{P})x)'\boldsymbol{M}(\boldsymbol{P})(\bar{u}'+\boldsymbol{M}^{-1}(\boldsymbol{P})\boldsymbol{L}(\boldsymbol{P})x)\}\mathrm{d}t+$$
$$h'\boldsymbol{Q}h-\boldsymbol{N}'(\boldsymbol{P})\boldsymbol{M}^{-1}(\boldsymbol{P})\boldsymbol{N}(\boldsymbol{P})+\frac{1}{2}x(0)'\boldsymbol{B}'\boldsymbol{P}(0)\boldsymbol{B}x(0)+x(0)'\boldsymbol{B}'\boldsymbol{g}(0)-$$
$$\frac{1}{2}x'(T)\boldsymbol{B}'\boldsymbol{P}(T)\boldsymbol{B}x(T)-x'(T)\boldsymbol{B}'\boldsymbol{g}(T) \tag{7.27}$$

其中，

$$\begin{cases} \boldsymbol{H}(\boldsymbol{P},\boldsymbol{g}) = (\boldsymbol{I}-\boldsymbol{A})'\boldsymbol{Q}(\boldsymbol{I}-\boldsymbol{A}) + \boldsymbol{B}'\dot{\boldsymbol{P}}\boldsymbol{B} \\ \boldsymbol{M}(\boldsymbol{P}) = \begin{bmatrix} \boldsymbol{Q}+\boldsymbol{R} & -\boldsymbol{Q} \\ -\boldsymbol{Q} & \boldsymbol{Q}-\gamma^2\boldsymbol{I} \end{bmatrix} \\ \boldsymbol{L}(\boldsymbol{P}) = \begin{bmatrix} \boldsymbol{Q}(\boldsymbol{I}-\boldsymbol{A})-\boldsymbol{P}\boldsymbol{B} \\ -\boldsymbol{Q}(\boldsymbol{I}-\boldsymbol{A}) \end{bmatrix} \\ \boldsymbol{N}(\boldsymbol{g}) = \begin{bmatrix} -\boldsymbol{g}-\boldsymbol{Q}\boldsymbol{h} \\ \boldsymbol{Q}\boldsymbol{h} \end{bmatrix} \end{cases}$$

从而可知，当式（7.28）成立时

$$\begin{cases} \boldsymbol{H}(\boldsymbol{P},\boldsymbol{g}) - \boldsymbol{L}'(\boldsymbol{P})\boldsymbol{M}^{-1}(\boldsymbol{P})\boldsymbol{L}(\boldsymbol{P}) = 0 \\ \boldsymbol{B}'\boldsymbol{P}(T)\boldsymbol{B} = 0 \\ \boldsymbol{B}'\dot{\boldsymbol{g}} - (\boldsymbol{I}-\boldsymbol{A})'\boldsymbol{Q}\boldsymbol{h} - \boldsymbol{L}(\boldsymbol{P})\boldsymbol{M}^{-1}(\boldsymbol{P})\boldsymbol{N}(\boldsymbol{g}) = 0 \\ \boldsymbol{B}'\boldsymbol{g}(T) = 0 \end{cases} \tag{7.28}$$

系统（7.21）和（7.22）存在均衡解 $\overline{u}^*(t)$：

$$\overline{u}^*(t) = \begin{pmatrix} u^*(t) \\ w(t) \end{pmatrix} = -\boldsymbol{M}^{-1}(\boldsymbol{P},\boldsymbol{g})(\boldsymbol{L}(\boldsymbol{P})x(t) + \boldsymbol{N}(\boldsymbol{g}))$$

7.3.3 数值仿真算例

由于国民经济系统中较为详细的核心数据一般性调查很难获取，为验证结论的正确性，给出以下数值仿真算例。

在系统（7.21）和（7.22）中，各参数取值如下：

$$x_0 = (2690.7,\ 2172.3)^{\mathrm{T}},\quad t_0 = 0,\quad t_f = T,$$

$$\boldsymbol{A} = \begin{bmatrix} 0 & -1 \\ -1 & 0 \end{bmatrix},\ \boldsymbol{B} = \begin{bmatrix} 1 & 1 \\ 0 & 0 \end{bmatrix},\ \boldsymbol{h} = \begin{bmatrix} 1 & 1 \\ 1 & 1 \end{bmatrix},\ \boldsymbol{Q} = 2\boldsymbol{I},\ \boldsymbol{R} = \boldsymbol{I},$$

令 $\boldsymbol{P}(t) = \begin{bmatrix} P_1(t) & P_2(t) \\ P_3(t) & P_4(t) \end{bmatrix}$，$\boldsymbol{g}(t) = \begin{bmatrix} g_1(t) & g_2(t) \\ g_3(t) & g_4(t) \end{bmatrix}$，根据式（7.28）计算可得如下结果：

$$\begin{cases}\dot{P}_1 = P_1^2 - 4P_1 + 4.8424 \\ P_1(T) = 0\end{cases}$$

$$\begin{cases}\dot{g}_1 = \left(0.0526P_1 + 0.737\right)g_1 + 0.9474P_1 + 5.684 \\ g_1(T) = 0 \\ g_1 = g_2\end{cases}$$

得

$$P_1(t) = \tan\left[0.9178(t-T) + \arctan(-2)\right] + 2$$

$$g_1(t) = \left(0.0526P_1(t) + 0.737\right)^{-1}(5.684\mathrm{e}^{0.0526P_1(t)t+0.737(t-T)} - 0.9474P_1 - 5.684)$$

得

$$\boldsymbol{P}(t) = \begin{bmatrix}\tan\left[0.9178(t-T) + \arctan(-2)\right] + 2 & 0 \\ 0 & 0\end{bmatrix}$$

$$\boldsymbol{g}(t) = \begin{bmatrix}\left(0.0526P_1(t) + 0.737\right)^{-1}(5.684\mathrm{e}^{0.0526P_1(t)t+0.737(t-T)} - 0.9474P_1 - 5.684) & 0 \\ \left(0.0526P_1(t) + 0.737\right)^{-1}(5.684\mathrm{e}^{0.0526P_1(t)t+0.737(t-T)} - 0.9474P_1 - 5.684) & 0\end{bmatrix}$$

可见，通过该方法可以得到系统（7.21）和（7.22）的最优控制策略。

7.4　本章小结

本章把随机微分博弈理论应用于宏观经济决策中的动态投入产出问题，建立了考虑随机因素下的投入产出问题模型，并利用随机微分博弈理论得到了最优控制策略的实现方法，并给出了具体的数值仿真算例，既是对现有研究的丰富，也是对实际应用的一种探索，有一定的实际意义。

参考文献

[1] 杨荣基，彼得罗相，李颂志.动态合作——尖端博弈论[J].北京：中国市场出版社，2007.

[2] BASAR T, OLSDER G J. Dynamic Noncooperative Game Theory [M]. Philadelphia, PA: SIAM, 2nd edition, 1999.

[3] RAMACHANDRAN K M, TSOKOS C P. Stochastic differential games. Theory and applications[M]. Springer Science & Business Media, 2012.

[4] LEWIS F L. A tutorial on the geometric analysis of linear time-invariant implicit systems[J]. Automatica, 1992, 28(1): 119-137.

[5] CAMPBELL S L. Singular systems of differential equations[J]. San Francisco: Pitman,1982.

[6] BOYARINCHEV J U. Solution of ordinary differential equation of degenerate system[J]. Russian, Science, 1988.

[7] DAI L. Singular control systems[M]. Led. Notes in Control Inf. Sci,New York:Springer-Verlag, 1989.

[8] 张庆灵. 广义大系统的分散控制与鲁棒控制[M]. 西安：西北工业大学出版社，1997.

[9] AILON A. On the design of output feedback for finite and infinite pole assignment in singular systems with application to the control problem of constrained robots[J]. Circuits, Systems and Signal Processing, 1994, 13: 525-544.

[10] LUENBERGER D G.Dynamic systems in descriptor form[J]. IEEE Transactions on Automatic Control, 1977, AC-22: 312-321.

[11] LUENBERGER D G, ARBEL A. Singular dynamic Leontief systems[J]. Econometrica: Journal of the Econometric Society, 1977: 991-995.

[12] BERNHARD P. On singular implicit linear dynamical systems[J]. SIAM Journal on Control and Optimization, 1982, 20(5): 612-633.

[13] REDDY P, SANNUTI P. Optimal control of a coupled-core nuclear reactor by a singular perturbation method[J]. IEEE Transactions on Automatic Control, 1975, 20(6): 766-769.

[14] 钟契夫. 投入产出分析[M]. 北京：中国财政经济出版社,1987.

[15] 闫九喜，程兆林. 奇异动态经济系统最优跟踪问题[J]. 自动化学报，1998, 3(3): 428-431.

[16] 尹红婷，闫九喜，陈奕琳，等. 宏观动态经济系统的最优消费跟踪问题[C]. 中国自动化学会控制理论及其应用年会 1993.24(3): 428-431.

[17] 朱怀念，张成科，孙佩红,等. 鞍点均衡策略在动态投入产出系统中的应用研究[J]. 系统科学学报, 2013 (2)：94-96.

[18] WITSENHAUSEN H. A class of hybrid-state continuous-time dynamic systems[J]. IEEE Transactions on Automatic Control, 1966, 11(2): 161-167.

[19] HUANG L, MAO X. Stability of singular stochastic systems with Markovian switching[J]. IEEE Transactions on Automatic control, 2010, 56(2): 424-429.

[20] DENG F, LUO Q, MAO X. Stochastic stabilization of hybrid differential equations[J]. Automatica, 2012, 48(9): 2321-2328.

[21] FRAGOSO M D, COSTA O L V. A Separation Principle for the Continuous-Time LQ-Problem With Markovian Jump Parameters [J]. IEEE Transactions on Automatic Control, 2010， 55(12): 2692-2707.

[22] GÖRGES D, IZÁK M, LIU S. Optimal control and scheduling of switched systems[J]. IEEE Transactions on Automatic Control, 2010, 56(1): 135-140.

[23] GATTAMI A. Generalized linear quadratic control[J]. IEEE Transactions on Automatic Control, 2009, 55(1): 131-136.

[24] ANTSAKLIS P J, NERODE A. Hybrid control systems: an introductory discussion to the special issue [J]. IEEE Transactions on Automatic Control, 1998, 43(4): 457-460.

[25] HAMILTON D A. James new approach to the economic analysis of nonstationary time series and the business cycle[J]. Econometrica,1989.

[26] GARCIA R, PERRON P. An Anlysis Of The Real Interest Rate Under Regime Shifts[J]. Papers, 1990, 78(1):111-125.

[27] HSU S H, CHUNG-MING KUAN. Identifying Taiwan's business cycles in 1990s: an application of the bivariate Markov switching model and Gibbs sampling[J].Journal of Social Science and Philosophy, 2001,13:515-540.

[28] 王建军. Markov 机制转换模型研究[J]. 数量经济技术经济研究，2007（3）:39-48.

[29] 赵鹏. 中国股市投机泡沫形成机制与实证研究[D]. 武汉：华中科技大学，2008.

[30] XIN G. Information and option pricings [J]. Quantitative Finance, 2001, 1(1): 38-44.

[31] JOBERT A, ROGERS L C G. Option pricing with Markov-modulated dynamics[J]. SIAM Journal on Control and Optimization, 2006, 44(6): 2063-2078.

[32] ELOE P, LIU R H. Upper and lower solutions for regime-switching diffusions with applications in financial mathematics[J]. SIAM Journal on Applied Mathematics, 2011, 71(4): 1354-1373.

[33] 林风玺，周洁，朱旼. 基于马尔可夫跳变理论的固定资产系统的建模及能控性分析[J].苏州科技学院学报（自然科学版），2009，26（1）：16-20.

[34] 张成科. 广义随机线性 Markov 切换系统非合作微分博弈理论及其在金融保险中的应用. 项目批准号 71171061，起止年月 2012-01 至 2015-12.

[35] 刘晓平. 主从对策若干问题研究及在奇异系统中的推广[D]. 沈阳：东北工学院，1989.

[36] XU H, MIZUKAMI K. Linear-quadratic zero-sum differential games for generalized state space systems[J]. IEEE Transactions on Automatic Control, 1994, 39(1): 143-147.

[37] MIZUKAMI K, XU H. Closed-loop Stackelberg strategies for linear-quadratic descriptor systems[J]. Journal of Optimization Theory and Applications, 1992, 74: 151-170.

[38] BASAR T. A dynamic games approach to controller design: Disturbance rejection in discrete time[C]//Proceedings of the 28th IEEE Conference on Decision and Control,. IEEE, 1989: 407-414.

[39] 张成科，王行愚．线性二次广义系统中的多随从闭环 Stackelberg 策略[J]．华东理工大学学报，1998，24（3）：339-346.

[40] 梅生伟，等．现代鲁棒控制理论与应用[M]．北京：清华大学出版社，2003.

[41] KAROUI N E, JEANBLANC-PICQUÈ M, SHREVE S E. Robustness of the Black and Scholes formula[J]. Mathematical finance, 1998, 8(2): 93-126.

[42] LIMEBEER D J N, ANDERSON B D O, KHARGONEKAR P P,et al. A game theoretic approach to H_∞ control for time-varying systems[J]. SJAM. J. Contr. Optim, 1992,30(2): 262-283 .

[43] 刘惠敏．三类经济系统的基于微分对策的鲁棒控制[D].沈阳：东北大学，2009.

[44] MING Z, ZHANG H, ZHANG J, et al. Mixed H_2/H_∞ Control with Event-Triggered Mechanism for Nonlinear Stochastic Systems with Closed-Loop Stackelberg Games[J]. IEEE Transactions on Systems, Man, and Cybernetics: Systems,2023,53(10):6365-6374.

[45] LIMEBEER D J N, ANDERSON B D O, HENDEL B. A Nash game approach to mixed H_2/H_∞ control [J]. IEEE Transactions on Automatic Control, 1994, 39(1): 69-82.

[46] Basar T, Bernhard P. H_∞-Optimal Control and Related Minimax Problems: A Dynamic Game Approach [M]. Boston: Birkhäuser, 1995.

[47] PAN Z, Basar T. H_∞ Control of Markovian Jump Systems and Solutions to Associated Piecewise-deterministic Differential Games[J]. in Annals of the International Society of Dynamic Games, Olsder G J, Ed. Boston, MA: Birkhäuser, 1996, 61-94.

[48] 张金水．广义系统经济控制论[M]．北京：清华大学出版社，1990.

[49] 姜超，张金水．考虑税收的可计算非线性动态投入产出模型及其参数设定[J].系统工程理论与实践，2004，24（8）：32-37 .

[50] 班允浩.合作微分博弈问题研究[D].大连：东北财经大学，2009.

[51] 张维迎.博弈论与信息经济学[M].上海：格致出版社，2009.

[52] KRASOVSKII N M, LIDSKII E A. Analytical design of controllers in systems with random attributes I, II, III [J]. Automation and Remote Control, 1961, 22(1-3): 1021-1025, 1141-1146, 1289-1294.

[53] FLORENTIN J J. Optimal Control of Continuous Time, Markov, Stochastic Systems[J]. Journal of Electronics and Control, 1961, 10(6): 473-488.

[54] BOLZERN P, COLANERI P, DE NICOLAO G. On almost sure stability of discrete-time Markov jump linear systems[C]//2004 43rd IEEE Conference on Decision and Control (CDC)(IEEE Cat. No. 04CH37601). IEEE, 2004, 3: 3204-3208.

[55] BACCIOTTI A. Stabilization by means of state space depending switching rules[J]. Systems & Control Letters, 2004, 53(3-4): 195-201.

[56] CHENG D, GUO L, LIN Y, et al. Stabilization of switched linear systems[J]. IEEE transactions on automatic control, 2005, 50(5): 661-666.

[57] ZHAO J , DIMIROVSKI G M. Quadratic stability of switched nonlinear systems [J]. IEEE Transactions on Automatic Control, 2004, 49(4): 574-578.

[58] ZHAI D, AN L, LI J, et al. Stabilisation of discrete-time piecewise homogeneous Markov jump linear system with imperfect transition probabilities[J]. Mathematical Problems in Engineering, 2015.

[59] ZHAI G, LIN H, ANTSAKLIS P J. Quadratic stabilizability of switched linear systems with polytopic uncertainties[J]. International Journal of Control, 2003, 76(7): 747-753.

[60] GEROMEL J É C, COLANERI P, BOLZERN P. Dynamic output feedback control of switched linear systems[J]. IEEE Transactions on Automatic Control, 2008, 53(3): 720-733.

[61] MAO X, YUAN C. Stochastic differential equations with Markovian switching[M]. Imperial college press, 2006.

[62] HUANG L, MAO X. Stability of singular stochastic systems with Markovian switching[J]. IEEE Transactions on Automatic control, 2010, 56(2): 424-429.

[63] DENG F, LUO Q, MAO X. Stochastic stabilization of hybrid differential equations[J]. Automatica, 2012, 48(9): 2321-2328.

[64] UNGUREANU V M. Stability, stabilizability and detectability for Markov jump discrete-time linear systems with multiplicative noise in Hilbert spaces[J]. Optimization A Journal of Mathematical Programming & Operations Research, 2014, 63(11):1689-1712.

[65] ZHANG W, TAN C. On detectability and observability of discrete-Time stochastic markov jump systems with state-dependent noise[J]. ASIAN Journal of Control, 2013, 15(5): 1366-1375.

[66] SWORDER D. Feedback control of a class of linear systems with jump parameters[J]. IEEE Transactions on Automatic Control, 1969, 14(1): 9-14.

[67] WONHAM W M. Random differential equations in control theory [J]. In Probabilistic Methods in Applied Mathamatics, vol. 2, A. T. Bharucha-Reid Ed., New York: Academic, 1971: 131 212.

[68] RISHEL R. Dynamic programming and minimum principles for systems with jump Markov disturbances[J]. SIAM Journal on Control, 1975, 13(2): 338-371.

[69] FRAGOSO M D, COSTA O L V. A separation principle for the continuous-time LQ-problem with Markovian jump parameters[J]. IEEE Transactions on Automatic Control, 2010, 55(12): 2692-2707.

[70] DRAGAN V, MOROZAN T. The linear quadratic optimization problems for a class of linear stochastic systems with multiplicative white noise and Markovian jumping[J]. IEEE Transactions on Automatic Control, 2004, 49(5): 665-675.

[71] COSTA O L V, W L D PAULO. Indefinite quadratic with linear costs optimal control of Markov jump with multiplicative noise systems[J]. Automatica, 2007, 43(4):587-597.

[72] COSTA O L V, A D Oliveira. Optimal mean variance control for discrete-time linear systems with Markovian jumps and multiplicative noises[J]. Automatica, 2012, 48(2): 304-315.

[73] 孙振东. 华南理工大学.切换线性系统的控制和优化.项目批准号 60925013/F0301. 项目起止年月 2010-01 至 2012-12.

[74] 武玉强.曲阜师范大学. Markov 跳变的切换系统控制问题研究.项目批准号 60574007/F0301.项目起止年月 2006-01 至 2006-12.

[75] 武玉强.曲阜师范大学. 不确定切换控制系统及机动跟踪控制问题研究.项目批准号 60674027/F0301. 项目起止年月 2007-01 至 2009-12.

[76] 胡诗国，方洋旺，蔡文新，等. 连续 Markov 跳变系统最优控制[J]. 控制与决策，2013, 28(3):396-401.

[77] 蔡文新，方洋旺，李锐，等. 离散 Markov 跳变线性系统最优控制[J]. 系统工程与电子技术，2012, 34(7): 1458-1462.

[78] SHEN H, SU L, WU Z G, et al. Reliable dissipative control for Markov jump systems using an event-triggered sampling information scheme[J]. Nonlinear Analysis: Hybrid Systems, 2017, 25: 41-59.

[79] YAO D, LU R, REN H, et al. Sliding mode control for state-delayed Markov jump systems with partly unknown transition probabilities[J]. Nonlinear Dynamics, 2018, 91: 475-486.

[80] Hespanha J P. Logic-based Switching Algorithm in Control[M]. New Haven: Yale University, 1998.

[81] XU S, CHEN T. Robust H_∞ control for uncertain discrete-time stochastic bilinear systems with Markovian switching[J]. International Journal of Robust and Nonlinear Control: IFAC-Affiliated Journal, 2005, 15(5): 201-217.

[82] LIU H, SUN F, BOUKAS E K. Robust control of uncertain discrete-time Markovian jump systems with actuator saturation [J]. *International Journal of Control*, 2006, 79(7): 805-812.

[83] LI L, UGRINOVSKII V A. On necessary and sufficient conditions for H_∞ output feedback control of Markov jump linear systems[J]. IEEE Transactions on Automatic Control, 2007, 52(7): 1287-1292.

[84] KANG Y, ZHANG J, GE S. Robust output feedback H_∞ control of uncertain Markovian jump systems with mode-dependent time-delays[J]. International Journal of Control, 2008, 81(1): 43-61.

[85] HUANG Y, ZHANG W, FENG G. Infinite horizon H_2/H_∞ control for stochastic systems with Markovian jumps[J]. Automatica, 2008, 44(3): 857-863.

[86] ZHANG L, BOUKAS E K. H_∞ control for discrete time Markovian jump linear systems with partly unknown transition probabilities[J]. International Journal of Robust and Nonlinear Control: IFAC-Affiliated Journal, 2009, 19(8): 868-883.

[87] MA H, ZHANG W, HOU T. Infinite horizon H_2/H_∞ control for discrete-time time-varying Markov jump systems with multiplicative noise[J]. Automatica, 2012, 48(7): 1447-1454.

[88] HOU T, ZHANG W, MA H. Robust H_2/H_∞ control for discrete-time systems with Markovian jumps and multiplicative noise: Infinite horizon case[C]// 2013 10th IEEE International Conference on Control and Automation (ICCA). IEEE, 2013: 1042-1047.

[89] DORATO P, KESTENBAUM A. Application of game theory to the sensitivity design of optimal systems[J]. IEEE Transactions on Automatic Control, 1967, 12(1): 85-87.

[90] RHEE I, SPEYER J L. A game-theoretic approach to a finite-time disturbance attenuation problem[J]. IEEE Transactions on Automatic Control, 1991, 36(9): 1021-1032.

[91] LIMEBEER D J N, ANDERSON B D O, KHARGONEKAR P P, et al. A Game Theoretic Approach to H_∞ Control for Time-Varying Systems[J]. SIAM Journal on Control and Optimization, 1992, 30(2): 262-283.

[92] LIMEBEER D J N, ANDERSON B D O, HENDEL B. A Nash game approach to mixed H/sub 2//H/sub/spl infin//control[J]. IEEE Transactions on Automatic Control, 1994, 39(1): 69-82.

[93] BASAR T, P. BERNHARD. H_∞-Optimal Control and Related Minimax Problems: A Dynamic *Game Approach* [M]. Boston: Birkhäuser, 1995.

[94] 张成科. 双线性系统二次型微分博弈理论[D]. 广州: 华南理工大学, 2008.

[95] 高晓秋. 随机双线性系统的非合作博弈理论及应用研究[D]. 广州: 广东工业大学, 2012.

[96] 宾宁. 奇异摄动系统非合作微分博弈理论及在投入产出问题中的应用研究[D]. 广州: 广东工业大学, 2012.

[97] ISHIHARA J Y, TERRA M H. On the Lyapunov theorem for singular systems[J]. IEEE transactions on Automatic Control, 2002, 47(11): 1926-1930.

[98] ZHU J, MA S, CHENG Z. Singular LQ problem for nonregular descriptor systems[J]. IEEE Transactions on Automatic Control, 2002, 47(7): 1128-1133.

[99] XU S, LAM J, ZOU Y. H_∞ filtering for singular systems[J]. IEEE Transactions on Automatic Control, 2003, 48(12): 2217-2222.

[100] ZHANG L, HUANG B, LAM J. LMI synthesis of H_2 and mixed H_2/H_∞ controllers for singular systems[J]. IEEE Transactions on Circuits and Systems II, 2003, 50(9): 615-626.

[101] 张庆灵, 杨冬梅. 不确定广义系统的分析与综合[M]. 沈阳: 东北大学出版社, 2003.

[102] 杨冬梅, 张庆灵, 姚波. 广义系统[M]. 北京: 科学出版社, 2004.

[103] XU S, LAM J. Robust control and filtering of singular systems[M]. Berlin: Springer, 2006.

[104] 鲁仁全, 苏宏业, 薛安克, 等. 奇异系统的鲁棒控制理论[M]. 北京: 科学出版社, 2008.

[105] ZHANG G, LIU W. Impulsive mode elimination for descriptor systems by a structured PD feedback[J]. IEEE Transactions on Automatic Control, 2011, 56(12): 2968-2973.

[106] MUSTHOFA M W, ENGWERDA J, SUPARWANTO A. Robust Optimal Control Design Using a Differential Game Approach for Open-Loop Linear Quadratic Descriptor Systems[J]. Journal of Optimization Theory and Applications, 2016, 168(3): 1046-1064.

[107] MAHMOUD M S. Robust control and filtering for time-delay systems[M]. CRC Press, 2018.

[108] HUANG L, MAO X. Stability of singular stochastic systems with Markovian switching[J]. IEEE Transactions on Automatic control, 2010, 56(2): 424-429.

[109] XING S, DENG F, QIAO L. Dissipative analysis and control for nonlinear stochastic singular systems[J]. IEEE Access, 2018, 6: 43070-43078.

[110] YAN Z, ZHANG W. Finite-Time Stability and Stabilization of Itô-Type Stochastic Singular Systems[J]. Abstract & Applied Analysis, 2014, special issue.

[111] ZHANG Q, XING S. Stability analysis and optimal control of stochastic singular systems[J]. Optimization letters, 2014, 8: 1905-1920.

[112] XING S, DENG F. Delay-dependent dissipative filtering for nonlinear stochastic singular systems with time-varying delays[J]. Science China Information Science, 2017, 60: 120208.

[113] JIAO T C, ZONG G D, PANG G C, et al. Admissibility analysis of stochastic singular systems with Poisson switching[J]. Applied Mathematics and Computation, 2020, 386: 125508.

[114] NASSIM L, JOHN J M, NACIM M. Set-membership observer design based on ellipsoidal invariant sets[J]. IFAC Papersonline, 2017, 50(1) : 6471-6476.

[115] ISSACS R. Differential Games[M]. Wiley, New York,1965.

[116] FRIEDMAN A. Differential games[M]. Courier Corporation, 2013.

[117] LEITMANN G. Cooperative and Non-cooperative Many Players Differential Games[M]. New York: Springer-Verlag, 1974.

[118] KRASOVSKIJ N N, SUBBOTIN A I, KOTZ S. Game-theoretical control problems[M]. New York: Springer, 1988.

[119] BAS AR T, OLSDER G J. Dynamic noncooperative game theory[M]. Society for Industrial and Applied Mathematics, 1998.

[120] ENGWERDA J C. Computational aspects of the open-loop Nash equilibrium in linear quadratic games[J]. Journal of Economic Dynamics and Control, 1998, 22(8-9): 1487-1506.

[121] ENGWERDA J C. The solution set of the N-player scalar feedback Nash algebraic Riccati equations[J]. IEEE Transactions on Automatic Control, 2000, 45(12): 2363-2368.

[122] Engwerda J C. Solving the scalar feedback Nash algebraic Riccati equations: an eigenvector approach [J]. IEEE Transactions on Automatic Control, 2003, 48(5): 847-852.

[123] ENGWERDA J C. A numerical algorithm to find soft-constrained Nash equilibria in scalar LQ-games[J]. International Journal of Control, 2006, 79(6): 592-603.

[124] Engwerda J C. Algorithms for computing Nash equilibria in deterministic LQ games [J]. Computational Management Science, 2007, 4(2): 113-140.

[125] BERNHARD P. Linear Quadratic Zero-Sum Two-Person Differential Games[M]. London: Encyclopedia of Systems and Control Springer, 2013.

[126] WANG B, ZHU Q, LI S. Stability analysis of switched singular stochastic linear systems[J]. International Journal of Control, 2020, 93(6): 1381-1387.

[127] MU X, HU Z. Stability analysis for semi-Markovian switched singular stochastic systems[J]. Automatica, 2020, 118: 109014.

[128] CHAVEZ-FUENTES J R, COSTA E F, TERRA M H, et al. The linear quadratic optimal control problem for discrete-time Markov jump linear singular systems[J]. Automatica, 2021, 127: 109506.

[129] ZHANG Y, MU X. Event-triggered output quantized control of discrete Markovian singular systems[J]. Automatica, 2022, 135: 109992.

[130] HAN Y, ZHOU S. Novel criteria of stochastic stability for discrete-time Markovian jump singular systems via supermartingale approach[J]. IEEE Transactions on Automatic Control, 2022, 67(12): 6940-6947.

[131] SU P, SHENG Z, LIN C, et al. An asymmetric Lyapunov-Krasovskii functional and its application to stochastic admissibility analysis of time-delay singular Markovian jump systems[J]. Applied Mathematics Letters, 2023: 108761.

[132] KSENDAL B, SULEM A. Forward-Backward Stochastic Differential Games and Stochastic Control under Model Uncertainty[J]. Journal of Optimization Theory & Applications, 2014, 161(1):22-55.

[133] NISIO M. Stochastic Differential Games[M]. Tokyo: Stochastic Control Theory Springer Japan, 2015:117-151.

[134] KIEU A T T, ØKSENDAL B, OKUR Y Y. A Malliavin calculus approach to general stochastic differential games with partial information[C]//Malliavin Calculus and Stochastic Analysis: A Festschrift in Honor of David Nualart. Springer US, 2013: 489-510.

[135] RUMYANTSEV A E. Sufficient Existence Conditions for Linear Differential Games with Incomplete Information[J]. Computational Mathematics and Modeling, 2014, 25(2): 185-203.

[136] MIZUKAMI K, XU H. Closed-loop Stackelberg strategies for linear-quadratic descriptor systems[J]. Journal of Optimization Theory and Applications, 1992, 74: 151-170.

[137] XU H, MIZUKAMI K. Two-person two-criteria decision making problems for descriptor systems [J]. Journal of Optimization Theory and Applications, 1993, 78(1): 163-173.

[138] XU H, MIZUKAMI K. New sufficient conditions for linear feedback closed-loop stackelberg strategy of descriptor system [J]. IEEE Transactions on Automatic Control, 1994, 39(5): 1097-1102.

[139] XU H, MIZUKAMI K. Linear-quadratic zero-sum differential games for generalized state space systems [J]. IEEE Transactions on Automatic Control, 1994, 39(1): 143-147.

[140] XU H, MIZUKAMI K. On the Isaacs equation of differential games for descriptor systems [J]. Journal of optimization theory and applications, 1994, 83(2): 405-419.

[141] XU H, MIZUKAMI K. Infinite-horizon differential games of singularly perturbed systems: A unified approach [J]. Automatica, 1997, 33(2): 273 276.

[142] ENGWERDA J C. The open-loop linear quadratic differential game for index one descriptor systems[J]. Automatica, 2009, 45(2): 585-592.

[143] ENGWERDA J C. Feedback Nash equilibria for linear quadratic descriptor differential games [J]. *Automatica*, 2012, 48(4): 625-631.

[144] MUSTHOFA M W, SALMAH, ENGWERDA J C, et al. Feedback saddle point equilibria for soft-constrained zero-sum linear quadratic descriptor differential game[J]. Archives of Control Sciences, 2013, 23(4): 473-493.

[145] LIN Y, ZHANG W. Pareto efficiency in the infinite horizon mean-field type cooperative stochastic differential game[J]. Journal of the Franklin Institute, 2021, 358(10): 5532-5551.

[146] ZHANG C, LI F. Non-zero sum differential game for stochastic Markovian jump systems with partially unknown transition probabilities[J]. Journal of the Franklin Institute, 2021, 358(15): 7528-7558.

[147] LIN Y. Necessary/sufficient conditions for Pareto optimality in finite horizon mean-field type stochastic differential game[J]. Automatica, 2020, 119: 108951.

[148] SUN J, WANG H, WEN J. Zero-sum stackelberg stochastic linear-quadratic differential games[J]. SIAM Journal on Control and Optimization, 2023, 61(1): 252-284.

[149] WANG Y, SONG A, WANG L, et al. Maximum principle via Malliavin calculus for regular-singular stochastic differential games[J]. Optimization Letters, 2018, 12: 1301-1314.

[150] GOLDYS B, YANG J, ZHOU Z. Singular perturbation of zero-sum linear-quadratic stochastic differential games[J]. SIAM Journal on Control and Optimization, 2022, 60(1): 48-80.

[151] LIU B, WANG X. Linear quadratic Nash differential games of stochastic singular systems with Markovian jumps[J]. Acta Mathematica Vietnamica, 2020, 45: 651-660.

[152] DIANETTI J. Linear-quadratic-singular stochastic differential games and applications[J]. arXiv preprint arXiv:2304.09033, 2023.

[153] LI X, SONG Q, ZHAO Z, et al. Optimal control and zero-sum differential game for Hurwicz model considering singular systems with multifactor and uncertainty[J]. International Journal of Systems Science, 2022, 53(7): 1416-1435.

[154] WANG G, ZHANG S. A mean-field linear-quadratic stochastic stackelberg differential game with one leader and two followers[J]. Journal of Systems Science and Complexity, 2020, 33: 1383-1401.

[155] MEHLMANNA. Applied Differential Games[M]. New York: Plenum Press, 1988.

[156] M. L. PETIT. Control Theory and Dynamic Games in Economic Policy Analysis[M]. Cambridge: Cambridge University Press, 1990.

[157] CLEMHOUT S, WAN JR H Y. Differential games—Economic applications[J]. Handbook of game theory with economic applications, 1994, 2: 801-825.

[158] SETHI S P, THOMPSON G L. Optimal Control Theory: Applications to Management Science[M]. Boston: M. Nijhoff, 1981.

[159] FEICHTINGER G, HARTL R F. Optimale Kontrolle ökonomischer Prozesse: Anwendungen des Maximumprinzips in den Wirtschaftswissenschaften[M]. Walter de Gruyter, 2011.

[160] DOCKNER E. Differential games in economics and management science[M]. Cambridge University Press, 2000.

[161] ERICKSON G. Dynamic models of advertising competition[M]. Springer Science & Business Media, 2002.

[162] ENGWERDA J C. LQ dynamic optimization and differential games [M]. New York: John Wiley, 2005.

[163] COLOMBO L, LAMBERTINI L, MANTOVANI A. Endogenous transportation technology in a Cournot differential game with intraindustry trade[J]. Japan and the World Economy, 2009, 21(2): 133-139.

[164] LEONG C K, HUANG W. A stochastic differential game of capitalism[J]. Journal of Mathematical Economics, 2010, 46(4): 552-561.

[165] BERTUZZI G, LAMBERTINI L. Existence of equilibrium in a differential game of spatial competition with advertising[J]. Regional Science and Urban Economics, 2010, 40(2-3): 155-160.

[166] JORGENSE S, MARTÍN-HERRÁN G, Zaccour G. The Leitmann-Schmitendorf advertising differential game[J]. Applied Mathematics and Computation, 2010, 217(3): 1110-1116.

[167] HIPP C, TAKSAR M. Optimal non-proportional reinsurance control[J]. Insurance: Mathematics and Economics, 2010, 47(2): 246-254.

[168] YUAN Y, LIANG Z, HAN X. Robust reinsurance contract with asymmetric information in a stochastic Stackelberg differential game[J]. Scandinavian Actuarial Journal, 2022(4): 328-355.

[169] GARY M. ERICKSON. A differential game model of the marketing-operations interface[J]. European Journal of Operational Research, 2011,211:394-402.

[170] LONG N. V. Differential Games and Resources[J]. Encyclopedia of Energy Natural Resource & Environmental Economics, 2013:268　276.

[171] ZEEUW A D. Differential Games and Environmental Economics[M]. Berlin Heidelberg: Dynamic Games in Economics Springer, 2014:135-159.

[172] YIN S, LI B. A stochastic differential game of low carbon technology sharing in collaborative innovation system of superior enterprises and inferior enterprises under uncertain environment[J]. Open Mathematics, 2018, 16(1): 607-622.

[173] ZU Y, CHEN L, FAN Y. Research on low-carbon strategies in supply chain with environmental regulations based on differential game[J]. Journal of Cleaner Production, 2018, 177: 527-546.

[174] WANG Y, XU X, ZHU Q. Carbon emission reduction decisions of supply chain members under cap-and-trade regulations: A differential game analysis[J]. Computers & Industrial Engineering, 2021, 162: 107711.

[175] WEI J, WANG C. Improving interaction mechanism of carbon reduction technology innovation between supply chain enterprises and government by means of differential game[J]. Journal of Cleaner Production, 2021, 296: 126578.

[176] MU C, WANG K, NI Z, et al. Cooperative differential game-based optimal control and its application to power systems[J]. IEEE Transactions on Industrial Informatics, 2019, 16(8): 5169-5179.

[177] WANG Y, WANG L. Forward-backward stochastic differential games for optimal investment and dividend problem of an insurer under model uncertainty[J]. Applied Mathematical Modelling, 2018, 58: 254-269.

[178] 张嗣瀛. 微分对策[M]. 北京: 科学出版社, 1987.

[179] 李登峰. 微分对策及其应用[M]. 北京: 国防工业出版社, 2000.

[180] YONG J M. Zero-sum differential games involving impulse controls [J]. Applied *mathematics & optimization*, 1994, 29(3): 243-261.

[181] 张成科, 王行愚. 线性时变二次微分对策 Nash 策略的小波分析法——小波逼近解[J]. 控制理论与应用, 2002, 19(1): 57-60.

[182] 张成科. 奇异线性二次型微分鞍点对策的小波逼近解法[J]. 系统工程与电子技术, 2003, 25(6): 707-711.

[183] 王光臣. 部分可观测的随机控制系统及其应用[D]. 济南: 山东大学, 2007.

[184] 吴臻, 于志勇. 带随机性跳跃的线性二次非零和微分对策问题[J]. 应用数学和力学, 2005, 8(26): 945-950.

[185] 于志勇. 随机控制和对策理论中的一些倒向问题[D]. 济南：山东大学，2008.

[186] LOU Y J, LI W. Backward linear quadratic stochastic optimal control problems and nonzero sum differential games[C]//2013 25th Chinese Control and Decision Conference (CCDC). IEEE, 2013: 5015-5020.

[187] CAI W X, FANG Y W, HU S G. A New Differential Game Guidance Law Based on Markov Jump System[C]//Proceedings of the 2012 International Conference on Electronics, Communications and Control. 2012: 1002-1005.

[188] ZHU H, ZHANG C, BIN N. Infinite horizon linear quadratic stochastic Nash differential games of Markov jump linear systems with its application[J]. International Journal of Systems Science, 2014, 45(5): 1196-1201.

[189] Hou T, Zhang W, Ma H. A game-based control design for discrete-time Markov jump systems with multiplicative noise[J]. IET Control Theory & Applications, 2013, 7(5): 773-783.

[190] SUN H, LI M, JI S, et al. Stability and linear quadratic differential games of discrete-time Markovian jump linear systems with state-dependent noise[J]. Mathematical Problems in Engineering, 2014.

[191] 唐万生，李光泉. 广义系统的微分对策问题[C]. 全国青年管理科学与系统科学本书集（第 1 卷），1991: 265-270.

[192] 唐万生，许艳丽，刘则毅，等. 广义系统的二人零和对策[J]. 管理科学学报，1996，6（1）：77-79.

[193] 朱怀念. 随机 Markov 切换系统的非合作博弈理论及在金融保险中的应用研究[D]. 广州：广东工业大学, 2013.

[194] CAO M, ZHU H, ZHANG C K, et al. Nash Games of Singular Stochastic Markov Jump Systems with N Decision Makers[J]. Journal of Systems Science and Mathematical Sciences, 2017, 37(3): 700.

[195] ZHANG C, ZHU H, ZHOU H, et al. Non-cooperative stochastic differential game theory of generalized Markov jump linear systems[M]. Springer International Publishing, 2017.

[196] 刘海龙，郑立辉. 证券投资决策的微分对策方法研究[J]. 系统工程学报，1999, 14(1): 69-72.

[197] 万树平. CIR 框架下的投资组合效用微分博弈[J].运筹学学报，2010,14(1):15-22.

[198] 刘海龙，吴冲锋. 基于最差情况的最优投资和投资策略[J]. 管理科学学报，2001, 4(6): 48-54.

[199] 杨璐，张成科，朱怀念. 带泊松跳的线性 Markov 切换系统的随机微分博弈及在金融市场中的应用[J]. 系统科学与数学, 2018, 38(5): 537-552.

[200] 杨鹏. 通货膨胀影响下基于随机微分博弈的最优再保险和投资[J]. 应用概率统计, 2016, 32(2): 147-156.

[201] 肖赟. 随机金融市场环境下保险公司最优投资与再保险策略研究[D]. 成都：西南财经大学, 2022.

[202] 杨璐，朱怀念，张成科. Heston 随机波动率模型下带负债的投资组合博弈[J]. 运筹与管理, 2020, 29(8): 27-34.

[203] 黄小原. 市场价格的非合作微分对策问题的研究[J].黑龙江大学自然科学学报，1987（4）：67-71.

[204] 陈正义，赖明勇. 寡头电信企业价格决策微分博弈模型及其分析[J].财经理论与实践，2011,32(171):110-113.

[205] 刘晓峰，黄沛，杨雄峰. 具有网络外部性的双寡头市场的动态定价策略[J]. 中国管理科学, 2007, 15(1): 94-98.

[206] 傅强，曾顺秋. 纵向合作广告的微分对策模型研究[J]. 系统工程理论与实践, 2007, 27(11): 26-33.

[207] 傅强，曾顺秋. 不确定需求下供应链合作广告与订货策略的博弈[J]. 系统工程理论与实践, 2008, 28(3): 56-63.

[208] 胡本勇，彭其渊. 基于广告-研发的供应链合作博弈分析[J]. 管理科学学报, 2008, 11(2): 61-70.

[209] 熊中楷，聂佳佳，李根道. 基于微分对策的多寡头品牌和大类广告策略研究[J]. 管理工程学报, 2009, 23(3): 72-79.

[210] 张智勇，李华娟，杨磊,等. 基于微分博弈的双渠道广告合作协调策略研究[J]. 控制与决策, 2014, 29(5):873-879.

[211] 熊新生，赵勇. 供应链中耐用品的广告投入和零售价策略分析[J]. 系统工程理论与实践, 2014, 34(6):1425-1430.

[212] 罗琰，杨招军. 基于随机微分博弈的保险公司最优决策模型[J].保险研究，2010(8): 48-52.

[213] 钟伟. 倒向随机微分方程的最优控制，微分对策和熵风险约束下的最优投资[D]. 上海：复旦大学, 2009.

[214] 王皓. 反射倒向随机微分方程及其在混合零和微分对策，可逆投资问题及偏微分方程中的应用[D]. 济南：山东大学, 2009.

[215] 罗琰. 最优投资与效用无差别定价模型研究[D]. 长沙：湖南大学, 2011.

[216] 张德贤，陈中慧. 渔业资源配额的微分对策研究[J]. 资源科学, 2000, 22(2): 61-65.

[217] 赵中奇，吴瑞明，王浣尘. 渔业资源最优经营管理问题[J]. 系统工程学报, 2004, 19(4): 423-426.

[218] 赵道致，原白云，徐春明. 低碳供应链纵向合作减排的动态优化[J]. 控制与决策, 2014, 29(7):1340-1344.

[219] 赵道致，徐春秋，王芹鹏. 考虑零售商竞争的联合减排与低碳宣传微分对策[J]. 控制与决策, 2014, 29(10):1809-1815.

[220] QIAO H, SONG N, GAO H W, et al. Analysis on the strategies of European Union's airline carbon tax with Stackelberg game models[J]. Systems Engineering-Theory & Practice, 2014.

[221] 王婷婷，王道平. 政府补贴下供应链合作减排与低碳宣传的动态协调策略[J]. 运筹与管理, 2020, 29(8): 52-61.

[222] 张雪梅，周根贵，曹柬. 考虑政府规制和供应链协调的再制造微分博弈模型[J]. 计算机集成制造系统, 2021, 27(7): 2095-2111.

[223] 赵黎明，李聪，郭祥. 基于微分博弈的政企救灾合作策略研究[J]. 系统工程理论与实践, 2018, 38(4): 885-898.

[224] 马永红，刘海礁，柳清. 产业集群协同创新知识共享策略的微分博弈研究[J]. 运筹与管理, 2020, 29(9): 82-88.

[225] 刘升学，易永锡，李寿德. 排污权交易条件下的跨界污染控制微分博弈分析[J]. 系统管理学报, 2017, 26(2): 319-325.

[226] 郑君君, 董金辉, 任天宇. 基于环境污染第三方治理的随机微分合作博弈[J]. 管理科学学报, 2021, 24(7): 76-93.
[227] 王道平, 王婷婷. 政府奖惩下供应链合作减排与低碳宣传的动态优化[J]. 运筹与管理, 2020, 29(4): 113-120.
[228] 郭保平,郭新华. 动态投入产出系统供需微分对策研究[J]. 数量经济技术研究,1987(12): 4.
[229] 刘惠敏. 三类经济系统的基于微分对策的鲁棒控制[D]. 沈阳：东北大学，2009.
[230] 袁万里. 奇异双线性系统非合作微分博弈理论研究及应用[D]. 广州: 广东工业大学, 2009.
[231] 周海英, 宾宁, 朱怀念. 基于离散时间随机微分博弈的动态投入产出问题研究[J]. 数学的实践与认识, 2017, 47(12): 283-288.
[232] 张金水. 经济控制论——动态经济系统分析方法与应用[M]. 北京: 清华大学出版社, 1999.
[233] 翟丁, 张庆灵, 杨晓光,等. 广义系统的控制与应用综述[J]. 计算技术与自动化, 2003, 22(4): 31-36.
[234] KUNKEL P, MEHRMANN V. The linear quadratic optimal control problem for linear descriptor systems with variable coefficients[J]. Mathematics of Control, Signals and Systems, 1997, 10(3): 247-264.
[235] KURINA G A, MÄRZ R. On linear-quadratic optimal control problems for time-varying descriptor systems[J]. SIAM Journal on Control and Optimization, 2004, 42(6): 2062-2077.
[236] BOUKAS E K. Stabilization of stochastic singular nonlinear hybrid systems[J]. Nonlinear Analysis: Theory, Methods & Applications, 2006, 64(2): 217-228.
[237] GERDIN M, GLAD T, LJUNG L. Well-posedness of filtering problems for stochastic linear DAE models[C]//Proceedings of the 44th IEEE Conference on Decision and Control. IEEE, 2005: 350-355.

[238] GERDIN M, SJOBERG J. Nonlinear stochastic differential-algebraic equations with application to particle filtering[C].Decision and Control, 2006 45th IEEE Conference on. IEEE, 2006: 6630-6635.

[239] BALASUBRAMANIAM P, KUMARESAN N. Solution of generalized matrix Riccati differential equation for indefinite stochastic linear quadratic singular system using neural networks[J]. Applied mathematics and computation, 2008, 204(2): 671-679.

[240] NALLASAMY K, RATNAVELU K. Optimal control for stochastic linear quadratic singular Takagi-Sugeno fuzzy delay system using genetic programming[J]. Applied Soft Computing, 2012, 12(8): 2085-2090.

[241] TOIVONEN H T. Sampled-data H_∞ optimal control of time-varying systems[J]. Automatica, 1992, 28(4): 823-826.

[242] SHAKED U, DE SOUZA C E. Continuous-time tracking problem in an H_∞ setting: a game theory approach[J]. IEEE Transactions on Automatic Control, 1995, 40(5):841-852

[243] SASAKI S, UCHIDA K. Synheses of H_∞ output feedback control for bilinear systems[J]. Proceedings of the 35th conference on decision and control. Kobe, Japan, December 1996: 3282-3287.

[244] SHEN D, CRUZ J B. An improved game theory based approach to one type of H-infinity optimal control problems[J]. Proceedings of the 2006 American Control Conference, Minneapolis, Minnesota, USA, June 14-16, 2006: 1695-1699

[245] JUNGERS M, TRÉLAT E, ABOU-KANDIL H. A Stackelberg game approach to mixed H_2/H_∞ control[J]. Proceedings of the 17th World Congress, International Federation of Automatic Control, IFAC, Seoul, Korea, July 6-11,2008: 3940-3945.

[246] 王德进. H_2和H_∞优化控制理论[M].哈尔滨：哈尔滨工业大学出版社，2001.

[247] 邹洲.基于遗传算法的主动悬架多目标 H_2/H_∞鲁棒控制[D]. 武汉：武汉理工大学，2010.

[248] XIA Y, BOUKAS E K, SHI P, et al. Stability and stabilization of continuous-time singular hybrid systems[J]. Automatica, 2009, 45(6): 1504-1509.

[249] NAPP AVELLI D O, AIT RAMI M. Positivity of discrete singular systems and their stability: An LP-based approach[J]. Automatica, 2014, 50(1): 84-91.

[250] SASSI A , ALI H S , ZASADZINSKI M , et al. Adaptive observer design for a class of descriptor nonlinear systems[J]. European Journal of Control, 2018, 44(2): 90-102.

[251] DEBBIE HERNÁNDEZ, FRANCISCO JAVIER BEJARANO, JORGE DÁVILA, et al. On the strong observability in linear time-varying singular systems[J]. Automatica, 2019, 101: 60-65.

[252] CUI Y, SHEN J, CHEN Y. Stability analysis for positive singular systems with distributed delays[J]. Automatica, 2018, 94:170-177.

[253] CARLOS ARCEO J, SANCHEZ M, ESTRADA-MANZO V, et al. Convex Stability Analysis of Nonlinear Singular Systems via Linear Matrix Inequalities[J]. IEEE Transactions on Automatic Control, 2019, 64(4):1740-1745.

[254] ZHANG W H, ZHAO Y, SHENG L.Some remarks on stability of stochastic singular systems with state-dependent noise[J]. Automatica, 2015, 51: 273-277.

[255] ZHAO Y, ZHANG W H. New results on stability of singular stochastic Markov jump systems with state-dependent noise[J]. International Journal of Robust and Nonlinear Control, 2016, 26(10): 2169-2186.

[256] WU Z T , YANG L J, JIANG B P. Finite-time H_∞ control of stochastic singular systems with partly known transition rates via an optimization algorithm[J]. International Journal of Control, Automation and Systems, 2019, 17(6): 1462-1472.

[257] QI W, ZONG G, KARIMI H. Sliding mode control for nonlinear stochastic singular semi-markov jump systems[J]. IEEE Transactions on Automatic Control, 2019, 65(99): 361-368.

[258] DUNCAN T E. Linear-Quadratic Stochastic Differential Games with General Noise Processes[M]. Models and Methods in Economics and Management Science. Springer International Publishing, 2014: 17-25.

[259] 周海英，张成科，朱怀念. 随机奇异系统的零和微分博弈[J]. 控制工程，2016, 23(10): 1562-1565.

[260] ZHANG C K, ZHU H N, ZHOU H Y, et al. Stochastic differential game of stochastic markov jump singular systems[M].Non-cooperative Stochastic Differential Game Theory of Generalized Markov Jump Linear Systems. Springer International Publishing, 2017.

[261] 曹铭，朱怀念，张成科,等. 奇异随机 Markov 跳变系统的 N 人 Nash 博弈问题[J]. 系统科学与数学，2017, 37(3):700-712.

[262] ZHAO Y, ZHANG W. New results on stability of singular stochastic Markov jump systems with state-dependent noise[J]. International Journal of Robust and Nonlinear Control, 2016, 26(10): 2169-2186.

[263] BJÖRK T. Finite dimensional optimal filters for a class of ltô-processes with jumping parameters[J]. Stochastics: an international journal of probability and stochastic processes, 1980, 4(2): 167-183.

[264] FREILNG G, JANK G, LEE S R. Existence and uniqueness of open-loop Stackelberg equilibrium in linear-quadratic differential games[J]. Journal of Optimization Theory and Applications, 2001,110(3): 515-544.

[265] SWORDER D. Feedback control of a class of linear systems with jump parameters[J]. IEEE Transactions on Automatic Control, 1969, 14(1): 9-14.

[266] YAN H, TIAN Y, LI H, et al. Input-output finite-time mean square stabilization of nonlinear semi-Markovian jump systems[J]. Automatica, 2019, 104: 82-89.

[267] ARAVINDH D, SAKTHIVEL R, KONG F, et al. Finite-time reliable stabilization of uncertain semi-Markovian jump systems with input saturation[J]. Applied Mathematics and Computation, 2020, 384: 125388.

[268] DO VALLE COSTA O L, FIGUEIREDO D Z. Quadratic control with partial information for discrete-time jump systems with the Markov chain in a general Borel space[J]. Automatica, 2016, 66: 73-84.

[269] XIA W, XU S, LU J, et al. Event-triggered filtering for discrete-time Markovian jump systems with additive time-varying delays[J]. Applied Mathematics and Computation, 2021, 391: 125630.

[270] G WEST. A Stochastic Analysis of an Input-output Model[J]. Econometrica, 1986 (2): 363-374.

[271] 李亮. 一类随机动态投入产出模型[J]. 南京审计学院学报，2007，4（1）: 77-82.

[272] ZHANG P, KAO Y, HU J, et al. Robust observer-based sliding mode H∞ control for stochastic Markovian jump systems subject to packet losses[J]. Automatica, 2021, 130: 109665.

[273] 陈木法. 经济最优化的随机模型(I)[J]. 应用概率统计，1992(3): 289-294.

[274] GUERRERO J C, CHAVEZ-FUENTES J R, CASAVILCA J E, et al. Stability analysis of discrete-time Markov jump linear singular systems with partially known transition probabilities[J]. Systems & Control Letters, 2021, 158: 105057.

[275] YIN Y, SHI J, LIU F, et al. Robust fault detection of singular Markov jump systems with partially unknown information[J]. Information Sciences, 2020, 537: 368-379.

[276] FARUQI F A. Differential game theory with applications to missiles and autonomous systems guidance[M]. John Wiley & Sons, 2017.

[277] WEI C, LUO C. A differential game design of watershed pollution management under ecological compensation criterion[J]. Journal of Cleaner Production, 2020, 274: 122320.

[278] WANG C, SHI F, YAO C. A differential game of industrial pollution management considering public participation[J]. Journal of Mathematics, 2020.

[279] R J ELLIOTT, T K SIU. A BSDE approach to a risk-based optimal investment of an insurer [J]. Automatica, 2011, 47(2): 253–261.

[280] MUKAIDANI H, XU H. Pareto optimal strategy for stochastic weakly coupled large scale systems with state dependent system noise[J]. IEEE Transactions on Automatic Control, 2009, 54(9):2244-2250.

[281] SONG Q, YIN G G, ZHANG Z. Numerical solutions for stochastic differential games with regime switching[J]. IEEE transactions on automatic control, 2008, 53(2): 509-521.

[282] ZHANG W, XIE L, CHEN B S. Stochastic H_2/H_∞ control: A Nash game approach[M]. CRC Press, 2017.

[283] MING Z, ZHANG H, TONG X, et al. Mixed H_2/H_∞ control with dynamic event-triggered mechanism for partially unknown nonlinear stochastic systems[J]. IEEE Transactions on Automation Science and Engineering, 2022.

[284] GARCIA M A A, ROSTRO S G A, MENDEZ G M, et al. Hybrid H_2/H_∞ sub-optimal stochastic risk-sensitive control for polynomial systems of first degree[J]. Journal of Process Control, 2021, 97: 84-91.

[285] MUKAIDANI H, IRIE S, XU H, et al. Robust incentive stackelberg games with a large population for stochastic mean-field systems[J]. IEEE Control Systems Letters, 2021, 6: 1934-1939.

[286] MING Z, ZHANG H, LI Q, et al. Mixed H_2/H_∞ control for nonlinear stochastic systems with cooperative and non-cooperative differential game[J]. IEEE Transactions on Circuits and Systems II: Express Briefs, 2022, 69(12): 4874-4878.

[287] COSTA O L V, FRAGOSO M D, MARQUES R P. Discrete-time Markov jump linear systems[M]. Springer Science & Business Media, 2006.

[288] KAO Y, HAN Y, ZHU Y, et al. Stability analysis of delayed discrete singular piecewise homogeneous markovian jump systems with unknown transition probabilities via sliding mode approach[J]. IEEE Transactions on Automatic Control, 2023.

[289] ZHANG L, ZONG G, ZHAO X, et al. Reachable set control for discrete-time Takagi-Sugeno fuzzy singular Markov jump system[J]. IEEE Transactions on Fuzzy Systems, 2023.

[290] SU P, SHENG Z, LIN C, et al. An asymmetric Lyapunov-Krasovskii functional and its application to stochastic admissibility analysis of time-delay singular Markovian jump systems[J]. Applied Mathematics Letters, 2023: 108761.

[291] DING K, ZHU Q. Extended dissipative anti-disturbance control for delayed switched singular semi-Markovian jump systems with multi-disturbance via disturbance observer[J]. Automatica, 2021, 128: 109556.

[292] 黄小原，钟麦英. 辽宁省宏观经济模型及其 H_∞ 控制[J]. 控制理论与应用，2000, 17(5): 781-783.

[293] 黄小原，钟麦英. 具有冲击影响的宏观经济系统 H_∞ 控制[J]. 控制与决策，2000, 15(3): 336-338.

[294] S MATARAMVURA, B ØKSENDAL. Risk minimizing portfolios and HJBI equations for stochastic differential games[J]. Stochastics: An International Journal of Probability and Stochastic Processes, 2008, 80(4): 317-337.

[295] R J ELLIOTT, T K SIU. Portfolio risk minimization and differential games [J]. Nonlinear Analysis: Theory Methods & Applications, 2009, 71(12): 2127-2135.

[296] R J ELLIOTT, T K SIU. On risk minimizing portfolios under a Markovian regime-switching Black-Scholes economy [J]. Annals of Operations Research, 2010, 176(1): 271-291.

符号表示

本书中，定义如下符号：

$\boldsymbol{M}'$：矩阵或向量 $\boldsymbol{M}$ 的转置

$\boldsymbol{M}>0$：对称矩阵 $\boldsymbol{M}$ 是正定的

$\boldsymbol{M}\geqslant 0$：对称矩阵 $\boldsymbol{M}$ 是半正定的

$\boldsymbol{M}^{-1}$：表示矩阵 $\boldsymbol{M}$ 的逆矩阵

$\Re^n$：n-维欧氏空间

$S^{n\times m}$：全体 $n\times m$ 阶矩阵构成的集合

S^n：全体 $n\times n$ 阶实对称矩阵构成的集合

S_+^n：S^n 中所有非负定矩阵构成的集合

S_l^n：$\underbrace{S^n\times\cdots\times S^n}_{l}$

χ_A：集合 A 的指示函数

$C(0,T;S^{n\times m})$：全体连续函数 $\phi:[0,T]\to S^{n\times m}$ 构成的集合

$\|x\|$：向量 $\boldsymbol{x}\in\Re^n$ 的 2-范数

$\varepsilon\{\}$：数学期望

$\boldsymbol{I}$：单位矩阵

$\mathrm{rank}(\boldsymbol{M})$：矩阵 $\boldsymbol{M}$ 的秩

$\deg(\det(s\boldsymbol{I}-\boldsymbol{A}))$：行列式 $s\boldsymbol{I}-\boldsymbol{A}$ 的次数

$L_F^2(0,T;\Re^n)$：F_{t-} 适应的，$[0,T]$ 上 $\Re^n$-值可测过程 $\phi(t)$ 构成的全体，满足 $\boldsymbol{E}\sum_{t=0}^{T}\|\phi(t)\|^2<\infty$

$L^\infty(0,T;\Re^n)$：一致有界函数 $f(\cdot)$: $[0,T]\to\Re^n$ 构成的全体